Knowledge BASE 系列

一冊通曉 三國鼎立，亂世中的權謀與智慧

圖解 三國時代 更新版

原遙平 著　張嘉苓 譯

◎三國時代的州名與主要地名

涼州

姑藏

雍小

祁山 ▲

定軍山 ▲
●葭

●涪城

●成都

益州

●味縣

襄平

幽州
薊縣

黃河

并州
晉陽

信都
冀州
鄴

臨淄
青州

司隸
函谷關
洛陽 ×官渡
×潼關

兗州

下邳
徐州

淮河

長江

許昌
豫州

新野
安城

壽春

建業

樊城
襄陽
合肥

濡須口

巫縣
夏口
×長坂
赤壁
夷道
江陵
武昌
柴桑

洞庭湖

揚州

荊州

益州

※本地圖海岸線為現今的樣貌，依據《中國歷史地圖集》（中國地圖出版社）等繪製而成。

3

浪漫與詭譎交織的三國舞台

文◎宋德熹
（中興大學歷史學系教授）

一提起三國，馬上就能聯想到《三國演義》波瀾壯闊的小傳統題材，人物刻畫個個生動鮮明，有如國劇戲臺上的臉譜，蘇軾〈念奴嬌〉中「大江東去，浪淘盡，千古風流人物」的詞句，正足以顯露後人對三國人物及其時代的神往與詠懷。大陸中央電視台百家論壇邀請廈門大學中文系教授易中天製作《易中天品三國》節目，造成新一波說三國的熱潮，就是最佳寫照。另一方面，三國舞台也是爾虞我詐的世界，鬥智鬥兵鬥法的場面往往令人驚悚賣張。現代流行文化更藉由電腦遊戲、影視劇集、動漫畫及文學創作等途徑，不斷地重新包裝《三國演義》，更加深化後人對三國人物忠奸善惡的刻板印象。

以大眾口味閱讀市場而言，《三國演義》的魅力遠超乎《三國志》。不過《三國演義》畢竟為一歷史小說，取材裴松之《三國志》注以及《說三分》、《三國志平話》之類宋元民間話本雜劇，添加了許多劇情和想像空間，自然無法等同於號稱良史的《三國志》大傳統記載。而本書內容建立在大傳統《三國志》的學術平台上，局部參酌小傳統《三國演義》高低起伏的佈局，運用生花妙筆，推廣三國歷史知識的常識化和通俗化。

縱橫兼具、角度多元的歷史分析

《圖解三國時代》的日文原書書名為《早わかり三国志》（快讀三國志），可見其內容旨在強調簡明易懂的歷史知識。作者一方面按事件時間排序，以淺顯文字帶出三國重要人物的登場及其相關史事；另一方面則藉由大量圖表及成語典故，揭示相關地理環境、團隊組織等重要訊息，強化文字敘述之餘的閱讀印象。

可以肯定的是，本書不僅有縱向的時間敘述，亦兼及橫向的情勢分析，如由歷史地理角度思考三國鼎立的客觀背景，及以對陣戰略檢視幾次重要戰爭成敗關鍵等。近年來在實用歷史的潮流下，領導學、謀略學以史為鑑蔚然成風，三國人才學、三國謀略學尤為其中翹楚。因此作者也分別揭舉著名戰役所運用的兵法謀略，以及相關人物的性格優劣、處世得失，建構出三國群雄的成功學與失敗學，相當值得激賞。

從各種角度探討三國政權的優勝劣敗

本書第貳章借用西方海平面曲線理論，指出氣候寒冷與農作歉收導致飢荒叛亂的現象，再如第伍章述及赤壁之戰勝敗關鍵為曹操軍團不耐水戰、南方疾病蔓延。學者五井直弘〈後漢王朝之豪族〉一文作有「後漢時代災害變亂次數表」，說明變亂與水災、旱災有因果對應關係，學界也普遍認為廣東血吸蟲症或傷寒、霍亂為兩湖地區流行傳染病，不利於南下的曹軍。此處顯示作者原遙平並非無的放矢。

學界探討三國政權優勝劣敗的現象，往往各擅勝場，譬如許倬雲《從歷史看領導》全方位剖析三國人力物力環境的優劣，谷霽光〈三國鼎峙與南北朝分立〉側重歷史地理的環境條件，本書第肆章特別標示三國鼎立的地理因素，觸及南船北馬資源生態、四川自然屏障等環節，皆與學界所論若合符節。

藉多面觀察勾勒出三國人物的真實樣貌

萬繩楠《魏晉南北朝史論稿》歸納出三國政權的立國方針，其中曹魏頒佈建安三〈令〉用人唯才，並實施屯田復甦農業經濟與士家職業為兵之制，有其功過參半的歷史作用。本書第參章反映了這種觀點，顯示對曹操的歷史評價有重新認識的必要。此外，諸葛亮形象史也是學界討論不休的話題，杜甫〈八陣圖〉所謂「功蓋三分國」詩句，如果由統一論角度衡量，「三分」只能是過而不是功。而且，諸葛亮治實不治名、內修政理、南撫夷越的政績，襯托其為鞠躬盡瘁的治國良相，而並非《三國演義》中料事如神的用兵奇才。劉備的歷史角色也有再討論的餘地，唐宋以來戲曲小說瀰漫「尊劉抑曹」同情弱者的正統思想，本書第參章善用對比、設問索解的方式，勾勒史傳中劉備的真實面目，認為劉備雖擁有罕見的個人魅力與誠信的群眾基礎，但其性格又不具建設性與持續性，反而是企圖毀壞時代者。

趙翼《廿二史劄記》卷七〈三國之主用人各不同〉指出：「人才莫盛於三國，亦惟三國之主，各能用人，故得眾力相扶，以成鼎足之勢。而其用人，亦各有不同者，大概曹操以權術相馭，劉備以性情相契，孫氏兄弟以意氣相投。」其實三國霸主用人方式容或不同，說穿了都是一方的梟雄。劉邵《人物志》對英雄的界定是「聰明秀出謂之英，膽力過人謂之雄」，由此觀之，不管劉備是狐或孫權是狸，英雄和梟雄乃一線之隔，成王敗寇的結果論最終不能影響歷史的蓋棺論定。

坊間出版界相當流行謀略與商戰、人事應用等出版資訊，本書第陸、柒章有關謀略、失敗學的文字可以一氣呵成連讀。三國電子遊戲中智囊武將團隊陣容在戰場上赤裸裸地捉對廝殺，畢竟不如本書從人才學、謀略學、成敗學角度，進行深入淺出的剖析，由此觀之，本書在流行文化的潮流中，自有其不可取代的地位。

宋德喜

中國史上最精采的三國時代

文◎原遙平

距今一千八百年前，中國出現了三位一統中原的霸主，他們分別是曹操、劉備、以及孫權。

這三位霸主各自建國，與其後代子孫致力於擴大勢力，為一統中國廣大的土地而激烈交鋒，這就是中國史上的「三國時代」。這個時代隨著新成立的晉朝一統天下而宣告落幕，此時也出現了整理三國時代歷史的有志之人，晉朝人陳壽就是史書《三國志》的作者。

《三國志》成書之際，在知識分子之間引起大幅討論，並獲得下述佳評：「陳壽的《三國志》不只充滿勸善懲惡的文字，同時闡明事情成敗的理由，無論在治國或指點人生方面，都可算是出色的書籍。」因為《三國志》的出現，三國歷史並未為人所遺忘，反而在歷經許多變遷的同時普及至中國民間。爾後，《三國演義》這部小說成為中國文學史上不朽的名作，奠定其在歷史上的地位。

本書是濃縮《三國志》世界的入門書籍。筆者挑選出三國志中的精采人物及重要事件，以整體故事（歷史）為基礎，將三國故事的迷人之處介紹給讀者。

《三國志》中登場人物之多，向來都是熱門的討論話題。英雄輩出、人才濟濟是三國故事最大的魅力之一，若不集中精神用心記住每位人物，就會難以明白其間的關聯。因此，本書以故事中主角為主軸進行敘述，其他人物則忍痛省略。本書用心保持入門書籍的中立立場，若讀者能夠因為本書而對《三國志》產生興趣，實為本人之幸。

此外，過去《三國志》最容易被忽略的部分就是地理。《三國志》的故事舞台不同於狹長的島國日本，是廣大遼闊的中國大陸。若不具備基礎地理知識，便無法體會《三國志》的宏大規模，關於這一點，筆者也納入寫作時的考量。只要翻開本書，相信就連對《三國志》一無所知的讀者，也能夠順利地進入三國世界，進而接觸若不具備基礎知識便難以理解的《三國志》原著。

最後，我要對製作本書的日本實業出版社編輯部致上最深的謝意，同時也將這部作品獻給去年夏天離開人世的父親——原範盈先生。

二○○三年三月 原遙平

推薦序
浪漫與詭譎交織的三國舞台 宋德熹 ··· 4

作者序
中國史上最精采的三國時代 原遙平 ··· 6

第1章 中國史上的三國時代

不可不知的《三國志》 ·· 16

三國時代的地位
三國時代在中國歷史中的地位 ··· 18

《三國志》與《三國演義》
《三國志》與《三國演義》有何不同？ ··································· 20

◆三國志概要
《三國志》的故事梗概 ··· 22

三國志的人物
掌握《三國志》的人物 ··· 24

三國志的地理
《三國志》的故事舞台 ··· 26

COLUMN 《魏志・倭人傳》中的日本①
倭國男性身上皆有刺青，女性則穿套頭和服 ···················· 28

第2章 這就是《三國志》

撼動中國的百年故事 ·· 30

東漢後期
東漢結束後的亂世 ··· 32

氣候寒冷的中國
苦於飢荒與豪族勢力的農民 ··· 34

黃巾之亂
急速竄起的太平道 ··· 36

主角登場
鎮壓黃巾之亂的主角 ··· 38

東漢帝國與群雄
東漢政權開始動搖 ··· 40

目錄 CONTENTS

大將軍vs.宦官
誰是下一位皇帝？ ···································· 44

◆董卓登場
暴虐的掌權者董卓 ································ 46

反董卓聯軍
各地諸侯組成反董卓聯軍 ·················· 48

群雄割據的時代
人民的慾望高漲 ································· 50

曹操擁戴獻帝
曹操掌握大權 ···································· 52

曹操與袁紹之爭
「家世」與「皇帝威望」之爭 ············ 54

◆官渡之戰
曹操成為中原霸主 ······························· 56

◆曹操與孫家
管轄北方的曹操與固守南方的孫權 ········· 60

◆群雄割據的條件
成就霸業的條件 ································· 62

髀肉之嘆
劉備鬱悶終日 ···································· 64

◆諸葛亮登場
劉備與諸葛亮的相遇 ···················· 66

◆從荊州撤退與劉備、孫權的結盟
劉孫聯手對付南下的曹操 ················· 68

◆赤壁之戰
曹操船隊在赤壁焚毀 ························· 70

劉備拿下荊州
劉備奪取荊州，曹操壓制關中 ·········· 74

三國鼎立
曹操、劉備、孫權三強終於鼎立 ········ 76

◆劉備確保漢中
劉備聲勢扶搖直上 ··························· 78

孫權奪回荊州
三國歷史出現逆轉 ··························· 80

劉備病逝
慘遭敗北的劉備 ······························ 82

◆鎮壓南方
　諸葛亮欲實現劉備遺願 ················· 84

諸葛亮北伐
　諸葛亮五度北伐關中 ··················· 86

司馬懿的抬頭
　在魏國嶄露頭角的司馬懿 ··············· 88

曹爽vs.司馬懿
　相互排斥的曹爽與司馬懿 ··············· 90

之後的三國
　持續撼動的三國 ······················· 92

三國時代的結束
　晉國的勝出 ··························· 94

●為《三國志》增色的「對立」背景
　人民的力量創造了時代 ················· 42
　崇尚革新的曹操與墨守成規的袁紹 ······· 58
　曹軍無法攻破孫權大軍 ················· 72
　劉備與孫權相互欺騙 ··················· 96

COLUMN 《魏志·倭人傳》中的日本②
　平均年齡八十歲以上，數萬人的大聚落？ ··· 98

第 **3** 章 曹、孫、劉的性格與天時

天時隱藏在人民的欲求之中 ················· 100

◆曹操的個性（一）
　創設「屯田制」與「兵戶制」 ············· 102

曹操的個性（二）
　治世的能臣、亂世的奸雄 ··············· 104

曹操的個性（三）
　曹操以能力選才 ······················· 106

曹操的個性（四）
　曹操的目標是新時代的革命？ ··········· 108

孫權的個性（一）
　孫權的「天時」 ······················· 110

孫權的個性（二）
　孫策計畫北伐 ························· 112

孫權的個性（三）
有力人士聯盟整合對策 ·························· 114

劉備的個性（一）
企圖開創新局的劉備 ·························· 118

劉備的個性（二）
如汪洋大海般的器量 ·························· 120

劉備的個性（三）
影響劉備至深的諸葛亮 ·························· 122

◆**劉備的個性（四）**
蜀國的特色 ·························· 124

•為《三國志》增色的「對立」背景
積極北伐的諸葛亮與等待機會的司馬懿 ·········· 116

COLUMN 出於《三國志》的成語典故①
知道「三顧茅廬」卻不知道「月旦評」？ ··········· 126

第4章 **從地理看《三國志》**

三國得以自成天下的原因 ·························· 128

二世紀左右的行政劃分
以州、郡、縣為行政單位 ·························· 130

◆**魏國的地形**
中原掌握在魏國手中 ·························· 132

魏國的主要都市
魏國掌控歷代王朝首都 ·························· 134

吳國的地形
水路發達的南船之地 ·························· 136

吳國的主要都市
建業成為吳國首都 ·························· 138

蜀國的地形
蜀國以今四川盆地為中心 ·························· 140

蜀國的主要都市
蜀國據點分布於成都與漢中之間 ·················· 142

外族與中國（一）
被眾多外族包圍的漢族 ·························· 144

外族與中國（二）
中國內部也有外族的蹤跡 ·························· 146

第5章 三國時代決定性的十場血戰

決定三國命運的十場戰爭 ·· 150

官渡之戰
曹操軍隊以寡擊眾 ··· 152

長坂坡撤退戰
劉備靠著張飛與趙雲脫離困境 ································· 154

赤壁之戰
曹操敗戰的原因 ··· 156

潼關之戰
高竿的離間計 ·· 158

益州爭奪戰
劉備痛失軍師龐統 ··· 160

荊州的抗爭
猛將關羽遭孫權暗算而死 ······································ 162

夷陵的大反擊
為關羽復仇失敗 ··· 164

◆新城的淪陷
三分天下之計受挫 ··· 166

第一次北伐（祁山的攻防）
諸葛亮選才失誤 ··· 168

◆第五次北伐（五丈原的對陣）
諸葛亮過勞而死 ··· 170

• 為《三國志》增色的「對立」背景
蜀國衰敗時仍主張北伐的姜維 ································· 172

COLUMN 出於《三國志》的成語典故②
《三國志》中的各國也是成語典故的由來 ················ 174

第6章 《三國志》中的計策

三國時代的戰略與謀略 ·· 176

美人計
女人是最好的計謀之一 ·· 178

◆間諜戰
　背叛不斷的時代⋯⋯⋯⋯⋯⋯⋯⋯⋯⋯⋯⋯⋯⋯⋯⋯⋯⋯ 180

◆封鎖敵軍的拿手戰法
　封鎖敵軍拿手戰法是致勝關鍵⋯⋯⋯⋯⋯⋯⋯⋯⋯⋯⋯ 182

◆窮鳥作戰
　掌握投降時機是一大學問⋯⋯⋯⋯⋯⋯⋯⋯⋯⋯⋯⋯⋯ 184

◆十面埋伏之計
　十面埋伏之計⋯⋯⋯⋯⋯⋯⋯⋯⋯⋯⋯⋯⋯⋯⋯⋯⋯⋯ 186

◆奪人所愛
　攻擊對手的致命點⋯⋯⋯⋯⋯⋯⋯⋯⋯⋯⋯⋯⋯⋯⋯⋯ 188

◆致人而不致於人
　先發制人的重要性⋯⋯⋯⋯⋯⋯⋯⋯⋯⋯⋯⋯⋯⋯⋯⋯ 190

◆建造偽城
　出其不意亦是致勝關鍵⋯⋯⋯⋯⋯⋯⋯⋯⋯⋯⋯⋯⋯⋯ 192

◆空城計
　令人毛骨悚然的空城計⋯⋯⋯⋯⋯⋯⋯⋯⋯⋯⋯⋯⋯⋯ 194

◆偽裝成愚者
　偽裝成愚者等待時機⋯⋯⋯⋯⋯⋯⋯⋯⋯⋯⋯⋯⋯⋯⋯ 196

• 《三國演義》中的其他計謀
　「二虎競食」與「驅虎吞狼」之計⋯⋯⋯⋯⋯⋯⋯⋯⋯ 183
　賈詡的「虛誘掩殺之計」⋯⋯⋯⋯⋯⋯⋯⋯⋯⋯⋯⋯⋯ 185
　在赤壁贏得大勝的「苦肉計」⋯⋯⋯⋯⋯⋯⋯⋯⋯⋯⋯ 187
　將船與船連結起來的另一個「連環計」⋯⋯⋯⋯⋯⋯⋯ 189
　打倒夏侯淵的「以逸待勞」計謀⋯⋯⋯⋯⋯⋯⋯⋯⋯⋯ 191
　「詐死欺敵」的計謀⋯⋯⋯⋯⋯⋯⋯⋯⋯⋯⋯⋯⋯⋯⋯ 193
　日本的「空城計」⋯⋯⋯⋯⋯⋯⋯⋯⋯⋯⋯⋯⋯⋯⋯⋯ 195
　諸葛亮近乎超能力的計謀⋯⋯⋯⋯⋯⋯⋯⋯⋯⋯⋯⋯⋯ 197

COLUMN 出於《三國志》的成語典故③
　　　源自於人物姓名的成語⋯⋯⋯⋯⋯⋯⋯⋯⋯⋯⋯⋯ 198

第7章 《三國志》中的失敗學

少數勝者與多數敗者的不同⋯⋯⋯⋯⋯⋯⋯⋯⋯⋯⋯⋯⋯⋯ 200

◆王允的失敗學
　正直延誤了判斷⋯⋯⋯⋯⋯⋯⋯⋯⋯⋯⋯⋯⋯⋯⋯⋯⋯ 202

◇ **呂布的失敗學**
受唆殺害其主的愚蠢剛直 ································· 204

◆ **袁術的失敗學**
逃避現實的即位 ································· 206

董紹的失敗學
無法解讀時代就無法安定政權 ················· 208

◇ **公孫瓚的失敗學**
過當防備反而招致死亡 ······················ 210

◇ **袁紹的失敗學**
出身名門而無法了解民心 ···················· 212

◇ **孔融的失敗學**
學非所用的孔融 ····························· 214

◇ **楊脩的失敗學**
過於優秀使人敬而遠之 ······················ 216

◇ **關羽的失敗學**
過度的得失心讓夥伴也變成敵人 ·············· 220

◇ **張飛的失敗學**
過度的嚴苛招致背叛 ························· 222

◇ **馬謖的失敗學**
過度自信導致失敗 ··························· 224

◇ **公孫淵的失敗學**
執意自立卻招致滅亡 ························· 226

◆ **曹爽的失敗學**
輕信政敵而招致滅亡 ························· 228

• **為《三國志》增色的「對立」背景**
幸運的司馬炎與倒楣的孫皓 ·················· 218

COLUMN 名醫華佗的治療方法
有些科學、有些非科學、更有些極其另類，華佗的療法千奇百怪 ···· 230

第 8 章 《三國志》中的技術與科學

發達的科學技術？ ………………………………………… 232
◆戰車連登場
　諸葛亮發明噴火戰車 ……………………………………… 234
◆木牛與流馬
　用於搬運的木牛與流馬 …………………………………… 236
◆諸葛亮的新兵器
　雲梯車與十連發弓箭 ……………………………………… 238
◆指南車
　馬鈞發明指南車 …………………………………………… 240
◆地圖的繪製
　精密度極高的地圖 ………………………………………… 242
◆華佗的醫術
　華佗近乎現代醫學的醫術 ………………………………… 244
◆道士之術
　權力者與專門技術者的對立 ……………………………… 246
◆最先進的化學技術
　道術為當時最先進的化學技術 …………………………… 248

COLUMN　《三國志》「官位」導讀
　　　　皇帝之下設三公與九卿，其下為一般職位 ……… 250

COLUMN　《三國志》「將軍稱謂」導讀
　　　　群雄受封為將軍，集強權於一身 ………………… 251

《三國志》人物關係圖 ……………………………………… 252
三國志的地理與地形 ………………………………………… 255
當時各地區的大概位置 ……………………………………… 255
三國志年表 …………………………………………………… 256
參考文獻 ……………………………………………………… 263
三國時代古今地名對照 ……………………………………… 265
索引 …………………………………………………………… 266

第 1 章

中國史上的三國時代

不可不知的《三國志》

【什麼是《三國志》呢？】

　　《三國志》（包含陳壽的史書《三國志》及小說《三國演義》）吸引讀者之處，是以大時代的榮枯盛衰為題材之故。正因題材豐富，讓故事情節發展迅速，且衝擊性高。若不留心閱讀，故事的內容就會過目即忘，而發出「咦！怎麼會這樣呢？」的疑問。

　　首先，有關《三國志》的場景與時代背景，是讀者必須先掌握的部分。場景發生在中國，時間則是公元一八〇年到二八〇年的百年之間，是一段從東漢末期到晉朝統一中國前的故事。若能夠事先了解三國時代在中國歷史上的意義，那麼對於《三國志》這個故事將更能引發濃厚的興趣。

　　其次，《三國志》到底是個什麼樣的故事呢？如果《三國志》是一個完整的故事，那麼也就沒有必要特地解說。然而，一般說到《三國志》時，往往混雜了敘述歷史的《三國志》史書、以及《三國演義》小說。雖然書名類似，但兩者內容卻大不相同。若能先辨別兩者的不同，那麼就不需要傷腦筋哪種版本才是正確的。

【必須先了解的部分】

因此，本章先介紹《三國志》一書的來龍去脈。故事內容在第貳章會有詳細敘述，本章則大抵介紹故事概要，以便讀者更快融入《三國志》的世界。

再者，本章也會介紹《三國志》的人物。閱讀《三國志》時乍見某人物名，恐怕無法得知各個人物的性格。若可先了解將有什麼樣的人物出現，再繼續閱讀的話，就會更容易了解故事情節。

此外，還會介紹中國的地形‧地理。例如，什麼人統轄了哪些地區，如果不先掌握，就無法理解《三國志》人物如何展現活靈活現的性格。而本故事主要場景位於長江及黃河流域，事先掌握這兩條河周邊的幾個城市，才不會錯過整個故事的發展場景與過程。地理方面在第肆章會有詳盡的介紹，但三國（魏、蜀、吳）的關係位置，則是一開始就希望讀者一定要先記住。

本章著重於說明《三國志》的基礎知識，光是先有了這些基礎而理解後，相信您一定會發現《三國志》變得更引人入勝。

三國時代在中國歷史中的地位

《三國志》的故事背景在西元二○○年左右,此時期應相當於日本邪馬台國的時代。

以魏蜀吳三國為主軸

現在的中國在一九四九年建立「中華人民共和國」。「中華人民共和國」之前有「中華民國」,再往前為「清朝」,清之前為「明朝」……。仔細地往前追溯,會超過三十個朝代。

中國的歷史十分悠久,第一個朝代始於西元前一六○○年左右,稱為「殷朝」。中國歷史實際上比一般人所說的四千年歷史稍短,約為三千六百年的歷史。

《三國志》是撰寫中國史上「三國時代」的故事。「志」相當於「誌」,而「誌」有書寫、記載的意思,因此《三國志》也就是「關於三國時代的紀錄」。

而所謂「三國」,就是在這段歷史中有三個國家——魏、蜀、吳在中國鼎立(三勢力相互對立)的局面。各國建國者分別為:

- 魏……曹操
- 蜀漢……劉備(國名也可單稱「蜀」)
- 吳……孫權

三國的建國者與圍繞在這三人身旁的人物,以及建國時的奮鬥過程等紀錄,形成了歷史家陳壽筆下的《三國志》。

西元二○○年左右的百年故事

《三國志》涵括的時間始於東漢時代末期,經過三國時代,直到晉朝統一天下為止。雖然看似歷經了數個朝代,但若以年代而言,則是從西元一八四年左右至二八○年為止,只不過是中國三千六百年歷史中的一百年。換句話說,三國時代並不長。三國建國的順序分別為魏、蜀漢、吳,而三國同時並存的時間為西元二二二年至二八○年晉朝統一天下,約有六十年左右,在中國歷史上可說是曇花一現。

歷史筆記 中國歷史上第一部正史《史記》的作者司馬遷(西元前一四五～西元前八十六年),因得罪當時的皇帝漢武帝而被處以宮刑(去勢)。

18

三國時代的時間雖短，但歷史的發展卻十分緊湊。至三國時代為止，天下必然歸於皇帝一人，這是中國歷史開展的大原則。從殷朝建國起，此大原則已固守約一千八百年。雖然在這一千八百年間自稱皇帝的人不在少數，不過卻都在位不久。然而三國時代卻同時出現三位皇帝，由於當時人們沸騰的情緒，天下獨尊於皇帝一人的傳統也隨之破除。爾後，一直到隋朝，都有一位以上的皇帝在位（請參照右圖）。三國時代打破了一千八百年間的傳統，在中國歷史當中是非常值得大書特書的時代。

● 中國的歷史

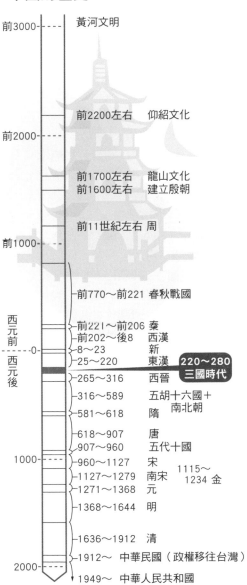

前3000		黃河文明
前2200左右		仰紹文化
前2000		
前1700左右		龍山文化
前1600左右		建立殷朝
前11世紀左右		周
前1000		
前770～前221		春秋戰國
西元前		
前221～前206		秦
前202～後8		西漢
0	8～23	新
西元後	25～220	東漢
		220～280 三國時代
265～316		西晉
316～589		五胡十六國＋南北朝
581～618		隋
618～907		唐
907～960		五代十國
1000	960～1127	宋
1127～1279		南宋 1115～1234 金
1271～1368		元
1368～1644		明
1636～1912		清
1912～		中華民國（政權移往台灣）
2000	1949～	中華人民共和國

《三國志》與《三國演義》有何不同？

《三國志》為正史，《三國演義》則是小説，兩本書的作者、內容、構成、以及出現的時代等皆全然不同。

史書與歷史小説的不同

一般所説的《三國志》實際上包括了兩本著作：一為正式的歷史記載，稱為《三國志》。另一為小説，稱為《三國演義》。

首先成書的是《三國志》，為歷史家陳壽所著，寫於三國時代的後晉時期，如同在日本的平成時代記載昭和時代的歷史一般。而《三國演義》則寫於後晉時代的一千一百年後，也就是元末明初時期，由小説家羅貫中以《三國志》為題材所撰寫的「歷史小説」。

正因為史書與歷史小説不同，所以內容迥異。重視史實的《三國志》以簡潔明瞭的內容為主，如「A與B戰爭，某人戰死，B勝利。」但《三國演義》卻完全不同，書中大量加入戲劇般的情節或想像的部分，如「A與B相互攻打，B國使用不可思議的幻術，讓A從馬匹上摔落，慘叫一聲後癱軟下去。」

那麼到底《三國志》與《三國演義》是如何成書的呢？《三國志》的作者為陳壽，二三三年生於三國時代中期的蜀漢，主要在蜀漢朝廷的公文部工作。二六三年蜀漢滅亡時，陳壽頓時流落街頭，但其文采受到晉朝的賞識，因此轉而為晉朝工作，而他也就是在此時撰寫了《三國志》這部史書。這部史書由《魏書》（三十卷）、《蜀書》（十五卷）、《吳書》（二十卷）等三部分構成，總共六十五卷。完成之際，受到晉朝官員極度好評視為佳作，之後受到正式認可成為歷史書。

加註後成為有趣的讀物

但《三國志》有一項缺點，書中雖然撰寫了正確的史實而獲得極高評價，但卻太過於簡要，因此很難引起讀者的興趣。於是在《三國志》成書後約一百五十年，裴松之

歷史筆記 歷史小説《三國演義》的原本已失傳，以一四九四年（明朝中期）的版本最為古老，共有二十四卷。

替《三國志》加上了註。

　　裴松之加註的部分，是過去陳壽撰寫《三國志》時認為與事實不符的俗說、異說與傳說。例如在《三國志》「A與B戰爭，B勝利」這樣的內容後面，裴松之加上「關於B勝利的原因有此說，也有另一說，還有這樣的傳言」等。因為裴松之的註解，《三國志》不再只是單純記敘史實的史書，成為有趣的讀物。

適度加上虛構的《三國演義》

　　《三國志》加註後在民間廣為流傳，也廣受說書者的喜愛。但隨著時代變遷，故事中添加了許多假想以及與事實不符的情節，故事結局甚至如同科幻小說般地被胡亂杜撰，若如此發展下去，可能無法令人信服。因此《三國演義》刪除了這些荒唐無稽的內容，將裴松之的註加上適當的虛構後，描寫出與史實相近的小說。

　　此外，本書不特別區分史書與小說來敘述《三國志》，只明白指出故事出處，標注從正史《三國志》或從小說《三國演義》節錄相關內容。

● 《三國志》與《三國演義》的不同處

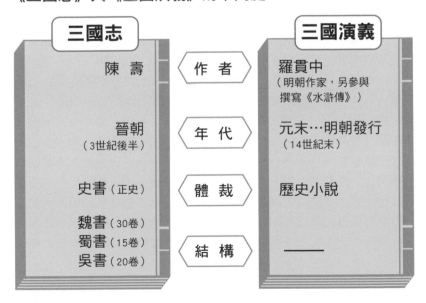

三國志		三國演義
陳壽	作者	羅貫中（明朝作家，另參與撰寫《水滸傳》）
晉朝（3世紀後半）	年代	元末…明朝發行（14世紀末）
史書（正史）	體裁	歷史小說
魏書（30卷）蜀書（15卷）吳書（20卷）	結構	—

《三國志》的故事梗概

《三國志》的主要內容為當時群雄割據中原，為了在天下占有一席之地而發生爭奪、紛擾、滅亡的故事。

東漢末年各地群雄割據為王

《三國志》到底是個什麼樣的故事呢？本章大略介紹整個故事的內容，詳細部分則留待第二章探討。

時間來到東漢末期，由於政治嚴重腐敗，怒火中燒的人民起而反抗，這也就是在一八四年所爆發的「黃巾之亂」，《三國志》的故事就此開始。

東漢朝廷軍隊與黃巾賊經過殊死戰後，由朝廷獲勝。此時魏國的曹操及蜀漢的劉備都只是朝廷大軍中二十出頭年輕人，往後建立吳國的孫權在此時也還是個孩子，而他的父親孫堅則是朝廷大軍的一員。

叛亂平息後，因政治持續腐敗→權力鬥爭加劇→爭權者相互征戰而自取滅亡→西部具有實力的董卓奪取政權→各地諸侯組成反董卓聯軍→曹操與孫堅驍勇善戰等，而揭開了三國時代的序幕，各地具備實

力的領導者互爭領土，群起割據覬覦一統天下的王位，亟欲終結混亂成為天下盟主。曹操、劉備、孫權也從此時開始大顯身手。

三國強者的勢力抬頭

三位強者中，鋒芒畢露的第一人是曹操。他吞併各群雄，將勢力挺進大陸東邊，並且打敗北方強敵袁紹，統一了大陸的東邊及北邊。

第二位嶄露頭角的是孫權。他承繼了父親孫堅、兄長孫策的家業，以第三代領導人的姿態跨足天下，在大陸南邊穩固自己的地盤。

最後出線的是劉備。他受到各群雄的請託，甘於協助征戰。但在與諸葛亮遇合後，劉備徹底改變想法，找出了與孫權軍事結盟的活路，開始展現實力。

西元二〇八年，曹操與冀望一統天下的孫權、劉備聯軍在赤壁激戰，孫權與劉備聯手成功地擊退曹

歷史筆記 諸葛亮，字孔明，有能發出很大的光明、非常明亮之意。因「孔明」一字廣為人知，故諸葛亮又稱諸葛孔明。

操大軍。

　　當然曹操並不放棄一統天下的野心，但孫權、劉備對曹操緊追不捨，而形成三大勢力鼎立的局面，正式進入「魏」、「蜀漢」、「吳」並立的三國時代。統治地區大致如下（參見P27）。

● 曹操…統治大陸的東邊、北邊、以及西邊上半部
● 劉備…統治大陸西邊下半部
● 孫權…統治大陸南方

　　三國中最先滅亡的是蜀漢。劉備死後，擔任軍師的諸葛亮抱著必死的決心支撐國家，但最後因過勞而死。少了諸葛亮的蜀漢尋無繼任的人才，因此受魏國攻打後便很快地投降。接下來是魏國滅亡。曹操死後，由他的兒子及孫子繼承王位治理國家，但朝廷大臣攬權篡國建立新的國家「晉朝」。晉朝在二八○年大舉進攻吳國，吳國投降而結束了三國時代。

● **《三國志》的時代推移**

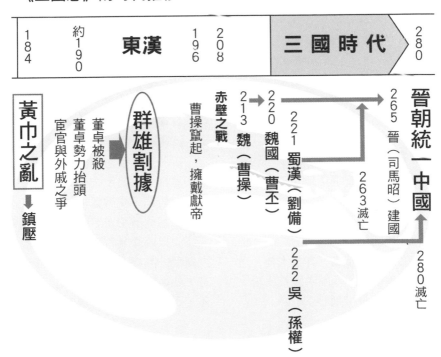

掌握《三國志》的人物

《三國志》人物主要以曹操、劉備、孫權三人為主。此外，還有諸葛亮、司馬懿、關羽、張飛等武將與軍師間錯綜複雜的關係。

英雄豪傑的百年故事

《三國志》在某種程度上有如撞球遊戲。在中國大陸這個廣大的球檯上，群雄如同撞球一般在球檯上滾動，有因母球撞擊群聚在一起的球，也有因受到撞擊掉入球袋而消失的球。到了最後只剩下三顆球，這三顆球分別以曹操、劉備、孫權為核心，各自聚集了許多不同個性的人。而這三顆球都認為「只有我才能留在這個球檯上」，因此不斷相互撞擊。

換句話說，《三國志》是一齣團體衝突交織而成的連續劇，在這樣的大時代中出現了許多風格個性迥異的大將，而這正是《三國志》的有趣之處。

人物個性多采多姿

三國志中描述了許多人物，尤其是三國中的許多團隊陸續出現，本節將介紹其中幾個團隊。

首先是曹操。曹操獨具的創造力及政治手腕，讓周遭優秀的人才都歸順在他旗下。魏國武將中的佼佼者有單眼猛將夏侯惇、善用弓箭的夏侯淵、前線指揮高手的曹仁、戰略能手的張郃、一生從未嘗過敗仗的徐晃、打頭陣的名人樂進、內心從不畏懼的張遼等人。而軍師團隊也是人才濟濟，有荀彧、荀攸、賈詡、程昱、郭嘉、華歆、滿寵等人，每位都是足智多謀之士，在戰爭中提出好的點子幫助曹操。而曹操身邊還有典韋及許褚等兩位護衛，這就是曹操團隊的特色。

接著是孫權。孫權承繼父親孫堅、兄長孫策的家業，為第三代領導人。因此，孫權繼位為君主時，就已具備從前朝留下的人才。吳國武將中以周瑜為首，周瑜除了是人人稱羨的美男子之外，在學問、戰力、藝術等方面更是才情出眾。此外，還有促成孫權與劉備結盟的魯

歷史筆記　在道教（中國民間信仰之一）中，關羽被尊稱為「關聖帝君」，並以財神的位格受民眾祭祀。在日本，位於橫濱中華街的「關帝廟」十分有名。

肅、智勇雙全的呂蒙、出奇制勝的名人陸遜、前鋒大將凌統、海盜出身的周泰、老將黃蓋及程普、使用短戟的能手太史慈、善於文韜武略的大將甘寧、有前線勇士之稱的韓當等人。擔任參謀的張昭、張紘、步騭、呂範、諸葛瑾等人不僅管理內政，在軍事方面也發揮出才能。

最後是劉備。若與曹操及孫權相較，劉備與其團隊的關係有些不同。若將曹操或孫權的團隊比喻為商務關係的話，劉備的團隊則可說是家庭關係。在劉備的團隊裡，利害與善惡皆超越政治，是以「情」與「義」為基礎的團隊。

蜀漢的武將之首是關羽及張飛，從劉備舉兵起，這兩人就一直與劉備同進同出，與劉備之間的情誼有如兄弟一般。關羽與張飛都是蓋世無雙的豪傑，大大提升了劉備團隊的戰鬥力。其他的武將還有文武雙全的趙雲、有王子稱號的馬超、有反抗精神的武將魏延、以弓箭稱霸天下的黃忠、具有穩健指揮能力的張嶷、張翼、馬忠等人。軍師團隊有諸葛亮、龐統、法正、孫乾、簡雍、麋竺、馬良等人，每個人都發揮了他們在軍事及內政上的長才。

● 《三國志》的核心人物

《三國志》的故事舞台

魏、蜀、吳三國相互爭奪中國廣大的土地，本節將帶您了解相關的地理位置。

以黃河與長江為界區分為三國

　　《三國志》故事以中國遼闊的土地為舞台。或許正因為舞台的廣大，讓人倍加覺得故事規模之大。由於規模過大，實際上也就無法掌握故事的發端。因此，單單說明中國大陸的地形並沒有任何意義，右圖清楚地標示出三國志的舞台，以利讀者了解。

　　畫線的部分為黃河及長江。黃河全長五四六○公里，長江全長六三○○公里，這兩條河川皆由西向東流入海洋，為世界屈指可數的大河。黃河位於中國大陸北方，長江則位於中國大陸南方。中國大陸以黃河及長江為界，可分為以下三區：

- 黃河以北地區
- 黃河與長江流域
- 長江以南地區

做為中國大陸南北分界的黃河及長江，同時也是東西的分界。河川的源頭是從高山流向海洋，黃河及長江也不例外，上游為山岳地帶。也就是說，中國大陸的地形可區分如下：

- 東部平坦地帶＝東部豐饒的土地
- 西部丘陵及山岳地帶＝西部貧脊的土地

長江與黃河孕育了肥沃的土壤，並堆積於東部的平坦地帶，而西部地區卻沒有如此優渥的條件。

奔馳於大地的勇士們

　　《三國志》的舞台依下列的順序改變。若將人物的動向以圖示說明，可得知以下順序：（一）位於北方豐饒土地上的戰況激烈、（二）曹操管轄北方豐饒的土地、（三）南方豐饒的土地由孫權管轄、（四）劉備管轄西南貧脊的土地。

　　歸納而言，中國大陸最肥沃

 歷史筆記　黃河的含砂量，年平均達到十三億八千萬噸。因砂石堆積導致黃河泛濫的次數，在過去三千年間已達一千五百次以上。

的土地由曹操取得，次豐饒的土地則由孫權取得，而劉備在這些豐饒土地上打轉的結果，最後只能取得貧瘠土地的南邊（北邊已由曹操取得）。三國的位置關係大致如圖所示，讀者可在簡單掌握住地形之後繼續閱讀。

此外，魏、蜀、吳三國所奪取的土地主要以「州」為行政單位，亦如下圖所示。本書於第肆章會再詳細解說，請各位讀者盡可能把握住初步的位置關係。

●三國時代的中國地形

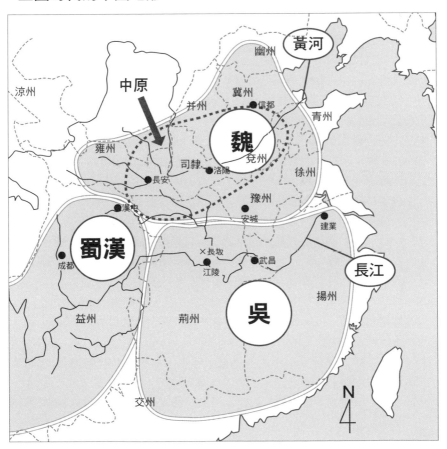

倭國男性身上皆有刺青，女性則穿套頭和服

　　西元二〇〇年左右，在曹操、劉備及孫權相互爭奪領土的同時，並無法得知當時的日本究竟處於什麼樣的狀態。而日本並未對這段歷史留下任何隻字片語，只能由《魏志‧倭人傳》的敘述或考古方面的發現，來推斷相關歷史。

　　《魏志‧倭人傳》的正確名稱為《三國志》中《魏書》〈東夷傳〉的倭人條，是《三國志》其中一部分。書中詳細記載三世紀左右日本列島的情形，以下引用書中描寫倭人生活狀況的部分。

　　「倭國的男子，無論大人或小孩，都在身體及臉上刺青。（中略）現在，倭國漁夫潛入海中捕魚及蛤蜊，身體的刺青讓漁夫得以避開大鳥及大魚的攻擊，之後則成為身體的裝飾。倭國人身上的刺青隨著藩國的不同，大小及左右也會有所不同，並因身分尊卑而異。」

　　「倭國的風俗井然有序，男子沒有戴帽，以棉布包裹頭部，衣服沒有接縫，只用一大片布裹身，以帶子綁住。婦人綁著辮子及髮髻，衣服為罩衫，頭部從中間穿出來而已。」

　　「倭國氣候溫暖，無論冬夏都吃生菜。人們光腳而居，雖然建有住屋，但父母兄弟各自住在不同居所。他們以朱丹塗在身上，就如同中國使用白粉一般。」

　　「婦人不淫、不忌妒、不盜、不爭。若犯法，輕則沒收其妻，重則抄家滅族。」

　　由《魏志‧倭人傳》內容，可窺見當時的日本為相當守秩序的國家。

第 2 章

這就是《三國志》

撼動中國的百年故事

【中國史上前所未見的動盪時代】

　　《三國志》中所描述的三國時代，在中國三千六百年的歷史中只占了一百年。

　　由整體的中國史看來，三國時代十分短暫，但一百年本身並不算短。而且三國時代打破了從前的慣例，在同一時期同時出現了三位皇帝，這一百年可說是中國三千六百年歷史變革的轉捩點。

　　《三國志》是一本記錄動盪時代的史書，本書中將針對出現在這段前所未有的動盪時代中的所有人物故事，做最完整的呈現。

【以正史為主】

　　本章依據陳壽撰述的《三國志》介紹三國故事的來龍去脈，亦即依照正史所記載的內容來敘述。而除了故事內容之外，本章亦涵括了歷史解說。

　　例如本書再三提到「三國時代是個動盪的時代」，然而動盪的時代並非一朝一夕就可形成，必然歷經了從平穩到動盪的過程。因此，本章由三國時代前的西漢（二○二年建國）開始敘述，歷史開展的順序為西漢、新、東漢，然後才真正進入三國時代。在閱讀過程中讀者應該會發現，其實早在西漢末期時便潛藏了之後動亂發生的要因。

此外，氣候變動的因素也非常值得關注。三國時代氣候寒冷，天候的惡劣與異常導致農作歉收，糧食不足的問題逐漸浮現檯面，而成為三國時代動盪的另一要因。簡單而言，三國時代不單是權力的鬥爭，所有人都為了「生活」而努力奮戰。

【簡單明瞭為本書首要原則】

　　本書的撰寫方式是將複雜、容易令人混淆的《三國志》故事，以重點解說的方式配合歷史背景，簡潔明瞭地進行敘述。書中不單介紹歷史，也會從「為什麼」的觀點切入探討。

　　例如黃巾之亂為什麼會爆發？又為什麼會成為撼動東漢根基的激烈叛亂？當各地群雄誓死擴大自己的勢力範圍時，為什麼只有曹操決心擁戴獻帝？劉備沒有勢力基礎、資金和人脈，但是為什麼他可以扶搖直上成為蜀漢的皇帝？在呈現這些社會背景的同時，本書也會清楚地解說前因後果，讓您更容易掌握《三國志》的要點與事件始末。

　　那麼，現在就一起進入三國志的世界吧！

東漢結束後的亂世

中國的西漢時代維持了約四百年的太平盛世。為什麼在這樣的時代，社會竟開始出現動亂？

三國時代之前

三國時代在中國歷史上是非常短暫的時期。三國時代前的歷史如右頁簡圖，雖亦有秦朝以及之前的其他朝代，但因與三國時代無關，所以在此省略不述，而直接從漢朝開始說明。

西漢的建國皇帝是劉邦。劉邦原為地方上具有名望的仕紳，但他喜好酒色、臭名遠播，可謂酒色之徒。不過由於他胸襟寬闊勝於他人，所以依然深受許多人士愛戴。

劉邦以眾望為利器，在秦朝滅亡後的動亂時期開始嶄露頭角。西元前二〇二年，劉邦打敗楚國（中國南方國家，位於長江下游流域）的項羽而一統天下，建立漢朝即位為皇帝，在中國史上稱為「漢高祖」。

西元八年，漢朝因王莽的篡位而一度消滅，但王莽建立的新朝只維持了十五年就滅亡。在新朝滅亡時的動亂中嶄露鋒芒的是劉秀。劉秀平息天下的亂象，在西元二五年即位為皇帝，在中國史上稱為「漢光武帝」。

劉秀是漢高祖劉邦第九代的子孫。由於同樣都是劉氏血脈所建立的王朝，因此西元八年以前的朝代稱為「西漢」（譯注：或稱前漢），二五年後的朝代則稱為「東漢」（譯注：或稱後漢）。

外戚與宦官爭奪權力

自光武帝即位以來，東漢一共立了十三位皇帝，但好景只維持到第三代的章帝。第四代和帝於十一歲即位，二十七歲時因病駕崩，此後由未成年皇子登基是常有的事。不只是小孩，有時就連嬰兒都會被指名即位為皇帝。

因為年幼的孩子不懂得治理國家，因此就有所謂的攝政王。東漢朝廷在和帝之後，為了到底應由誰

歷史筆記　發明紙張的蔡倫（東漢）及率領中國艦隊遠征東非沿岸的明朝鄭和等，都是留下豐功偉業的宦官。

擔任攝政王的問題而紛擾不休，相互爭權。若能當上攝政王，自然可以掌握權力，還可左右皇帝決定為所欲為。

　　當時爭奪攝政王位置的有兩股勢力，其中一方是皇帝母親的親戚，稱為「外戚」，另一方是「宦官」。宦官也就是太監，主要職務是在皇帝身邊處理瑣事，也因為這樣，宦官多是皇帝唯一信任且依賴的心腹。當時在皇帝背後攬大權的宦官不在少數，而且許多宦官對皇帝一點也不忠誠，腦袋裡淨想著如何中飽私囊。

　　以宦官及外戚為主的權力鬥爭隨著時代變遷而愈演愈烈，從民間各地課來的重稅淪為鬥爭的資金來源，屢屢遭到浪費。

● 三國時代前的歷史演變

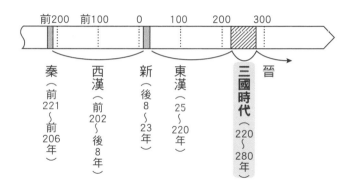

● 東漢紛亂的主要原因

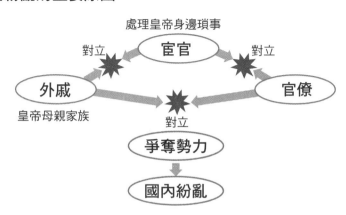

苦於飢荒與豪族勢力的農民

政治紛亂之際又面臨飢荒蔓延，人民的生活受到了嚴重的威脅，讓民眾失去生活的希望。

惡劣的天候與嚴重的飢荒

對於不考慮民意的政治，人民當然會受不了。但威脅當時人民生活的因素不單是如此，還有「氣候寒冷」及「豪族強占土地」等兩個問題。

東漢中期，剛好是西元一〇〇年左右，中國的氣候十分寒冷。後來的氣象學研究發現，當時的天候持續異常，對於農作物的影響非常大。《後漢書》中便描述了安帝（第六代皇帝）在位的一百零七年間所發生的情形。「天下飢荒蔓延，人民競相淪落為盜賊，豫州無法謀生的人全都成了盜賊。」淪為盜賊的理由十分簡單，因為若是不盜不搶，自己及家人都會餓死。

而《三國志》中也隨處可見關於當時飢荒的敘述。「河北袁紹的軍隊無法配給到糧食，大家只能以桑葚充飢。此外，以淮河流域為據點的袁術也無法順利取得糧食，只

以蛤蜊及田螺給士兵果腹。」

袁紹與袁術（參見P206、P212）是當時最大的勢力，照理來說，經濟應該是不虞匱乏才對，但事實上並非如此。此外，《三國志》中也記載，一九四年時「人民為爭奪食物互相殘殺，造成人口急遽減少，因此無法募集到新兵」。換句話說，三國時代是糧食不足問題逐漸浮現的時代。

農民被逐出農地

再來就是豪族將土地占為己有一事。豪族在西漢時就已出現，只要將他們想成是「因擁有雄厚財力及精良武力而壯大的農民」即可。西漢朝廷的原則是讓皇帝集中權力於一身，因此朝廷將豪族視為對自己不利的族群，而與豪族產生對立。

但東漢朝廷卻認同豪族的立場，因為新朝滅亡後接踵而來的

歷史筆記 「赤眉之亂」這個名稱，是因為叛亂的士兵將紅色顏料塗在眉毛上做為標記而來，當時在長安的赤眉軍全被劉秀所鎮壓。

「赤眉之亂」（一八～二七年）大多倚靠豪族的力量才得以鎮壓。東漢後期時政治紛亂，豪族更擴大自身的勢力，東漢末期的思想家崔寔寫下了當時豪族橫行的情形。

「豪族囤積了龐大的財產，居住的豪宅占地廣大，並以王侯自稱。豪族僱用流氓為保鑣，威脅平民百姓，而且這些人還以粗暴的言語得意洋洋地說道：『別人的性命都掌握在我們手上。』」

豪族將已被天災及稅賦壓到喘不過氣的農民的土地據為己有，甚至將農民逐出農地。也就是說，豪族斷絕了農民的血緣與地緣關係，將農民驅逐於社會之外。因此流離失所的底層農民絕望地表示：「已經活不下去了。」

●氣候異常寒冷的時代

■美國地形學家 R. W. 費爾布勒奇教授發表的海平面曲線圖

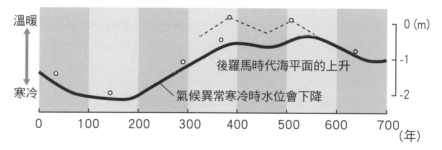

■中國的歷史

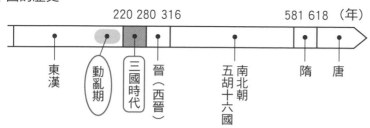

急速竄起的太平道

「太平道」緊緊抓住窮困民眾的心理，於是百姓的不滿在各地爆發，這就是「黃巾之亂」。

太平道如何抓住人心？

在飢荒蔓延的時代，對於被逐出農地、排擠在社會之外的農民而言，只能有四種選擇，分別是餓死、流離失所、淪落為盜賊或者成為豪族的佃農。由於眼前看不見光明，因此他們只能尋求宗教的慰藉，祈求得到救贖。

此時，以鉅鹿郡（今河北省）為據點的「太平道」（譯注：中國早期民間道教教派）在東漢末年出現，信徒以銳不可擋的速度激增。太平道由張角所創立，是自中國民間宗教所發展出來的新興宗教。太平道除了受到流離失所的農民信仰，就連一般農民及其他民眾也非常支持，在短短十年中，信徒人數便達到數十萬人。據說更有信徒變賣所有財產，將自己奉獻給教團。而太平道的「太平」，是以「普世人類皆平等」為主張而命名。

太平道的傳道方式十分簡單，信徒只要深深跪拜，傾吐自己過去的過錯，然後喝下符水便能治療疾病。簡單而言，太平道主張只要懺悔便能治療疾病，正是因為這樣的傳道方式，使太平道獲得了民眾廣泛的支持。然而「若欲懺悔自己的罪過，就應超脫地緣及血緣關係，並且提升為人類應如何生存等普遍的倫理意識，只有基於這個前提，每個人的靈魂才能獲得救贖」（《三國志——轉型期的軌跡》，松枝茂夫、立間祥介主編／丸山松幸、中村愿翻譯）。可見太平道對於在現實中被逐出地緣及血緣社會的族群、以及對社會抱持不安態度的人，傳達了「地緣與血緣關係到底是什麼？人類應該更要加深彼此關係，結合心與心、靈魂與靈魂」的意念，可以說否定了傳統以來對「過去與現在」的觀念。

 歷史筆記 黃巾之亂發生的十二年前，在句章（譯注：今浙江寧波）有人發起宗教叛亂，自稱陽明皇帝，後由孫堅領軍鎮壓。

太平道信徒蜂擁而起

　　一八四年二月，太平道信徒在各地武裝起義，向失去民意的東漢朝廷宣戰。他們將黃色的布巾包在頭上，以證明彼此是同志，因此被稱為「黃巾賊」，在中國歷史上稱為「黃巾之亂」。

　　黃巾賊以「蒼天已死，黃天當立；歲在甲子，天下大吉」為口號，意思是黃天（太平道建立的王朝）代替已腐敗的蒼天（東漢朝廷）來一統天下。但黃巾之亂並不只是推翻朝廷的叛亂行動，而是舊世界（講求地緣、血緣關係的社會）與新世界（心與心、靈魂與靈魂結合的平等社會）的鬥爭。太平道信徒是為了以自身的力量建造一個讓人民能夠安居的豐饒新世界，才訴諸武力發起叛亂。

● 太平道是什麼？

170年左右創立

創始者・**張角**…自稱 **大賢良師**
（弟・**張寶、張梁**）

地區・鉅鹿郡（現今河北省）

以治療疾病、懺悔為主進行傳教

在當時時代背景下信徒激增

184年2月蜂湧而起
黃巾之亂

張角
自稱為天公將軍

鎮壓黃巾之亂的主角

因東漢朝廷面臨危機，各地有志者開始行動。三國志的主角們亦在此時出現。

黃巾賊逼近首都洛陽

　　太平道教主張角自稱「大賢良師」，發起叛亂後改稱「天公將軍」。張角有兩個弟弟，大弟是張寶，稱為「地公將軍」，小弟是張梁，稱為「人公將軍」。

　　太平道最盛行的地區，分別是現今河北省中部與南部、山東省北部、河南省東部等地。這些地區的叛亂逐漸加劇，除了各地政府之外，村莊與城鎮等都成為攻擊的目標，官吏則不分青紅皂白慘死刀下。

　　一開始東漢朝廷低估了黃巾之亂的力量，認為地方政府應可輕易鎮壓住這次的叛亂行動。然而事實與預期相反，黃巾之亂擴大至首都洛陽附近。當時在位的漢靈帝及朝廷官員驚慌失措，心想若不能即時鎮壓則命在旦夕，但當時朝廷並無優秀人才可以處理這次的危機。這是因為當時中國正值打壓知識分子的「黨錮之禍」（譯注：東漢時代有兩次黨錮之禍。當時宦官干涉政治，致使朝廷混亂，知識分子於是發表言論批評宦官。對此，宦官誣告知識分子私自組黨，數以千計的知識分子遭到逮捕，許多人死於獄中），企圖獨攬大權的宦官提供假消息給皇帝，並逼退中央優秀的官吏。

　　於是朝廷馬上解除黨錮之禍，遭發落邊疆的官吏也被朝廷召回，組成討伐黃巾賊的軍隊，而擔任司令官的是盧植、皇甫嵩、朱儁三人。爾後，奠定三國時代基礎的主要人物，幾乎都參加了這場與黃巾賊對抗的戰役。

　　奠定魏國基礎的曹操此時正值二十九歲，他官拜騎都尉，是東漢騎兵部隊的指揮官，率領大軍往潁川方面進攻。朱儁旗下則有之後在江東名聞遐邇的孫堅，當時孫堅的年紀為二十八歲，比曹操小一歲。時年二十三歲的劉備則是跟隨官拜

歷史筆記　張角在戰爭中病逝，因此未受任何刑責。東漢朝廷於是挖掘張角墳墓，將他的首級砍下來洩憤。

校尉（皇城的守備隊長）的鄒靖。不用說，關羽（二十二歲）及張飛（十六歲）也跟隨著鄒靖。

而此時孫堅的兒子孫策只有九歲，孫權二歲，周瑜九歲，諸葛亮三歲，司馬懿五歲。

曹操立下大功

最先立下戰功的是皇甫嵩及朱儁兩位將軍，他們在長社（譯注：今河南長葛）打敗了往潁川進攻的黃巾賊。而曹操也立下大功，拯救了被黃巾賊包圍而陷入苦戰的皇甫嵩軍隊。

另一方面，北方則由盧植正面迎戰張角軍隊。盧植將黃巾賊逼到廣宗，但因視察軍隊的宦官與盧植不合，盧植將軍的職位因此遭到罷免，改任命董卓為軍隊的司令官包圍廣宗。但董卓卻沒有建立大的戰功，最後被免職。

打敗廣宗黃巾賊的是皇甫嵩。已經剿滅張寶、張梁軍隊的皇甫嵩，趁勢襲擊困在廣宗的黃巾賊。而位於廣宗的黃巾賊因張角病逝而喪失戰鬥意志，於是向皇甫嵩軍隊投降。

●黃巾之亂分布地區

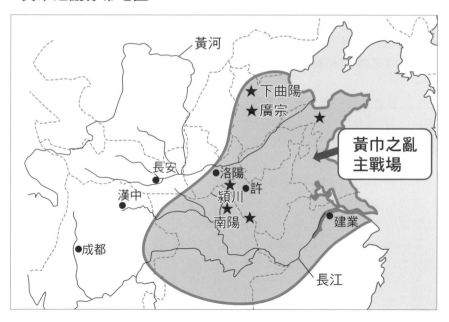

東漢政權開始動搖

叛亂雖然暫時平息，但東漢朝廷內部仍持續腐敗，垮台只是早晚的問題。

未記取教訓的東漢朝廷

歷時將近一年，黃巾之亂終於平息，但並沒有完全受到鎮壓。黃巾之亂畢竟是宗教叛亂，參與其中的人都是不實現理想絕不退縮的戰士，無論戰爭的目的是否達成，都要戰到最後一刻。

黃巾賊的餘黨出乎意料地多，而且趁著黃巾之亂時，張牛角、張燕、李大目、白雀、楊鳳等人高舉叛亂旗幟在各地誓師，兵力少則六、七千人，多則達到二、三萬人。

但真實的狀況並未傳到將朝廷據為己有的奸臣耳裡。這些人一聽到張角及黃巾賊的首腦已死，就認定黃巾之亂已經完全平定而鬆懈竊喜。只是竊喜也就算了，他們竟還以建造皇宮為由，公布加稅政策，此舉使得普天下大吃一驚。若是為了整頓疲累的軍隊，或是恢復荒廢的地方政府，加稅一事還可諒解，

但建造皇宮這個理由卻讓人難以接受（殘酷的增稅政策，也是引發黃巾之亂的原因之一）。

果不其然，各地再度爆發叛亂。東漢朝廷騷動不斷，宛若驚動蜂巢一般。

人各有志的三國志主角

此時，《三國志》的主角們正各自追尋著自己的道路。

曹操因鎮壓黃巾賊有功，因此被任命為郡的太守，不過他婉拒官職並回鄉，埋頭研究《孫子》等兵書。

孫堅原為長沙太守，但為了鎮壓叛亂而東奔西走。而從《三國志》中並不清楚當時的劉備人在那裡、從事何事。或許劉備正與關羽、張飛同時揚名於三國時代，又或者正投靠在右北平郡太守公孫瓚的旗下也說不定。劉備曾經為了求取學問而投入盧植的門下，當時的

歷史筆記　關羽的本籍河東郡解縣的解池以產鹽而聞名，關羽當時是保護運鹽隊的安全人員。

同門師兄弟還有公孫瓚。不過可以確定的是，劉備當時正任職於地方政府擔任官吏，後因毆打朝廷派來的監察官而放棄官職。

地方長官州牧

總之，再三發生的叛亂事件加重了東漢朝廷的負擔，朝廷於是以改革制度來因應艱難的處境。

東漢朝廷在地方設置「牧」以代替「刺史」（參見P130）。州牧與刺史都是最大行政單位「州」的直屬長官，但刺史只擁有監察官程度的權限，州牧則掌握軍事權、財務權及政治權。朝廷希望藉著擴大地方當權者的權力，以平息地方的叛亂。

然而，以長期而言，州牧的設置加速了東漢末期的混亂，導致之後群雄割據的局面。

●各地發生的叛亂事件

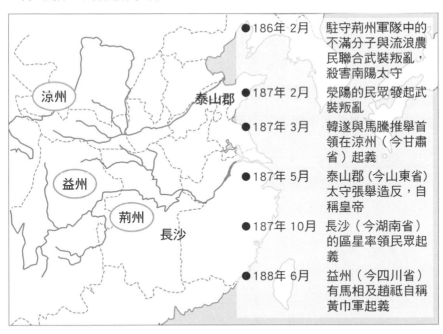

●186年 2月	駐守荊州軍隊中的不滿分子與流浪農民聯合武裝叛亂，殺害南陽太守
●187年 2月	滎陽的民眾發起武裝叛亂
●187年 3月	韓遂與馬騰推舉首領在涼州（今甘肅省）起義
●187年 5月	泰山郡（今山東省）太守張舉造反，自稱皇帝
●187年 10月	長沙（今湖南省）的區星率領民眾起義
●188年 6月	益州（今四川省）有馬相及趙祗自稱黃巾軍起義

人民vs.權力——
人民的力量創造了時代

締造三國時代的「黃巾之亂」

　　從東漢末期到三國時代，人民的力量沸騰不已，最高漲之際就是在黃巾之亂。

　　一八四年二月，以大賢良師張角為教主的太平道信徒同時在各地發動叛亂。當初，操縱東漢朝廷的宦官以及外戚認為，此次叛亂是地方刺史及郡太守階層便可鎮壓的規模，因而完全不放在眼裡。但朝廷方面的預估錯誤，黃巾賊的勢力逐漸擴張，州、郡、縣的主要都市相繼淪陷，眼看就要逼近首都洛陽。

　　直到危機來臨之際，朝廷才肯接受這個事實。東漢朝廷任命皇甫嵩、朱儁、盧植（劉備的老師）等人為討伐黃巾賊的司令官，同時在各地召募討伐黃巾賊的義勇兵。而曹操、孫堅、劉備等三國的英雄人物，幾乎都在此時為討伐黃巾賊而自願加入義勇軍。

　　黃巾賊與朝廷軍隊之戰，一開始是勢如破竹的黃巾賊占上風。朝廷軍隊反敗為勝的轉捩點是一八五年五月的「長社之戰」。黃巾賊大軍成功地包圍皇甫嵩將軍所率領的官兵，對朝廷官兵而言十分不利。但皇甫嵩並沒有放棄，反而鼓舞部下，並祭出火攻的奇招，最後成功突圍。此時，曹操率領的援軍到達，這次換成黃巾賊屈居下風。不久，朱儁指揮的主力軍隊終於到達戰場，一舉殲滅黃巾賊的主要軍隊。

　　民眾組成的民間軍隊與正規軍不同，一旦遭受挫敗很容易變成一盤散沙。因此朝廷軍隊在這場戰役後，確實擊破黃巾賊的據點。之後，黃巾賊的領袖張角病逝，幹部也一一戰死，朝廷終於暫時鎮壓住這場前所未有的人民叛亂。

一發不可收拾的人民力量

　　黃巾之亂歷時約一年，終於暫時被鎮壓下來，但東漢朝廷完全不改變治國理念，還以建造皇宮為由對百姓加稅，人民的反抗之心只是愈加高漲。

　　這個時期一些由人民發起的叛亂行動舉例如下：

● 漢中郡為由張魯擔任教主的五斗米道教團所占據，自立為宗教王國。二一五年三月，受到曹操武力鎮壓。

● 在河北，以張燕為首的大型盜匪集團黑山賊蜂擁而起，雖曾一度歸降於東漢朝廷，但之後又再度叛亂。二〇五年四月降伏於曹操，張燕受命就任平北將軍。

● 徐州牧（總掌軍事、經濟、政治的官吏）陶謙殺害闕宣。闕宣以下邳為主要根據地，並率領眾多部下自立為皇。陶謙當初與闕宣結盟，共同策動叛變，但最後卻將闕宣殺害，吸收其原有兵力。

● 二〇六年八月，曹操進攻青州沿岸討伐海盜。

　　宗教、盜賊集團、海盜、自稱皇帝等，人民的力量沸騰不已。在思考三國志時代的同時，不要忘記此時權力與人民力量之間暗潮洶湧的鬥爭。

誰是下一位皇帝？

皇帝的監護人掌握大權，而以武力強行推舉皇帝的是將軍何進。

更為複雜的政治情勢

　　設置州牧的同時，朝廷也增強了直屬的中央軍隊「西園八校尉」。所謂「西園八校尉」，便是在中央軍隊內增設上軍、中軍、下軍、典軍、左助軍、右助軍、左軍、右軍等八個師團。回到故鄉的曹操被拔擢為典軍校尉，而曹操的競爭對手──在河北建立勢力的袁紹則擔任中軍校尉。

　　如果這只是單純的增強軍備，當然不會有任何問題。但西園八校尉中職位最高的上軍校尉兼任全師團的總司令官，同時又是軍事最高負責人，這使得情況愈加複雜。軍事最高負責人通常稱為「大尉」（相當於現在的國防部長）但若當時有非常設職位「大將軍」的話，則由大將軍擔任最高負責人，因此漢靈帝必須接受大將軍及上軍校尉的指揮。當時的上軍校尉是一位名叫蹇碩的宦官，蹇碩是「中常侍」職位的領導人，中常侍中有十人特別受到皇帝的信任，在朝廷中橫行霸道，這十人又被稱為「十常侍」，令人深惡痛絕。

何進與宦官勢力相互對立

　　對於蹇碩就任上軍校尉一事，大將軍何進強烈反對。何進是何皇后（靈帝的妻子）的哥哥，靠著裙帶關係登上大將軍之位。

　　一八九年，靈帝因病駕崩，朝廷立刻陷入權力鬥爭的漩渦。最初朝廷內部爭奪的是下任皇帝的寶座，而能成為皇帝的人選有二。

　　一位是靈帝與王美人之間所生的兒子劉協，當時他才九歲。另一位是靈帝與何皇后的兒子劉弁，當時他十七歲。靈帝本來打算立劉協為東宮太子，因為他認為劉弁不是當皇帝的料。不過何進非常希望劉弁能當下一任皇帝，因為若能成為皇帝外戚，他便能掌握極大

歷史筆記　據説何進原是市場上賣肉的小販，專精於肉的處理，但在軍事方面則一竅不通。

的權力。當然何皇后也希望自己的兒子能夠即位，因此這時的朝廷分成兩派，一是何進與何皇后的「弁派」，另一是以蹇碩為首的「協派」。

在這場勢力爭奪戰中，一開始占上風的是何進，他以武力脅迫，趁機立劉弁為皇帝（少帝）。對此蹇碩十分地焦慮，計畫暗殺何進。然而與何進親近的宦官卻背叛蹇碩，將此消息通報給何進，最後反而是蹇碩被何進所殺。

這場何進與宦官之戰，由何進暫時獲勝，但宦官並非完全被殲滅。對何進而言，宦官勢力仍是一面擋路的高牆。而何進也不能莽撞地與宦官直接發生衝突，因為宦官在朝廷的影響力不小，並且掌控保護皇宮的禁衛軍。

為了解決如此的窘境，何進著手擬定作戰計畫。他號召各地州牧（各州首長）與太守（各郡首長），率領大軍前進洛陽，但這個計畫卻輕易地被宦官們所察覺。

●朝廷中擁立皇帝相關抗爭之簡圖

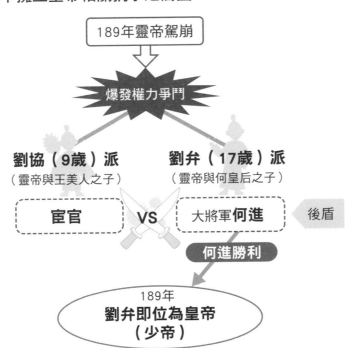

暴虐的掌權者董卓

宦官們輕易地暗殺了何進，然而，更殘忍的暴君董卓很快地便來到洛陽。

董卓在權力空窗期現身

察覺何進企圖的宦官在朝廷內暗殺了何進，對此，何進旗下的袁紹等人憤恨不已，闖入宮中將沒有蓄鬍的男子趕盡殺絕。

切除了生殖器官的宦官手無縛雞之力，其特徵就是臉上沒有蓄鬍。據說當時不是宦官但沒有蓄鬍的人，為了保全性命在士兵面前脫掉衣服，讓士兵檢查自己的生殖器官。而在此次叛亂中，朝廷內被殺的人數超過了兩千人。

擾亂東漢朝廷的何進與宦官勢力相繼消滅，東漢進入了權力的空窗期。此時受到吸引而現身的人，是來自涼州（現在甘肅省）、比何進和宦官還更為殘暴的董卓。

董卓之所以來到洛陽，是因為受到何進「討伐宦官」的號召。董卓進入朝廷後，旋即計畫推翻皇帝。董卓鎖定的繼位人選是靈帝與王美人所生的兒子劉協。劉協的年紀雖然比現任皇帝劉辯（少帝）小，但其聰慧程度遠遠勝過劉辯。董卓似乎知道大家都認為「劉協才是真正當皇帝的料」，當時雖然有人在表面上表示反對意見，卻也並未出現強硬的反對派。

此時的董卓非常地小心謹慎，暗中計畫增強兵力。董卓看中為維持洛陽治安而進京的并州（今蒙古自治區）首領丁原的軍力，他計畫利用丁原的兵力，首先先吸收了丁原的愛將呂布。董卓以花言巧語攏絡呂布，誘使呂布殺害長官丁原，進而收編丁原的軍力，並將天下名馬「赤兔馬」贈送給呂布當做獎賞。

強制集中權力於一身的董卓

吸收了丁原軍力的董卓勢力大增，先是使出獨占的政治手段。他以「最近沒有下雨都是你的關係」為由罷免司空（負責建設及相關事

歷史筆記　宦官制度一直延續到中國最後一個王朝清朝為止。日本雖然承襲中國文化，但並未採用宦官制度。

務的首長），自己擔任司空之職。此外，董卓也罷免了大尉（現在的國防部長），由自己兼任，並掌握護衛朝廷的禁衛兵指揮權。在集中軍事、政治權力於一身後，董卓終於廢掉現任皇帝劉弁，協助劉協即位（獻帝）。同時，他也宣布剝奪廢帝母親何皇后所有的政治權力。

這是以強大武力為背景的故事。皇帝的政務祕書官盧植雖提出反對，但其他人都沒有異議，因此到了九月，政局還是照著董卓的意思運作。掌握大權的董卓，親自對袁紹、袁術、曹操等前途無量的年輕官吏使出懷柔策略。董卓為拉攏他們採取了各種不同的手段，不過他們都拒絕董卓的延攬，陸續逃出洛陽。

●一八九年時洛陽的動向

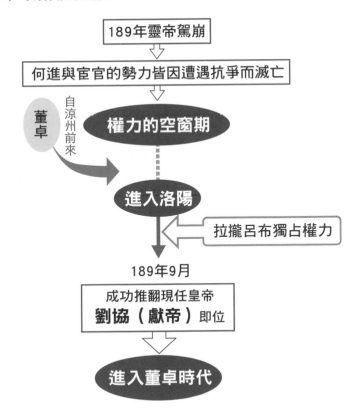

189年靈帝駕崩

何進與宦官的勢力皆因遭遇抗爭而滅亡

權力的空窗期

董卓 自涼州前來

進入洛陽

拉攏呂布獨占權力

189年9月

成功推翻現任皇帝
劉協（獻帝） 即位

進入董卓時代

各地諸侯組成反董卓聯軍

各地群雄打著「反董卓」的旗幟再度集結，不過卻徹底失敗。為什麼打倒董卓的行動無法順利進行呢？

反董卓聯軍重振旗鼓

在州牧（各州首長）與太守（各郡首長）等各地諸侯之間，譴責董卓強勢專制的聲浪四起。終於在一九〇年一月，各地諸侯打著「反董卓」的旗幟，毅然決然挺身而出。

當時聯軍的盟主由獲得全體一致推舉的渤海太守袁紹擔任，這是因為袁紹家族連續四代擔任最高職位「三公」（司徒、司空、大尉），再加上袁家家世受到敬重之故。

聯軍的七位諸侯往陳留郡（今河南省）酸棗縣前進，總大將軍袁紹則與河內郡（今河南省）太守王匡共同領兵往河內挺進。孔伷駐紮在潁川郡（今河南省），袁術在南陽郡（今河南省）布陣，韓馥在鄴都（今河北省）擴大兵力，而長沙郡（現今湖南省）太守孫堅則率大軍往北挺進。當時無論哪個諸侯都率領以萬為單位的兵力參戰，兵力總數遠遠超過董卓軍力。

其中懷著怒氣進攻的是孫堅。他率軍隊北上，在陽人城與董卓軍隊正面衝突。董卓軍隊有總大將胡軫，還有董卓引以為傲的呂布、華雄等猛將，然而激戰的結果，孫堅大破董卓軍。在這波衝突中，孫堅立下擊敗華雄的大功，對聯軍而言，最大的機會已經到來。若聯軍呼應孫堅的奮戰往洛陽挺進的話，便可以乘勝追擊讓董卓走投無路。

氣勢不振的聯軍

但位於酸棗縣的主力軍隊卻毫無動作，因為他們只顧喝酒，總是醉醺醺地討論如何攻擊董卓。當然他們從沒有認真討論，深怕會因擔任先鋒而受傷，只是試著打探他人的態度而已。聯軍光說不練的結果讓董卓逮住機會，為了閃避聯軍，董卓重整勢力從首都洛陽遷都至西

歷史筆記 《三國演義》小説中，關羽擊敗華雄將軍。當時關羽單槍匹馬闖入敵軍陣營，單單一擊就將華雄擊斃。

邊的長安。

以袁紹軍師身分參戰的曹操認為必須要乘勝追擊，因此神色緊張地進言：「我們是為了正義而奮起，既然如此，為什麼大家都沒有動作呢？董卓因為強制遷都而不得人心，現在才是最好的時機不是嗎？」

然而聯軍全都醉得不醒人事，根本聽不進曹操的話。曹操憤而率兵出擊，不久便遭逢董卓身邊武將徐榮所率領的軍隊。曹操雖然奮戰不已，但還是吃了敗仗。此時曹操仍不放棄，再度折回酸棗縣，熱切地說服聯軍對董卓發動攻勢，但沒有一個人專心聽曹操說話，曹操最後只好放棄聯軍離開陣地。

之後，帶領軍隊北上的孫堅進入洛陽，此時聯軍的諸侯認為目的已經達到，因此開始撤軍返回自己的領地，反董卓聯軍就此瓦解。而撤軍回到領地的諸侯開始在自己的土地上累積並擴張勢力，中國歷史就此進入群雄割據的時代。

●反董卓聯軍的勢力圖

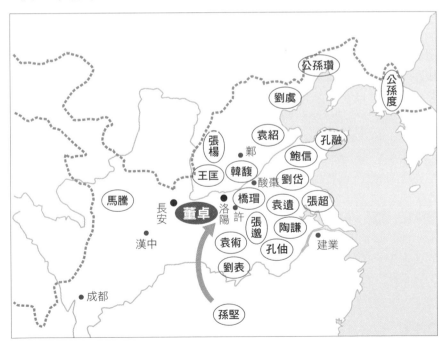

人民的慾望高漲

董卓被打倒之後，大陸各地的群雄相繼抬頭，到底誰能夠在亂世中倖存下來呢？

董卓垮台後的混亂時代

一九二年四月，董卓被心腹呂布殺害。關於這件事，一說表示呂布是應司徒（相當於今行政院長）王允的號召參與政變計畫，最後將董卓殺害。另一種說法則是董卓與呂布因女人而翻臉，王允趁虛而入。

董卓垮台後，支持董卓的武將群起發動叛亂，以王允與呂布為首的臨時朝廷維持了沒多久便垮台。但因董卓已經不在，因此管轄洛陽以西的最大勢力也隨之煙消雲散。

之後，以長安為主的地區被董卓的餘黨所占據，涼州（今甘肅省）以馬騰及韓遂為首，益州（今四川省中心部）則是劉焉的地盤，形成群雄割據、兵荒馬亂的局面。

開始嶄露頭角的各地群雄

當時最混亂的地區依舊是東部的黃河中、下游流域。一九二年夏天，青州（今山東省）的黃巾賊蜂擁而起，進攻至兗州（今山東省與部分河北省），這場戰爭導致兗州的諸侯劉岱戰死。收到求援的曹操從同州（譯注：今陝西省大荔縣）的東郡派兵進攻，與黃巾賊展開殊死戰，最後成功地壓制黃巾賊，並吸收敵軍軍力。之後曹操便以兗州牧自居，其他群雄還有張繡、張邈、陶謙等諸侯。陶謙病死後，劉備遵從陶謙遺言成為徐州牧。此外，殺害董卓後逃出長安的呂布徬徨不安，而據守淮河流域的袁術則隨時準備率軍北上。

此時北方還有袁紹、高幹、公孫瓚、袁熙等人，但因高幹為袁紹的外甥，袁熙是袁紹的二兒子，因此實際上是袁氏家族與公孫瓚之爭。那麼南方的長江流域又是如何呢？一九二年秋天，以擴大勢力為目標的孫堅，與荊州劉表的部下黃祖發生戰爭，結果戰死沙場。

孫堅原是袁術旗下的一名武

歷史筆記　據說當時人們對呂布的評價為「人群中有呂布這樣的勇者，馬匹中有赤兔這樣的天下名馬。」

將，其長子孫策也曾一度加入袁術的陣營，但因對袁術的將軍器量失望透頂而決定自立。孫策在得知江東（長江下游流域）的情勢不穩之後，以維持治安為名出兵江東地區，在該地區輾轉征戰，最後成功地以武力壓制。

之後孫策認為應趁勢以軍力鎮壓江南地區（長江以南），於是每天過著東奔西走的日子。有一說表示孫策的戰鬥力量強大，如火焰般的攻擊是他征戰的原則，因此得到「小霸王」的稱號。這個稱號似乎意味著過去與自江南崛起的劉邦（漢高祖）賭上全天下而戰、令人畏懼不已的楚霸王項羽再度出現。

而劉表所管轄的荊州、以及劉璋所治理的益州都比其他地區來得安定。此外，漢中郡（今陝西省）則因信奉新興宗教「五斗米道」（教主為張魯）而發展為一宗教王國。

● 一九三年左右的中國群雄

曹操掌握大權

領先所有群雄的可說是曹操，他推舉流離在外的皇帝獻帝，將榮華富貴握在手中。

曹操藉擁戴獻帝增強勢力

一九六年七月，獻帝因董卓強制遷都的政策而被迫移駕至長安，經過了一年，獻帝終於返回洛陽。獻帝逃出令他厭惡且毫無秩序的長安城，但因遷都時董卓放火燒城，洛陽早已徹底地荒廢。

當時洛陽的糧食十分欠缺，曹操伸出救援之手，拯救了因喪失朝廷權威而愕然不已的獻帝一行人，然而這已經是獻帝回到洛陽兩個月以後的事了。

統治兗州（今山東省與部分河北省）及部分豫州（今河南省）的曹操接受軍師荀彧「擁戴皇帝」的進言，提出「將皇上迎至許昌」的主張。許昌就是潁川郡的郡都，也就是今日河南省的許昌。於是獻帝一行人聽從曹操的建議前往許昌，這就是東漢朝廷最後的首都——許都的誕生。

皇帝所在之都，必須要是能與皇帝相襯的都市才行，因此都內的修整、各衙門的重建、以及皇宮的建造等，在在都成為曹操經濟上的負擔。不過曹操之所以願意負擔這些費用，用本來就不是單純對皇帝的忠誠，其實他還另有打算。

東漢從劉秀建國後將近有一百七十年的歷史，與西漢合計約有三百七十年。儘管朝廷的威權衰敗，但在這麼長的一段時間，漢朝由君主統治的事實並未改變。曹操認為：「雖然國勢衰落，但仍可利用朝廷的威權及歷史。」

曹操將名分及權勢當做是負擔龐大費用的回報，他把皇帝權威當做後盾，充分掌握權力，並以皇帝名義對朝廷人事進行大洗牌。他提拔董承等順從皇帝的重臣為諸侯，另一方面則親自就任大將軍，將屬下安插至重要職位。曹操藉由擁戴皇帝，得到了獨占政治的權力。

歷史筆記　劉秀為人處事十分慎重，他並未涉入權力鬥爭，在為保護自己而戰的過程中當上了皇帝。

懊悔不已的袁紹

　　在河北一帶發展的袁紹，咬牙切齒地望著曹操。當初袁紹旗下的軍師也曾向他提出「擁戴獻帝」的建議，但袁紹認為權威盡失的皇帝以及有名無實的東漢朝廷已無用武之地。但眼看曹操順利推舉獻帝取得勢力，袁紹非常後悔自己沒有先見之明。

　　然而不久之後發生了讓袁紹更感焦躁的事情。當上大將軍的曹操以獻帝之名任命袁紹為「大尉」，「大尉」是常設官職最高等級「三公」之一，所謂「三公」為：「司徒」，相當於現今行政院長的職位；「司空」，為建設首長兼行政院副院長；「大尉」，則是國防部長的職位，而曹操自己所任的大將軍不過是個非常設的官位。不過，袁紹拒絕出任大尉，曹操於是將大將軍之位讓給袁紹，自己則改任司空職位。

●袁紹軍團的結構

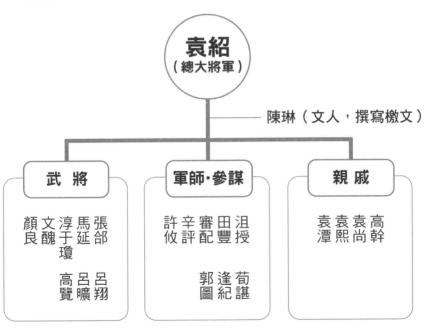

「家世」與「皇帝威望」之爭

河北兩大巨頭袁紹與曹操隔著中原遙遙對望，在權力競爭中獲勝之人，便可將中原收為囊中之物。

中原二強

袁紹拒絕曹操所任命的大尉職位，主要原因與其說是對職位有所不滿，不如說是與曹操有關。根據《世說新語》（南朝劉義慶編撰，成於五世紀中葉）的記載，袁紹與曹操小時候是一起搗蛋的玩伴。

當反董卓聯軍成立時，曹操以袁紹陣營軍師的身分參與，這或許是基於他們過去的情誼。但即使兩人交情再好，袁紹基本上還是看不起曹操，因為他們的家世相差太多。

在這個時期，家世即是權力，有好的家世自然就能受人尊敬，人才也會聚集而來。袁紹出身河北的名門貴族，他的家族已經連續四代擔任三公（司徒、司空、大尉）等最高職位。相對於此，曹操的家世就相形見絀。有一說表示曹家是西漢大功臣曹參的子孫，但這個說法似乎難以採信，因為曹操的祖父曹騰是朝廷裡面的宦官。

家世不顯赫，再加上曹操曾是袁紹的部下，如今曹操以皇帝權威為後盾命令袁紹，袁紹心裡當然不是滋味。袁紹認為：「一個宦官養子的兒子，過去跟我又有交情，我怎麼可能聽這個人的命令行事。」

勢力漸增的曹操與焦躁不安的袁紹

但曹操卻漠視袁紹的想法，如右圖所示，開始積極部署政治及軍事的版圖。就這樣，曹操的勢力與日俱增。情勢於是轉變為「曹操與袁紹的衝突一觸即發」。當時中原（黃河中下游流域與河北地區的總稱）的實力者早已分為曹操與袁紹兩派，但絕大多數的人都認為袁紹的勝算較大。一九九年時袁紹打敗了北方唯一可與袁軍抗衡的幽州諸侯公孫瓚，此時河北四州（冀州、并州、幽州、青州）已全部由袁紹接管，成為中國最大的勢力。

歷史筆記 當時袁紹陣營中的文官陳琳寫下打倒曹操的檄文，怒罵曹操為「宦官養子所生的笨兒子」。

二○○年四月曹操與袁紹終於正面武力衝突，這就是歷史上著名的「官渡之戰」，兩人的目標都在取得中原的霸權。

● 曹操擴張勢力的過程

196年	實施屯田制，糧食自給自足系統化。
197年9月	率大軍打敗袁術。
198年3月	以武力進攻諸侯張繡。
198年11月	攻入徐州下邳城，擒呂布並判其絞刑。
200年正月	逮捕策動排擠曹操的政變計畫、「反曹操派」的董承等人，並加以處刑。掌控朝廷並建立專制體制。
200年春	打敗豫州牧劉備，降伏關羽等武將並納入旗下。（之後默認這些武將回歸劉備陣營）

● 曹操與袁紹的勢力圖

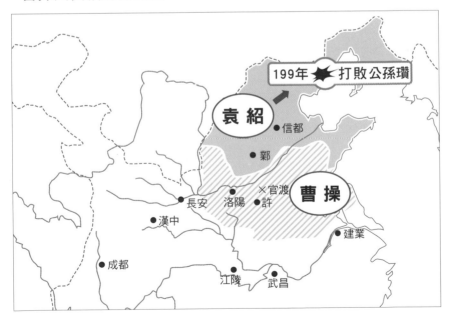

曹操成為中原霸主

曹操、袁紹兩巨頭在官渡發生激戰。勝負的關鍵是武將的實力，但運氣仍然偏袒曹操。

曹操的勝利

官渡之戰（今河南省官渡村）是一場激戰。根據正史《三國志》記載，袁紹大軍約有十萬人，曹操軍隊人數卻是不滿一萬，袁紹在兵力上占了壓倒性的多數，情勢十分有利。然而由於總指揮官袁紹的領導不力，無法讓軍師與武將發揮原本的實力，結果就是這一點讓雙方分出高下，長期戰爭的結果由曹操獲得最後勝利（參見P152）。

官渡之戰中獲勝的曹操，對慘敗的袁紹軍隊發動攻勢。袁紹雖心急地想收復失地，但曹操卻乘勝追擊一路挺進。袁紹從離天下最近的位置跌落谷底，身心俱疲。二○二年五月，袁紹在心鬱糾結的情形下病逝。

曹操一鼓作氣攻下北方

曹操得知袁紹病逝的消息後，進而對袁家發動攻勢。此時，袁紹的遺孤袁譚（長男）、袁熙（次男）、袁尚（三男）雖奮力抵抗，卻因兄弟無法團結而告失敗。二○三年三月黎陽失守，十月袁譚背叛其他兄弟，降伏於曹操。二○四年八月，袁家最大據點鄴都也失守。

情勢演變至此，曹操軍隊只須個別擊破即可。曹操以行動可疑為由斬處了袁譚，並將袁熙與袁尚驅趕至烏丸（又稱烏桓，北方游牧民族）的領地內。接著曹操擊敗高幹（袁紹外甥），在二○七年討伐烏丸（參見P146）。袁熙與袁尚雖然逃亡並投靠遼東半島的公孫康，但公孫康卻斬下袁氏兄弟的頭，獻給曹操。就這樣，袁家完全滅亡，曹操也實至名歸地成為中原霸主，擁有中國最大的勢力。

欲趁亂北上的孫家

中原霸主曹操正虎視眈眈地注視著南方，所謂南方也就是長江中

歷史筆記　食客大多是懷有一技之長之人。當中以善於辯論或武藝優秀的人居多，甚至還有以「模仿雞叫唯妙唯肖」為由而受到供養的人。

下游的荊州及揚州。尤其揚州孫家的政權，更成為曹操最大的顧忌。

　　事情追溯到二○○年的官渡之戰。當時孫家的當權者孫策計畫趁著曹操與袁紹正面衝突時，發動大軍北上。孫策的攻擊目標為許都，目的是為了保護皇帝。孫策認為若能成功拉攏皇帝，便可以皇帝名義掌握天下。

　　孫策的行動讓曹操十分煩惱，因為光是與北方袁紹一戰，已讓他忙得不可開交，若孫策軍隊從後方進攻，絕對沒有得勝的希望。但沒想到天助曹操，就在孫策正要揮軍北上時，突然被暗殺身亡。而暗殺孫策的人，是過去被孫策殺害的吳郡太守許貢旗下的食客。關於孫策殺害許貢的前因後果，許貢曾上奏朝廷表示：「孫策十分英勇、優秀，彷彿過去的項羽，對天下懷抱野心。若將孫策留在地方，對東漢朝廷而言絕非上策，最好能徵召他進入中央。只要皇上下旨，即使是孫策也不能拒絕。」孫策得知此事後立即盤問許貢，並將其殺害。

　　一直以來，食客的節操是不問主子的善惡，也要報答一宿一飯的恩情。因此許貢的食客遵從自己所信守的信念，為許貢報仇，當時孫策只有二十六歲。

●二○○年四月孫策死去時的勢力圖

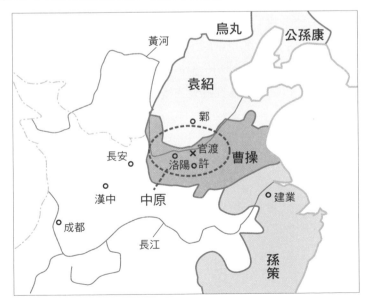

革命精神VS舊秩序——
崇尚革新的曹操
與墨守成規的袁紹

曾經是朋友的北方雙雄

日後命中注定要對決的曹操與袁紹，據說年輕時曾經是朋友。

反董卓聯軍結成時，曹操之所以會以袁紹軍師的身分參與計畫，應該也是基於兩人的情誼，但參加反董卓聯軍的結果卻造成兩人友情決裂。

交情破裂的原因，主要是袁紹計畫擁立新皇帝。董卓以綁架手段迫使獻帝遷都至長安，袁紹卻唱反調，欲立皇親國戚劉虞（幽州牧）為皇帝。當時身為袁紹商量對象的曹操大表反對，《三國志》中有關曹操反對的理由如下：

「正因為董卓的惡行重大，我們才會組成義勇軍。也由於我們的行動出於正義，因此才能得到多數人的贊同。現在東漢朝廷確實面臨危機，但年幼的皇帝因為毫無力量而受到朝中邪惡之人操縱，這並不是皇上的錯。試問，換皇帝真的是安定天下之計嗎？若真是如此，你們可去劉虞所在的北方幽州，我則打算前往皇上所在的長安城。」

曹操是否出於對東漢朝廷的忠誠而說出這番話，並無從得知。但郭沫若（參見P104）曾說：「曹操雖然攻擊黃巾賊，但其政治走向與黃巾賊的目的並不違背，反而繼承了黃巾賊的意向。」由此可知，若將焦點集中在曹操「革命」的一面，那麼即使贊成河北名門子弟袁紹所樹立的新王朝，也不會改變現狀。

毫無動作的反董卓聯軍盟主袁紹

此外，曹操對袁紹失望透頂也是原因之一。當時曹操對於反董卓聯軍的期待相當高，當董卓離開洛陽後，對於不乘勝追擊的聯軍諸侯，曹操發怒咆哮：「我們是正義大軍，有什麼好猶豫的！」接著率軍憤然出擊（參見P48）。

曹操對於聯軍諸侯的憤怒，是否也是對盟主袁紹的憤怒呢？曹操對袁紹這位友人有一定的期待，不過躍上中原這個寬廣的舞台之後，袁紹卻變得怯懦。曹操心想，自己的路只能出自己開創。

無論如何，曹操與袁紹的友情每況愈下。一九六年，曹操將獻帝迎接至領城許都，兩人關係更加交惡。

即便天威衰退，皇帝依然是皇帝。皇帝的擁戴者既是皇帝旨意的代理者，也可得到軍事指揮官的名分，這意味著曹操比袁紹更居上位。袁紹的家世在曹操之上，卻在宦官養了的兒了手下屈居下風。

此時，曹操起用能力高的人才，並實施劃時代的「屯田制」及「兵戶制」政策，明確地對社會體制進行改革，而袁紹只不過是河北的大軍閥而已。擁有革命精神的曹操與墨守成規的袁紹，終於在二○○年發生官渡激戰（參見P152）。

管轄北方的曹操與固守南方的孫權

統治中國南部江南的孫權終於與劉備聯合，挑戰開始南下的曹操。

孫家新盟主孫權

　　曹操因孫策遭到暗殺（參見P57）而得救，如前所述，之後他集中火力與袁紹的遺孤戰鬥，不斷地往北進攻。

　　期間，孫家正逐步地穩固新體制，而孫策的接班人是他的弟弟孫權，孫權遵從兄長遺言努力充實內政。孫策臨死前說對孫權說：「你的力量雖然不足以率領軍隊與天下英雄豪傑爭奪霸權，但可禮聘賢能之人聽其意見充實內政，才能擁有非凡的力量。」

　　孫權禮聘張昭為政治最高顧問。張昭本是徐州彭城郡（今江蘇省）人，後來為躲避北方動亂而來到長江流域，世人對他的評價相當高，稱他為「賢人」。上一代的孫策禮聘他為政權顧問，而孫權也任命其擔任監督，軍事最高負責人則是孫策的盟友周瑜。周瑜是一位擁有「美周郎」（周家美男子）封號的武將，對孫權而言如同兄長一般。

　　周瑜跟孫策一樣，建議孫權廣召人才。孫權依照周瑜的建議尋求人才，魯肅、諸葛瑾等人陸續受到禮聘而投入孫權陣營。

　　之後，孫權主要將勢力往南延伸。與黃河流域相比，長江流域未開發的地區較多，尤其是揚州南方稱為江南的地區，只要想開發，土地要多少有多少。因此，孫權與異族山越激戰（參見P148），一方面牽制荊州的劉表，一方面努力充實內政。

抗戰還是降服？

　　然而在二〇八年，發生了關係孫家存亡的事件，成為中原霸主的曹操終於開始南下。從上一代孫策開始，曹操一直是對孫家構成極大威脅的龐大勢力，若與曹操發生衝突，孫家必定陷入苦戰。

歷史筆記　大喬、小喬這兩位女性是絕世美女姐妹花。姊姊大喬嫁給孫策，妹妹小喬則是周瑜之妻。

張昭等文官以曹操擁戴獻帝為由主張投降，但魯肅等年輕官吏則主張徹底抗戰。孫權的內心也傾向抗戰，孫家可爬升至現今的地位，靠的不是家世，也不是朝廷，完全都是孫堅時代以來的武力，憑藉軍事力量才建立起今天的地位。孫權認為若降服於曹操，就表示孫家的尚武精神不再，政權也將會隨之衰敗。但孫權禮聘許多賢能人士前來輔佐孫家，說什麼也不能以自己的獨斷做決定。

待所有意見浮上檯面後，孫權尋求他最信賴的武將周瑜的意見。周瑜斷言：「雖然陸戰會嘗到敗仗，但水戰一定得勝。」孫權於是下定決心展開戰鬥。此決定讓主戰派非常高興，還有人因這個決定而鼓掌叫好，那就是與孫權軍事結盟的劉備及其幕僚（參見P68）。

●北上的曹操與南下的孫權

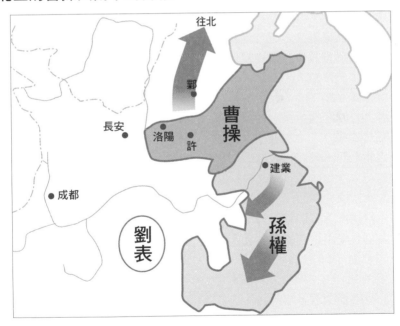

成就霸業的條件

在三國時代，該擁有什麼樣的資質才能成為群雄之霸？贏得最後勝利的關鍵又是什麼？

成為群雄的條件

　　三國時代群雄割據的方式有幾種模式。最常見的是率領家族，再集合志同道合之士的割據方式，但此方式的必要條件是有好的「家世背景」。家世若好便可登上要職，人脈也會廣布。旁人為了得到好處，自然會聚集過來，而聚集而來的人又以聯姻方式發展血緣關係，家族勢力當然會擴大。因此，以血緣、地緣關係為主的「私兵」可以說是最普遍的割據方式。採行這種割據方式的代表人物為袁紹。袁紹出身河北名門，因此可成為最大勢力。

　　曹操初期亦率領家族成員進行割據。夏侯惇、夏侯淵、曹仁、曹洪等人是曹操舉兵時的輔佐之士，所有人都是親戚關係。然而「宦官養子的兒子」卻是不容抹滅的事實，不過曹操想出補救的做法，而形成了第二種割據方式：一是擁

戴皇帝，另一是後文會詳細介紹的「屯田制」。曹操藉由這些策略在與袁紹的戰爭中獲勝，成為勢力最大的群雄。第三種是江南的孫家，依靠的也不是良好的家世。孫堅之後，孫家遵循「武」的道路前進，才可在江南地區順利割據。

力爭上游的劉備

　　劉備則是第四種形式。他出身貧民，在母親一手拉拔的單親家庭長大，據說他母親是以賣蓆子為生。雖然劉備自稱是「中山靖王的後裔，漢朝的血脈」，但如同一一八頁所說，劉備的說法實在非常可疑。黃巾之亂時，劉備胸懷大志舉兵征戰，平定叛亂後論功行賞，獲封為「縣」（最小的行政單位）的官吏。然而劉備對此似乎十分不滿，毆打了朝廷派來的監察官後逃逸，他向各實力者毛遂自薦，在勢力縫隙間游走。

歷史筆記　毆打監察官的人是劉備自己，但在《三國演義》小說中，變成是張飛被監察官的蠻橫激怒而出手打人。

但劉備天性寬厚、容貌魁偉，一開口就是「仁義」，因此在群雄之中十分受歡迎。再加上關羽、張飛等以一擋百的武將紛紛投入旗下，劉備大軍於是成為令人期待的軍隊。

劉備這個名字開始廣為人知是在一九四年，當時因病倒下的徐州牧陶謙，指定在他與曹操戰爭時急忙趕到的劉備為接班人。劉備雖然是「受雇的首長」，但依舊名留於中原群雄之中，但自此之後劉備開始走下坡。一九六年，國家被突然闖進的呂布奪走，劉備便逃向曹操之處。後來他參與排擠曹操的政變，在被發覺前順利逃出曹操手掌心，並奪下徐州的小沛城。曹操非常生氣，逼近城鎮，劉備只好留下妻子逕自逃出，與曹操死對頭的袁紹結盟。「劉備難道還沒受夠懲罰嗎？」此時曹操又再度逼近，劉備只好逃往荊州劉表之處。劉備一直深陷在戰敗逃亡，背叛後再逃亡的循環之中。

● 劉備一生的足跡

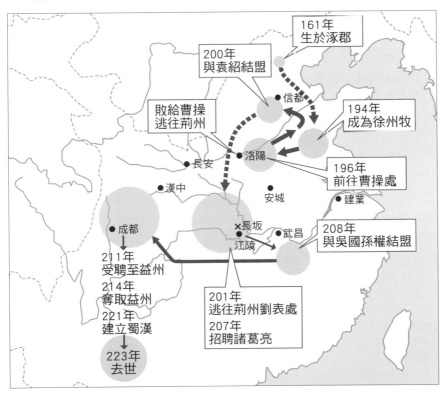

劉備鬱悶終日

到此時為止，劉備幾乎沒有建樹。在這段時期，他過了幾年悠閒的日子。

劉備漂泊時的嘆息

二〇一年，投靠袁紹的劉備遭到曹操攻擊，之後又逃往荊州投靠劉表。此時劉表擔任荊州牧，由於他的政治手腕高明，因此並未被牽扯進北方的動亂。揚州的孫家政權有時會多管閒事，但還不至於威脅荊州的安全。荊州在當時的中國彷彿就像是個世外桃源。

之後，劉備以劉表客人的身分留下。劉表認為，若曹操本人率領主力軍隊就另當別論，如果是他麾下的武將來到荊州，也不至於到大驚小怪的地步。正因如此，劉表接受劉備，做為對付曹操的新戰力。

不過，這時的曹操正在與袁紹的遺孤奮戰，並未將兵力往南挺進。當然，劉備的任務也只是虛有形式。雖然不能說是每天無所事事，但比起過去與曹操、呂布、袁術等群雄為爭奪中原霸權而征戰的日子，實在是閒蕩無事。此時，劉備發自內心的「髀肉之嘆」傳揚後世，內容如下：

「某天，劉備受邀參加劉表的宴席。在宴會最高潮時劉備去如廁，回到座位時，劉備兩頰上掛著明顯的淚痕。劉表納悶地詢問，劉備回答：『在中原時，經常在戰場上奔波，因此髀肉（大腿肌肉）十分健壯。但方才如廁時，感覺髀肉肥滿、鬆弛。日月蹉跎，我轉眼間就變成老人了啊！真令我十分悲嘆……。』」一個領袖說出這樣的話，實在是非常可悲。

雖是如此可悲的領袖，但劉備身邊仍有賢士，如關羽、張飛、趙雲等以一擋百的武將，還有從徐州時代便一路追隨的老臣糜竺。糜竺盡全力支持劉備，不但對其投資所有財產，並將妹妹嫁給他當側室。其他還有簡雍、孫乾等優秀的文官，他們都是受到劉備個人魅力所吸引，佩服劉備的情操而全力相挺的臣子。

歷史筆記　《趙雲別傳》中記載：「趙雲身長八尺，容貌及姿態十分顯眼出色。」由此看來，趙雲很可能是一位瘦高的美男子。

諸葛亮加入劉備陣營

事實上，二〇七年時在荊州受到劉備超凡魅力吸引，投入旗下的臣子還有一人（參見P66）。這個人就是諸葛亮，字孔明，改變劉備命運的二十七歲年輕軍師此時終於出現。諸葛亮對劉備獻上「三分天下之計」，這並不是每場戰役獲勝的方式，而是讓劉備掌握天下的指標，劉備聽後大喜。

二〇八年秋天，劉備派給諸葛亮的第一項任務就是擔任使者，負責說服因曹操南下而使政權產生動搖的孫家與劉備大軍結盟（參見P68）。

● 荊州時代的劉備

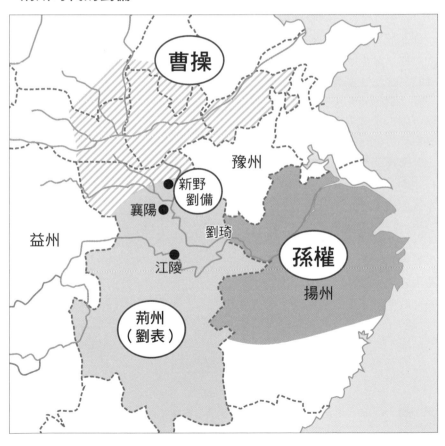

西元207年　諸葛亮登場

劉備與諸葛亮的相遇

改變劉備命運的是諸葛亮。在歷史上留下「三分天下之計」等種種佳話的諸葛亮終於在此時現身。

被稱為臥龍的英才

諸葛亮字「孔明」，他是徐州瑯琊國陽都縣人，年少時期父母雙亡，由叔叔諸葛玄撫養長大。

一九七年，諸葛玄去世。當時諸葛玄正要離開揚州豫章郡太守的職務，結果卻被當地人殺害。之後諸葛亮逃往劉表管轄的荊州，在襄陽（荊州州都）西方的隆中結草廬為屋，邊努力向學邊過著農耕生活。

諸葛亮不任官，將自己比擬為古代名宰相或名將，過著獨樹一格的生活。而諸葛亮實為一名英才，同窗都自嘆不如，稱他為「臥龍」（沉睡之龍）。

諸葛亮的故事讓我們知道，即使現在毫不顯眼，但當時機到來的話便能成為出類拔萃的英才。附帶一提的是，諸葛亮的哥哥諸葛瑾投效孫權，後來當上大將軍。

對諸葛亮而言，二〇七年是一個轉機，他在二十七歲時與劉備相識。當時劉備屈服於曹操的壓力逃往荊州，正在尋找可以信任的軍師。而向劉備推薦諸葛亮的就是徐庶。徐庶是諸葛亮的朋友，且先一步當了劉備的軍師。

身為劉備的軍師

劉備與諸葛亮的相識可從「三顧茅廬」這句成語得知。「三顧茅廬」訴說著劉備與諸葛亮相遇的故事。劉備曾二度拜訪諸葛亮，但諸葛亮恰巧都不在，直到第三度造訪時兩人才終於見到面。如今這句成語被引申為「禮聘賢能之士時，為使其接受邀請，而多次造訪不遺餘力」之意。

姑且不論「三顧茅廬」的真假，劉備與諸葛亮確實因為彼此的存在而受到激勵。據說諸葛亮傳授「三分天下之計」給劉備就是在這個時期。

歷史筆記　《魏略》這本書中提到，得知曹操南下的諸葛亮說服劉備，讓劉備決定迎戰曹操。

對於劉備提拔諸葛亮一事，關羽及張飛皆表示不滿。對此劉備說道：「我有孔明，猶如魚有水，希望你們不要再說了。」（孤之有孔明，猶魚之有水，願諸君勿復言）劉備這番話表明諸葛亮對他而言是不可或缺的存在（魚水之交）。

諸葛亮以劉備陣營軍師的身分參與策畫，徹底發揮與生俱來的才能。當曹操軍隊南下時，諸葛亮以其引以為傲的口才說服孫權，讓孫權與劉備在軍事方面結盟（參見P68）。

而當劉備接管益州時（參見P76），諸葛亮以嚴苛的法律取締人民。法正（前益州重臣）雖提出異議，但劉備強調：「劉璋時代的法律太過寬鬆，因此現在是重新整頓的好時機」，對法正的意見不予理睬。而諸葛亮採行強硬手段的結果，讓劉璋體制得以順利地轉換為劉備體制。

之後劉備登上皇位，發表建立蜀漢宣言（參見P81），並任命諸葛亮為掌管軍事、政治、經濟的丞相。

●諸葛亮的人生軌跡

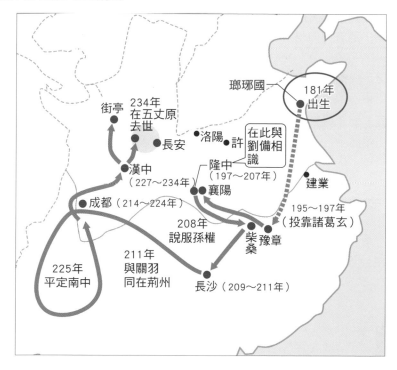

劉孫聯手對付南下的曹操

曹操的南下讓劉備再次登上大舞台。劉備與江南的孫權結盟，共同對抗曹操大軍。

大受打擊的劉備

此時，劉備陣營卻發生令人頭痛的問題。話說在二〇八年九月，面對曹操軍隊的南下，荊州的首領們決定全面投降。此時，劉表已不在世上，次男劉琮為接班人。關於全面投降的決定，完全出乎劉備的意料之外。雖然劉備主張與曹操戰鬥，但因為無法期待荊州的援軍到達，所以也只能撤軍。

劉備急忙從荊州逃離，前往江陵。江陵自古以來即是物資的集散地，劉備下定決心取得龐大的軍事物資，與曹操軍隊決一死戰。在前往江陵途中，反對投降的十幾萬名荊州民眾提出希望與劉備軍隊同行的要求。劉備軍隊首領群建議回絕，但劉備卻駁回首領群的建議，答應民眾同行。

帶著民眾緩慢撤退的劉備軍隊，在長坂坡（譯注：位於湖北省宜昌當陽市區西南部，古名櫟林長坂）被曹操軍隊追趕上。武將張飛努力對抗的結果，雖然得以暫時突圍，但劉備軍隊卻受到嚴重損傷（參見P154）。

諸葛亮促成劉備與孫權結盟

由於在江陵的鎮壓失敗，為了對抗曹操，劉備只能與孫權結盟，這與劉備大軍在長坂坡受到極大損害有密切的關係。劉備軍隊的戰力衰弱，因此以對等地位來結盟十分困難，不過說什麼也不能為孫家所併吞。雖然戰力有差，但至少要努力達到合作的模式。此外，在此之前，孫權是否有與曹操對抗的意志也是另一個問題。交涉的使者必須看透孫權的內心想法，直接了當地提出結盟一事。

諸葛亮受劉備之託全權負責這項艱辛的談判。諸葛亮在柴桑（譯注：位於江西省九江縣）與孫權會面，他一開口便說：「曹操勢力強大，

歷史筆記　決定抗戰方針之後，孫權以刀將眼前的桌子砍成兩半，咆哮道：「若今後有人將投降二字掛在嘴邊，下場就會像這張桌子一樣。」

請投降」，企圖打探孫權內心的想法。孫權心中主戰，對此他追問諸葛亮：「若是如此，為什麼劉備不投降呢？」「主君劉備承繼漢朝的血脈，怎麼能夠屈就於曹操之下呢？即使世人准許，其尊貴的家世也不會准許。」

看著諸葛亮一副自信滿滿的樣子，孫權開始感覺到怒意，彷彿被諸葛亮質問著：「你有即使賭上性命都必須保護的東西嗎？」孫權於是說：「我有國家及人民，為什麼要接受他人的命令？」此時，諸葛亮才向孫權表明自己真正的來意，若孫權也有抗戰之意，則劉備軍與孫權軍即可締結同盟。

諸葛亮費盡唇舌，說服孫權若與曹操抗戰將會有得勝的希望。「我主君劉備與已故劉表長男劉琦的軍隊聯合，有兩萬名精銳兵力。」「曹操軍隊經過長期行軍，早已疲累。」「荊州的軍隊雖編入曹操軍隊中，但絕非心服口服。」

之後，孫權聽取軍事將領周瑜的意見，採納抗戰一案，並決定與劉備結盟（參見P61）。

●為對抗曹操而結盟的劉備與孫權

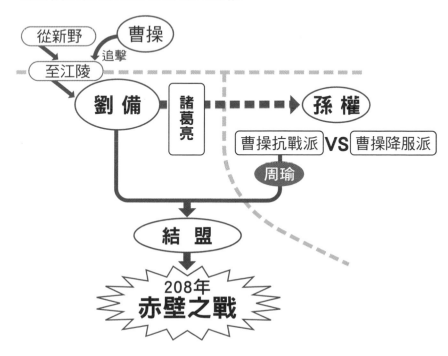

曹操船隊在赤壁焚毀

數十萬艘的曹操軍船一路直往水鄉之地江南前進，然而在周瑜的妙計之下，勝負在一瞬間決定。

孫權與劉備以水戰為目標

孫權與劉以武力成功鎮壓荊州之後，曹操在二〇八年十月為打倒揚備以水戰州的孫家政權，開始順著長江南下。曹操軍隊總人數約二十萬為目標人，其中包含荊州投降的士兵。

與孫權結盟的劉備也隨即掌握了曹操軍隊的動向，馬上命令軍隊挺進。劉備軍隊總人數約五萬人，由孫權陣營最高軍事指揮官周瑜擔任司令官，統籌對曹操一戰。

孫權、劉備的基本戰略是進行曹操軍隊最不擅長的水戰，絕不讓敵方上陸是基本的條件。另一方面，曹操則計畫在柴桑（今江西省）以精銳騎兵一口氣壓制孫權司令部。為讓軍隊能夠擺出陣式全力作戰，其前提條件是不能耽擱，必須盡快上陸。

沒想到最先取得戰爭主導權的竟是軍勢較弱的劉孫聯軍。聯軍沿著長江逆流而上占領陸口，等待曹操船隊，終於與到達的曹操船隊正面衝突。不過當時爆發的並不是主力大軍的激烈衝突，而是小規模的作戰。劉孫聯軍在此戰中獲勝，暫時阻止了曹操的上陸作戰計畫。

而上陸遭阻的曹操再度在陸口附近的烏林集結軍船，企圖重新整頓陣勢。周瑜心想絕對不能放過這個大好機會，於是在二〇八年十二月出擊一決勝負。周瑜毅然決然地將裝有火球的軍船撞向處於停泊狀態的曹操船隊，實行「火攻之計」（參見P156）。周瑜的出擊完全成功，此時曹操船隊剛好受到強風吹襲，船隻陸續著火而損壞。

驚慌失措的曹操企圖逃離戰場，既然水路已不能走，剩下的就只有陸路。然而，由於人生地不熟，曹操始終無法順利逃出，最後曹操只能捨棄馬匹，改以徒步方式逃亡。渡過泥淖，好不容易到達江

歷史筆記　曹操名作〈短歌行〉的完成時期不明。而《三國演義》中有赤壁之戰前曹操口中吟唱著〈短歌行〉的場景出現。

陵，此時已經是赤壁之戰大敗後的第四天。

到達江陵的曹操命令武將曹仁及徐晃務必堅守江陵，自己則前往許都。

表現從容的曹操

曹操雖在赤壁之戰的軍事衝突中敗北，使得其一統天下的計畫生變，但不容置疑的，曹操依然是當時中國實力最強之人。

二一〇年冬天，曹操對天下表現出自己實力依然堅強的從容態度，在首都鄴都建造了大型皇宮銅雀臺。曹操的三兒子曹植寫了一篇賦讚嘆此宮殿，他說：「高門宛如險峰，樓閣彷彿浮在空中」，可以想見銅雀臺在當時是前所未有的高層建築。曹植在中國文學史上是著名的天才詩人，父親曹操與兄長曹丕亦以優秀的文才聞名。

● 文學家曹操

■ 曹操詩作＜短歌行＞

> 短歌行
> 對酒當歌，
> 人生幾何？
> 譬如朝露，
> 去日苦多。
> 慨當以慷，
> 幽思難忘。
> 何以解憂？
> 唯有杜康。
> ……

曹操提升了過去被認為是「雜藝」的文學的地位，而這個時代的文學以年號命名為「建安文學」。

■ 建安文學的旗手

三　曹

曹操
〈苦寒行〉
〈短歌行〉

曹丕
《典論》

曹植
〈銅雀臺賦〉
〈七步詩〉

建安七子

劉楨　應瑒　阮瑀　徐幹　王粲　陳琳　孔融

地利VS.氣勢——
曹軍無法攻破孫權大軍

從南方覷覦天下的孫家與準備南下的曹操

　　曹操將孫家視為敵人，是在與袁紹對決之前的二〇〇年春天。當時孫家的領袖為孫策。

　　曹操擔心在與北方的袁紹軍隊交戰之際，若是南方孫策軍隊趁機從背後偷襲，曹軍將會措手不及，毫無招架之力。而曹操的擔心也即將成為事實，位於江東的孫策正蓄勢待發準備往北挺進。

　　孫策是孫堅的長子，當孫堅因與劉表交戰而陣亡之後，便由孫策繼承家業。當時孫策暫時屈就於淮南袁術的麾下，但在袁術宣布即位為皇帝時，孫家便提出絕交書，斷絕與袁家的關係。

　　孫策遺傳到孫堅剛烈的性格，立志取得天下。「若能趁曹操與袁紹交戰之際襲擊許都，並拯救皇帝（獻帝）將其恭迎至江東的話……」孫策心想，如此一來自己就會得到王侯的名分，可以實現父親孫堅未能實現的夢想。但此時天助曹操，孫策在實行作戰計畫前遭刺客暗殺而死，孫家則由孫策弟孫權繼承家業。

　　「拔擢人才，讓其盡忠，保護國家，你就可居上位。」孫權遵照兄長的遺言，確實掌管江東及江南地區。

孫權以水戰對抗擅於陸戰的曹操

　　孫家陷入危機是在孫權繼承家業八年之後的二〇八年。曹操在與袁紹的殊死戰中獲勝，並殺害袁紹的遺孤，成為中原及河北（廣義的中原）的統治者，自信滿滿地率軍向南挺進。而荊州的劉琮不戰而降，接下來就只剩孫家了。

孫權聽從劉備派遣的使者諸葛亮、以及其軍事最高幕僚周瑜的意見，決定一戰。二〇八年十二月，在赤壁之戰中阻止了曹軍的南下（參見P156）。

　　曹操軍隊擅長陸戰，從未運用軍船打過水戰。然而江南是水鄉澤國，無論如何都必須面臨水戰。曹操在與孫家軍隊戰爭的同時，也必須要與江南的環境對抗。

　　赤壁之戰後，曹操與孫權兩度交手。第一次是二一五年的「合肥之戰」。合肥（譯注：位於安徽省）是荊州曹軍最前線的基地，由原是呂布屬下的張遼率領七千名兵力駐守。八月，孫權以十萬大軍進攻合肥，但張遼節節敗退（參見P190）。

　　第二次是二一七年的「濡須口之戰」。孫權以七萬兵力與曹操的四十萬大軍對峙。孫權在首戰告捷，帶給曹操不小打擊，但他判斷戰爭一旦延長，形勢將不利於己，因此祭出「投降」策略。

　　孫權的做法讓曹操困惑不已。曹操評估趁著孫權投降，當然可以一口氣進攻，但若這麼做卻可能會出現視死如歸的敵人。而與水軍士兵作戰，當然是孫權軍隊比較在行，這也迫使曹操不得不答應孫權的請求。

　　三年後，曹操病逝，而曹操始終無法完全讓孫權屈服，曹操的氣勢仍舊無法對抗江南的環境。

劉備奪取荊州，曹操壓制關中

二一〇年左右，孫權以西邊領土為目標，劉備向盟友孫權借領地，而曹操則是將勢力延伸至漢中。

壯志未酬身先死的周瑜

在曹操於鄴都建造銅雀臺的二一〇年，孫權陣營發生緊急狀況，最高司令官周瑜突然死亡。

周瑜是孫權兄長孫策的盟友。周瑜懷抱著「孫家一統天下」的想法，而這也是壯志未伸便先倒下的孫策的遺願。為了實現一統天下的心願，周瑜豁出一切。

周瑜的基本戰略為「二分天下之計」，他計畫以武力壓制荊州（長江中游）與益州（長江上游），形成北曹操、南孫家二分天下的局面。為了加強軍勢，周瑜採取與以占據涼州（長安西北地區）的馬超為中心的涼州豪族結盟的策略，打算發動攻勢打倒曹操。

因此，周瑜與固守江陵（曹操軍隊的前線營部）的曹仁激戰後贏得勝利，全面掌握荊州。沒想到周瑜突然在此時病逝，據說失去可依靠的兄長的孫權不畏他人眼光，嚎

啕大哭。

無視於孫權的悲傷，劉備等人反倒覺得鬆了一口氣。這是因為周瑜認為劉備是「潛在的敵人」，甚至建議孫權離間關羽、張飛兩人與劉備的關係，加入自己旗下。

此外，周瑜對天下抱持野心一事也讓劉備覺得十分麻煩。倘若周瑜「二分天下之計」如願實現，那麼就輪不到劉備出場。因此對劉備而言，周瑜是個非常麻煩的人物。

劉備將荊州據為己有

周瑜的繼承人是魯肅。魯肅在劉備與孫權結盟時負責斡旋工作，屬於「親劉備派」，而他心裡真正的打算是「讓劉備軍力增強，成為與曹操交戰的先鋒」。劉孫雙方維持相互幫助的關係，讓魯肅做起事來比過去周瑜的時代更為容易。

而這個時期的劉備有非常顯著的表現。他本想以武力壓制荊州

歷史筆記　從洛陽到長安途中，在函谷關設有驛站。所謂「關中」，泛指的是函谷關西方。

南部的四個郡，但後來與孫權的妹妹閃電結婚，加強同盟關係。而在二一○年，劉備以「只憑現在的土地，無法供養這些投靠者」的理由，向孫權借用荊州數個郡，並保證若得到新土地後就會歸還。此時劉備陣營開始有人才聚集，如白眉秀才馬良、擁有氣節的猛將魏延、老將黃忠、戰略高手龐統等人。

曹操以武力壓制關中

曹操對劉備的發展保持著高度警戒。在劉備得手荊州後的隔年，曹操突然開始動作，目標鎖定在西部漢中郡建立「宗教王國」的五斗米道教團與教主張魯。曹操將涼州的豪族馬超及韓遂立為盟主，與張魯對抗。

曹操軍以將兵力挺進西方為幌子，壓制漢中郡的真正目的是為了取得關中的涼州。兩軍於二一一年在潼關展開對決。在活用馬匹機動性的涼州豪族聯軍面前，曹操最初陷入苦戰，但後來曹操的軍師賈詡提出「離間計」，成功地摧毀了聯軍的指揮系統（參見P158）。因為這場勝利，關中（函谷關以西地區）成為曹操的囊中之物。

●二一一年左右的曹操勢力圖

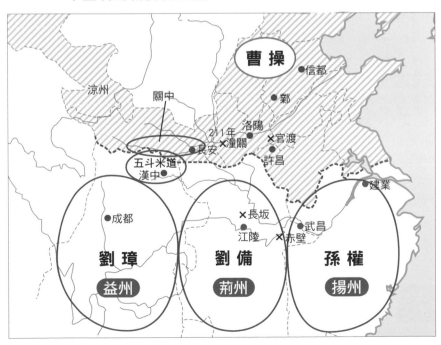

曹操、劉備、孫權三強終於鼎立

二一四年，劉備拿下益州，他自詡為群雄之一而自立門戶。
為何劉備可以輕易地強奪廣大的益州，其勝出的理由何在？

劉備受邀前往益州的內幕

二一一年，曹操與馬超等涼州豪族聯軍交戰後，劉備答應了益州劉璋的邀約，而建議劉璋禮聘劉備的是重臣張松。張松向劉璋說道：「張魯與五斗米道賴在漢中郡稱王，實在教人看了礙眼。不如邀請人在荊州的劉備將軍前來益州討伐張魯，您覺得如何呢？現在曹操壓制關中，若招聘劉備，同時也可壓制曹操。」

漢中郡位於益州東北方。黃巾之亂平息後不久，漢中郡便成為新興宗教五斗米道的統治地區，此事讓劉璋備感威脅。

劉璋派法正這位大臣前往劉備身邊進行調查。法正回國後，對招聘劉備一事拍胸脯保證說：「張松大人的意見完全沒問題。劉備將軍與您都姓劉，絕對重信講義，且具有堅強的實力。」

然而這完全是法正的謊言。

事實上，張松及法正都認為劉璋是不可靠的君主，是策畫著延請劉備治國的反劉璋派大臣。欲在天下占有一席之地的劉備當然非常贊成張松與法正的計畫，因此在受到邀請後，若無其事地入主益州。

劉備終於取得根據地

劉備入主益州後接受劉璋龐大的軍事物資援助，為了讓劉璋看見壓制漢中的行動，劉備作勢指揮軍隊。此外，劉備也算準時機，預定在隔年的二一二年按照計畫對劉璋露出本來面目。這時為討伐張魯而駐紮在葭萌的軍隊便開始往益州的州都成都進攻，益州頓時陷入混亂。而原本不滿劉璋領導能力的人，也都群起投向劉備麾下。

但是無論哪裡都有忠貞不二的硬漢。主張徹底抗戰的人士頑強抵抗，讓劉備陷入預期外的苦戰。在雒城的攻防戰中，劉備失去了龐統

歷史筆記　為了向劉璋諫言劉備是個危險人物，王累將自己倒吊於城門，但劉璋卻不為所動，王累於是切斷繩子，自殺身亡。

這位軍師，這時他計畫將諸葛亮、張飛、趙雲等人從荊州召集過來加強戰力。而在涼州敗給曹操的馬超則歸順劉備，劉備兵力因此大增，在兩年後的二一四年夏天，劉備終於成功拿下成都（參見P160）。起兵三十年，劉備終於真正獲得根據地。

曹操建立魏國

在這之間，二一三年發生了一件讓天下人吃驚的事。曹操在獻帝（東漢最後的皇帝）的許可下成為魏公。過去曹操是丞相，雖然擁有最高權力的地位，但其對領土的統治仍是以受朝廷委任的型態進行。在被提拔為魏公之後，曹操便可擁有自己的土地，也獲得可建立自己國家的權限。當時曹操擁有的土地有冀州的河東、魏郡等十郡，曹操從「丞相曹操」搖身一變成為「魏國的曹操」。此時的勢力分布如下圖。

益州曾經屬於巴國及蜀國，因此也稱為「巴蜀之地」，而孫家最初的根據地為江東的吳郡。這時雖然各國還沒全部到位，但在劉備掌握益州的那個時間點，三大霸主已經成形，三國鼎立的基礎也就此建立。

●劉備取得益州、漢中後三分天下的中國

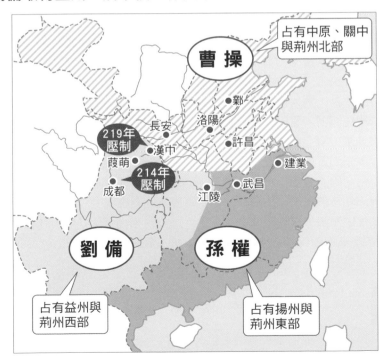

劉備聲勢扶搖直上

劉備的勢力版圖漸漸擴大，他取得了向孫權借來的荊州的一半土地，將曹操逐出漢中，聲勢達到最高。

把荊州還來！

鎮壓益州原是孫權向劉備提議的戰略，劉備當時斷然拒絕，表示：「這是違反誠信的行為，計謀本身也不夠成熟。」然而，劉備後來卻悶不吭聲地拿下益州，讓孫權非常地生氣。

孫權認為若劉備勢力增強將對他造成極大威脅，於是要求劉備歸還荊州。荊州是當初孫權以「直到取得其他根據地為止」為條件，所借給劉備的土地（參見P74）。但劉備完全不理睬孫權的要求，憤怒不已的孫權決定以武力奪回荊州，因而發動攻勢。劉備陣營裡負責管理荊州的是關羽，當時他剛自外征戰歸來，雙方衝突處於一觸即發的情勢。不過到了最後關頭，劉備的態度軟化，因而避免了軍事衝突。關於荊州的後續處理，劉備派出關羽，孫權則派出魯肅進行談判，談判的結果是荊州東半部歸孫權所有，西半部則屬於劉備。

劉備掌握住中原入口

劉備以跟強奪沒有兩樣的手段取得荊州的一半土地，二一八年時他又率軍挺進漢中郡。漢中郡在二一五年受到曹操攻擊，五斗米道教團投降以來成為曹操的管轄地區。漢中郡是連結益州與中原的中繼站（參見P77地圖），對曹操而言是進攻益州的最佳據點，對劉備而言則是進出中原的橋頭堡。因此漢中郡是對曹操與劉備而言是拚死都要取得的土地。

二一九年春天，為了爭奪漢中郡，劉備與曹操終於正面衝突。劉備在漢中郡的西北方、素稱天然要塞的定軍山上布陣，而到達漢中郡的曹操大軍立即與定軍山的劉備軍隊正面交攻。

占有地利之便的劉備頑強抵抗，無論曹軍如何進攻，都只是徒增

歷史筆記　在《三國演義》小說中，孫權有一雙碧眼，且蓄著紫鬍鬚，但實際只知道他是眼光銳利、下巴四方、嘴巴很大的人。

死傷人數。此時，曹操起兵時的盟友、名將夏侯淵戰死，這件事讓曹操陣營的士氣盪到谷底，而討伐夏侯淵建立戰功的是劉備旗下的老將黃忠。折損了夏侯淵這名大將，無可奈何的曹操只好撤軍棄守漢中郡。

關羽氣勢亦逼近魏國

從曹操手中成功奪取漢中郡的劉備，在二一九年秋天正式成為「漢中王」。這個稱謂背後的涵義，是為了與二一六年曹操從魏公晉升為「魏王」一事相抗衡。

在此同時，荊州的關羽利用連續豪雨的天氣，開始進攻魏國前線基地樊城。若攻下樊城，關羽勢必會以樊城為據點將勢力伸入中原。天下豪傑關羽的軍事行動動搖了魏國基礎，甚至計畫讓身在許都的獻帝前往河北避難。

拿下益州北方的漢中郡，加上第一武將關羽展現出進攻中原的氣勢，這是劉備為達成「三分天下之計」所發動的大攻勢。

●劉備鎮壓漢中郡

217年 魏國國勢動搖
● 出現原因不明的疫病
● 曹丕與曹植的繼承之爭

漢中郡守備不足

劉備出擊

218年 劉備 VS 曹洪 ⟹ 劉備敗北

219年 劉備占領定軍山

劉備 VS **曹操**
勝利　　　敗北

219年
管轄漢中郡
成為漢中王

三國歷史出現逆轉

關羽中了孫權的圈套戰死一事讓劉備大受打擊。此外，曹操、孫權陣營也開始出現大動作。

關羽戰死荊州

二一九年十二月，劉備得知關羽戰死這個難以置信的消息。關羽進攻魏國前線基地樊城失敗，之後撤退至江陵據點欲重振兵力，但在江陵等待關羽的並不是守將糜芳，而是孫權的武將呂蒙。

魯肅死後，呂蒙成為孫權陣營的最高將領，他與魯肅的不同之處在於他屬於「反劉備派」人士。與呂蒙同在荊州的期間，關羽並沒有放鬆警戒。之後呂蒙以生病為由，離開孫權陣營最高將領的職位，關羽才稍微放鬆戒備。

當關羽驚覺自己中了孫權的圈套時已經太晚，而糜芳向呂蒙投降一事也出乎關羽意料之外。關羽於是在荊州竄逃，最後被孫權軍隊逮捕斬殺（參見P162），而其養子關平與趙累等幕僚亦遭逢同樣的命運。關羽戰死，使得原本屬於劉備的荊州西部成為孫權的領土。

劉備勃然大怒

關羽的戰死讓劉備愕然失色。關羽是劉備舉兵三十年來，與他一同經歷千辛萬苦的盟友。失去這樣的盟友固然讓劉備感到心痛，但失去荊州這件事對劉備而言更是椎心之痛，因這代表著諸葛亮的「三分天下之計」已經失敗。

劉備既沮喪又憤怒，此時的他誓言要復仇，而他已完全忘記自己曾經毀約、從孫權手中強奪荊州土地一事。

東漢滅亡魏國誕生

當劉備陣營因關羽戰死而陷入混亂時，魏國發生了更嚴重的事件，魏王曹操在洛陽病逝了。

曹操病逝於二二○年一月二十三日。前一年冬天，曹操為救援樊城而出擊，途中得知關羽已死的消息便折返洛陽，而他的身體也就是在這個時候出現異狀。曹操覺

歷史筆記 曹操的陵寢至今尚未找到，但近來中國考古學盛行，相信離發現之日應該不遠了。（編按：已於二○○九年由中國河南省文物局宣布在河南發現曹操墓，並獲得考古確認。）

悟到自己的死期已經不遠，因此指名長子曹丕為接班人，留下「喪葬儀式要簡單樸素」、「各部署的任務要繼續執行」等遺言後便撒手西歸，享年六十六歲。

成為新魏王的曹丕，在二二〇年十月二十八日獲獻帝讓位，即位為皇。至此，東漢滅亡，新的魏國建立。獻帝後來獲賜河內郡山陽縣的土地，受封為「山陽公」。山陽公在形式上雖然是諸侯，不過地位比其他諸侯高。

蜀漢朝廷的誕生

曹丕即位為皇帝的消息，傳到劉備耳裡時變成「曹丕殺了獻帝即位為皇」如此荒謬的內容。劉備為獻帝舉行了喪禮，並以「為獻帝昭雪及復興漢朝而繼承王位」為由登上皇位，宣示建立漢朝。為了與之前的漢朝區別，故稱為蜀漢（或蜀）。當時為二一一年四月六日，中國有魏與蜀漢這兩國並立。

● 三國王朝成立的經過

吳	蜀漢	魏
吳	蜀漢	魏

213年 曹操成為 **魏公**

216年 曹操成為 **魏王**

219年 劉備成為 **漢中王**

220年 曹丕成為 **魏帝**

221年 孫權成為 **吳王**　　221年 劉備成為 **蜀漢皇帝**

229年 孫權成為 **吳帝**

慘遭敗北的劉備

二二三年，為關羽報仇雪恨失敗後的隔年，劉備壯志未酬，就此從歷史上消逝。

三國時代來臨

孫權認為自己將是蜀國皇帝劉備的首要目標，於是急忙整頓兵力準備迎擊。

孫權首先將據點從揚州的建業遷至荊州的武昌，若與劉備交戰，地處東邊的建業太過偏遠，並不適合設置司令部。接著孫權任命年輕的陸遜為總司令，為了對抗劉備而歸順魏國。此時魏國境內懷疑孫權不懷好意的聲浪高漲，但曹丕仍准許其歸順，並在二二一年八月任命孫權為「吳王」。建國獲得認可的孫權在隔年的二二二年建立年號，「魏」、「蜀」、「吳」三國鼎立的時代終於來臨。

報仇雪恨卻慘遭敗北

為了幫關羽報仇雪恨，劉備正整軍準備攻擊孫權。然而，沒想到此時又有噩耗傳來，過去跟他一起舉兵的盟友張飛在睡夢中遭到部下殺害（參見P222）。

二一一年七月，蜀國陷入與吳國孫權對抗的狀態。蜀國軍隊在皇帝劉備的帶領下展開閃電攻擊並乘勝追擊，二二二年春天抵達荊州平原的入口夷陵。若能攻下夷陵，蜀國軍隊便可直搗吳國首都武昌。

不過閏五月時情勢出現逆轉。陸遜的「火攻之計」大破蜀國大軍，在吳國軍隊進行強烈反擊之前，劉備早已節節敗退，逃入位於荊州與益州交界的白帝城（參見P164）。

蜀國軍隊裡戰死的士兵無數，從夷陵到白帝城間的途中，倒臥著許多蜀國士兵的屍體。劉備幕僚也有多人戰死，包括有馬良、馮習、張南等人，就連異族首領沙摩柯也倒臥沙場。

沙摩柯是武陵郡（荊州）的異族首領，說服他加入蜀國軍隊的是馬良。而當時蜀國謀士黃權為了防

歷史筆記 在《三國演義》中，張飛死後其子張苞十分的活躍，但據史實記載，張苞在年輕的時候就已病逝。

備魏國的後援軍隊開始往長江北岸前進，但由於退路被吳軍阻隔，因此投降魏國。

從歷史上消逝的劉備

二二二年十二月，夷陵慘敗之後約半年，吳國孫權的使者竟然造訪身在白帝城的劉備，提議恢復友好關係。劉備同意此事，並派遣使者提出恢復關係的要求。

吳國和蜀國的動作讓魏帝曹丕極為憤怒。吳國不是對魏國稱臣嗎？而且對於魏國交出人質的要求，吳國始終置之不理，魏帝曹丕說什麼也無法原諒。魏國與吳國於是陷入交戰狀態，由曹丕親自打頭陣，決定討伐孫權。

然而魏國皇帝曹丕親自出征的戰役卻以慘敗收場。魏軍計畫從洞口、濡須口、南郡三個方向一口氣進攻吳國領土，但吳軍卻成功抵擋了魏軍的攻擊。

自夷陵大敗以來，躲入白帝城中的劉備已是身心俱疲，而在魏國與吳國交戰之際，劉備的病情更加惡化，後於二二三年四月病逝。蜀國皇位由劉備之子劉禪繼任，但實權則委由丞相諸葛亮掌握。

● 二二一年魏、蜀、吳三國鼎立

西元225年　　鎮壓南方

諸葛亮欲實現劉備遺願

劉備病逝之後，蜀國的命運完全掌握在諸葛亮手中。在去除國內的威脅之後，諸葛亮再次往取得天下的方向前進。

決心完成三分天下之計

二二三年，劉備在臨終之前對諸葛亮說：「你的才能比曹丕好上十倍，必能安邦定國，為蜀國完成一統天下的夢想。若我的兒子劉禪是個扶得起的人才，你就輔佐他；如果他不才，你就自行即位為皇帝吧！」諸葛亮聽完淚流不止，誓言今後必將更忠誠地報效蜀國。

諸葛亮的奮鬥自此開始，而他必須做的事不可勝數。真正改善蜀國與吳國的關係固然要緊，但當務之急是必須從夷陵慘敗所造成的物質及人員損失中重新站起來。而且不是單單恢復就沒問題，還必須整頓起討伐魏國的北伐軍。

七度逮捕七度釋放

蜀國南方的各郡為少數民族及漢族混居的地區，稱為南中。二二三年，此處的少數民族蜂擁而起，高舉「反蜀漢」的旗幟。叛亂的領導人是當地的豪族孟獲，但實際上是吳國的孫權在暗中策動。

二二五年春天，諸葛亮率領蜀國軍隊南征。面對蜀漢軍隊的來襲，孟獲旗下的少數民族聯軍勇敢抵抗。蜀國軍在高溫多濕、瘧疾肆虐的南方受盡苦楚，不過還是屢戰屢勝。當時孟獲一再被捕，又一再被釋放，第七次被捕的時候，孟獲已失去抵抗的氣力，在同年秋天宣示服從蜀漢，表示：「丞相天威，我不會再反叛了」。

諸葛亮認為武力鎮壓下的服從只是一時的，唯有讓敵人心服口服才是上策。因此逮捕孟獲又釋放孟獲如此麻煩之事，其實是諸葛亮的戰略之一，結果完全奏效（參見P147）。

諸葛亮大方地將南方畫為少數民族的自治領土，之後率軍返回成都。也因為這次的南征，蜀國國力大幅增強。

 歷史筆記 諸葛亮雖然與過去招聘劉備前來益州有功的法正（元劉璋家臣）不合，但卻十分肯定法正的能力。

終於開始北伐

二二六年五月，魏帝曹丕病逝，其子曹叡繼位為第二代皇帝。曹丕死後所造成的混亂，對諸葛亮而言是絕佳機會。二二七年，蜀國丞相諸葛亮自信滿滿地組織起北伐軍隊，準備討伐魏國。

諸葛亮將說明發起北伐軍隊要旨的〈出師表〉上呈皇帝劉禪，文中充滿對先帝劉備的忠義之情，成為千古傳誦的名文，後世甚至有人說：「讀〈出師表〉而不泣者，非人也。」（參見P116）。

● 劉備病逝之後的諸葛亮

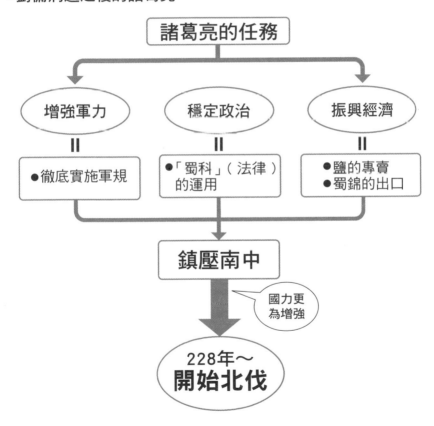

諸葛亮的任務

增強軍力 ＝ ● 徹底實施軍規

穩定政治 ＝ ●「蜀科」（法律）的運用

振興經濟 ＝ ● 鹽的專賣　● 蜀錦的出口

鎮壓南中

國力更為增強

228年～
開始北伐

諸葛亮五度北伐關中

諸葛亮多次率領北伐軍往北（魏）進攻，但天不助諸葛亮，在戰爭當中，諸葛亮的力量馨盡無餘。

因作戰失誤而敗退

蜀國丞相諸葛亮為打倒魏國，總共進行了五次北伐。

第一次軍事衝突是在二二八年春天。駐紮在漢中郡的諸葛亮宣示攻擊長安的郿，並派趙雲出擊。趙雲帶領的是誘餌部隊，諸葛亮自己則率另一支部隊進攻祁山。

至此，情勢一直有利於諸葛亮這方，但諸葛亮卻在此時犯下令人悔恨不已的錯誤，原因在於他讓馬謖率領先發部隊出征，結果慘遭敗北。

為負起責任，諸葛亮罷免了自己丞相的職位，降職為右將軍，他這項謝罪的舉動鼓舞了全軍的士氣。而諸葛亮疼愛有佳的馬謖則在此時被處死，「孔明揮淚斬馬謖」這個故事的由來，就是此時發生的事（第一次北伐，參見P168）。

之後又三度出擊

同年（二二八年）冬天，諸葛亮再次組成北伐軍隊（第二次北伐）。此時攻擊陳倉城的行動失敗，食糧用馨的北伐軍不得不撤退。

二二九年進行第三次北伐，北伐軍占領武都郡、陰平郡，立下戰果。因為這次的戰果，蜀國朝廷恢復了諸葛亮丞相的職位。

二三一年北伐軍第四次北伐，這次目標再度鎖定祁山。當時雖使用「木牛」（譯注：諸葛亮設計的人力獨輪車，有一股四足。一股就是一個車輪，四足則是車子前後兩側的四根木柱，車停時有穩定的作用，是適用於載量大而行路少的運車，宜於平地上用）運輸，但補給未竟最後不得不撤退。在這次北伐中，諸葛亮碰上魏國總司令官司馬懿，當時司馬懿立即撤退。

雖然諸葛亮這次成功討伐魏國名將張部，立下絕大戰功，但距

歷史筆記　諸葛亮未全副武裝便親上戰場。第四次北征時諸葛亮與魏國司馬懿相遇，據說司馬懿見到諸葛亮的裝備，便知道他對同伴的信賴非比尋常，因此感嘆不已。

離壓制魏國仍十分遙遠。三年後的二三四年春天，諸葛亮毅然實行第五次北伐，率領蜀漢全軍出擊。

諸葛亮在五丈原隕落

二三四年八月，諸葛亮在五丈原的陣地中病逝，死因為過勞。

由於諸葛亮傑出的統馭能力，蜀漢大軍個個戰鬥力高強。不過益州地形險峻，讓從益州運輸補給到戰地一事難上加難。蜀漢大軍雖然驍勇善戰，卻仍舊無法突破魏國堅固的陣地，主要就是因為武器、軍事物資還有糧食等補給未至所造成。

第五次北伐時，諸葛亮做好萬全的準備。除了木牛之外，還發明了流馬（譯注：也是一種人力車，有四個輪子，車速比木牛慢但較為省力，是載量少、便於抬舉的運輸工具，宜於山陵上用），讓補給工作更加順利。此外，諸葛亮還讓士兵在五丈原屯田，打算長期抗戰，不過天卻不助諸葛亮（參見P170）。

●諸葛亮的五次北伐

	223年	劉備病逝
	225年	平定西南夷（南中）
	227年	上呈〈出師表〉給劉禪
第1回	228年春	占據祁山→因錯派馬謖出兵而敗退
第2回	冬	包圍陳倉城→因糧食殆盡而撤退
第3回	229年	平定武都郡與陰平郡
第4回	231年	前往祁山。以木牛運送糧食，但因糧食不足而撤退。討伐張郃。
第5回	234年春	從斜谷道出擊，在五丈原布陣。
	↓ 8月	因病逝世（享年54歲）

在魏國嶄露頭角的司馬懿

阻止諸葛亮北伐的是魏國大尉司馬懿。司馬懿建立了無數戰功,因而逐漸受到重用。

因諸葛亮之死而動搖的蜀國

諸葛亮的死讓蜀國大軍陷入混亂,武將姜維等人雖然阻止了司馬懿的追擊,但大軍內部的分裂卻愈來愈嚴重,而造成分裂的關鍵人物就是魏延。

關羽、張飛、趙雲、黃忠、馬超等名將陸續戰死後,魏延成為蜀漢大軍中最強的武將。不過魏延反對諸葛亮,經常批判諸葛亮的方針。

諸葛亮死後,蜀國大軍遵從他的遺言開始準備撤退,但魏延卻勃然大怒地說道:「即使丞相不在,我仍健在。只因丞相一人之死,而不管天下,實在豈有此理」,企圖妨礙撤退工作。魏延與其他武將的衝突處於一觸即發的狀態,最後由馬岱(馬超的次弟)出面安撫魏延才總算平息。

諸葛亮死後,蜀國的命運便掌握在蔣琬手上。蔣琬的個性沉著冷靜,諸葛亮生前曾讚許他為「忠義公正之人」。由於蔣琬是文官出身,雖不精於軍事運作,但他徹底實施防衛策略,在諸葛亮死後支撐起蜀國。

魏國最高司令官司馬懿

諸葛亮北伐的失敗,與魏軍最高司令官司馬懿的本領有很大的關係。

司馬懿,字仲達,深受曹操賞識,二〇八年時在半強迫的狀態下出仕。司馬懿長年跟隨曹操接受薰陶,之後代替曹丕躍上大舞台出征。諸葛亮第四次北伐時,司馬懿受命為總司令官,並在第五次北伐時擔任指揮官。司馬懿一眼就看穿蜀國大軍的弱點在於「補給」,因此他並不急著求取勝利,最後他的戰略成功奏效。

二三八年,司馬懿以大尉(相當於今國防部長)身分掌握魏國的

歷史筆記 趙雲、黃忠、馬超三人都是因病而死。由於諸葛亮特別依賴趙雲,相傳他在得知趙雲的死訊時嚎啕大哭,悲傷不已。

軍事權，再度擔任重要工作，討伐二三七年時在遼東半島逕自宣布建立「燕國」的公孫淵。

　　在身經百戰的司馬懿與魏國精銳的四萬大軍面前，公孫淵根本是小巫見大巫。司馬懿大舉進攻首都襄平打敗燕軍，公孫淵以及其大臣與幕僚等數千人的首級全都被砍下（參見P227）。

●魏國司馬懿的足跡

相互排斥的曹爽與司馬懿

司馬懿與魏國當權者曹爽對立，最後以獨特的戰略成功奪權。到底司馬懿用了什麼樣的戰略？

被迫退出第一線的司馬懿

二三九年一月，在司馬懿討伐燕國的隔年，魏國第二代皇帝曹叡病逝。曹叡的接班人是曹芳，但由於曹芳還太年輕，因此由朝廷內兩大勢力司馬懿與曹爽擔任其監護人。

曹爽為曹真之子，曹真是侍奉曹操、曹丕、曹叡等魏國三代君主的名將，在因病退出第一線前一直擔任魏軍最高將領，對抗諸葛亮的北伐軍。

看到「曹」這個姓氏便可知道，曹真是曹操的親戚之一。挾著父親曹真的光環，曹爽備受曹叡疼愛，擢升到大將軍的最高職位。成為新皇帝監護人的曹爽，將司馬懿擱置在「太傅」（皇帝的老師）這個職位，加強專制體制，而這不過是曹叡死後兩個月的事。

對於司馬懿，曹爽多少還秉持著尊重的心態，不過丁謐及何晏等身旁的親信似乎不停慫恿曹爽取

得天下。《魏略》一書中對何晏的描述為「行步顧影」。何晏走路時總是會回頭欣賞自己婀娜多姿的身影，以極度自戀著名。據說他隨身攜帶女人化妝用的白粉，方便隨時補妝，而何晏即是一八九年因與宦官對立而死的大將軍何進之孫。因此，由於曹爽勢力的抬頭，司馬懿不得不蟄伏。

司馬懿體制的來臨

二四四年二月，曹爽組成討伐蜀國的大軍。對於曹爽的行動，司馬懿以「時機尚未成熟」提出反對，但曹爽仍一意孤行。曹爽雖貴為大將軍，不過並無在大戰中獲勝的經驗。雖然曹爽已加強專制體制，但建立功績贏得聲譽仍是當務之急。

魏軍以六至七萬的兵力進攻漢中郡，蜀國派遣蔣琬的接班人費禕大將軍迎擊。費禕在軍政實務及事務處理方面的能力，是三國人物中最頂尖

歷史筆記　普通人的脖子只能轉九十度，但據說司馬懿是「狼顧之相」，脖子可以回轉一百八十度。

的。他善於協調人際關係、戰爭手腕高明，是具備非凡才能的傑出人物。費禕並不把公子哥曹爽當一回事，沉著地指揮軍隊，成功打敗了人數占優勢的魏軍。而由於魏軍的糧食不足，曹爽最後只好選擇撤退。

司馬懿一面嘲笑曹爽的失敗，一面保持穩定，等待捲土重來的機會。司馬懿決意發起政變，已經是他被排除在國家決策之外的第十年，也就是二四九年一月。當輿論有「曹爽勢力增強不少」、「是不是想篡奪皇帝大位？」等質疑曹爽的聲浪四起，司馬懿於是動員以其子司馬師與司馬昭為中心的司馬家族，以軍事行動鎮壓洛陽。反曹爽派的人士當然也一同參與，司馬懿將曹爽等一干人等全部處刑（參見P196）。

推翻曹爽勢力之後，司馬懿就任為丞相。司馬懿名副其實地成為魏國最高權力者，朝加強專制體制的方向邁進，穩固了司馬政權的基礎。二五一年八月司馬懿病逝，由長子司馬師繼位，繼承司馬政權。

●從曹姓體制轉為司馬體制

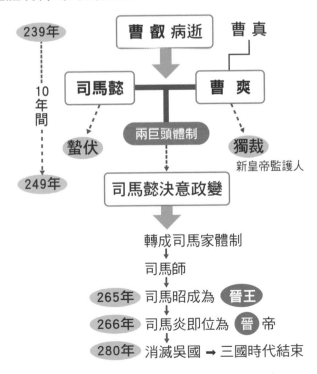

持續撼動的三國

二五二年，三國霸主中撐持到最後的孫權也從歷史上消逝。當時吳國及蜀國的國力不斷衰退，三國鼎立的局面也開始崩解。

孫權逝世

　　吳王孫權於二二九年四月七日正式即位稱帝，這是繼魏（二二〇年）、蜀漢（二二一年）之後，第三個誕生的朝廷。不過吳國在此時已經開始蕭條，發生了無數的問題。二五二年四月，吳國孫權病逝。

　　當時北方魏國的司馬政權十分穩定，人們於是往北遷移，南方人口頓時減少。人口減少造成吳國軍力及經濟的低落，再加上與魏國戰爭時沒有建立功績、被譽為英才的皇太子孫登死亡、以及皇太子繼位人選所引發的政治鬥爭等，吳國國勢不停衰退。尤其是皇太子繼位人選的問題，陸遜等優秀家臣遭受牽連而死，人才方面損失慘重。

　　孫權葬於首都建業郊外，並追諡「大皇帝」稱號。孫權之後分別有孫亮、孫休繼任皇位，期間發生了受孫權委託處理後事的諸葛恪（諸葛瑾之子，諸葛亮的外甥）被殺，以及同族孫綝的蠻橫與被殺等情形，吳國國力更加低落。

苦於掙扎的蜀國

　　蜀國也同樣面臨國力低落的問題。事情的開端是二五三年一月，在成都皇宮中舉行的正月宴會上，蜀國大將軍費禕遭流亡至此的魏國軍人郭循暗殺。費禕是個非常優秀的人才，諸葛亮臨終時交代：「在我之後由蔣琬接任，蔣琬之後再由費禕掌理政務。」因此蔣琬死後，費禕獨力支撐沒落的蜀國。

　　費禕死後，姜維的勢力隨之抬頭。姜維原是魏國的武將，在諸葛亮第一次北伐時降伏於蜀漢。當時諸葛亮稱讚姜維的本領高超，他十分感激並誓言效忠於蜀國。姜維自認是諸葛亮最後的愛徒，多次出兵展開北伐，而費禕則是姜維的監督官。

歷史筆記　後繼之爭導致孫權與陸遜之間產生嫌隙。孫權幽禁陸遜並辱罵他，讓陸遜憤慨而死。

費禕健在時，姜維一度北伐；費禕死後，姜維又分別於二五五年及二五七年出兵北伐，但都只能稍微突破魏國西邊邊境，只是徒然消耗國力而已（參見P172）。

堅如磐石的司馬政權

爭執不斷的不單是吳國與蜀國，魏國內部也不穩定。但魏國與其他兩國不同的地方，在於掌權者的態度十分強硬。

在魏國，司馬懿後代的司馬師（長男）與司馬昭（次男）兄弟穩固地維持司馬家族政權。二五四年九月，司馬家廢除皇帝曹芳，隔年爆發毌丘儉、文欽兩將軍的叛亂，但馬上就被鎮壓下來。二五七年五月發生諸葛誕叛亂事件，經過一年多的攻防戰後司馬政權獲勝。二六〇年五月發生新皇帝曹髦的政變，司馬家也以殺害皇帝這種前所未有的手段來壓制。司馬家族完全主宰魏國朝廷，樹立司馬王朝只不過是早晚的事。

●二五〇年時不穩定的三國情勢

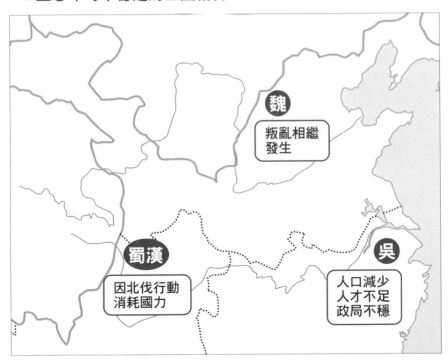

魏
叛亂相繼發生

蜀漢
因北伐行動消耗國力

吳
人口減少
人才不足
政局不穩

晉國的勝出

歷經三國動盪的時代，最後勝出的大國為晉朝。三國時代結束在劉備去世的五十七年後。

蜀國的滅亡

　　二六三年夏天，魏國大將軍司馬昭下令全軍攻打蜀國。鄧艾、鐘會、諸葛緒等武將從各主要道路進攻蜀國領土，而魏軍全力防範的就是蜀國大將軍姜維。

　　魏軍的作戰策略是由鄧艾從姜維前方包抄，諸葛緒斷絕其退路，鐘會則衝向成都。不過姜維發揮出類拔萃的領導力，避掉佯攻作戰，固守劍閣的要塞與鐘會部隊對峙。

　　此時鄧艾使出妙計，以硬闖方式從背後偷襲蜀國的成都防衛守備軍。突然出現的魏軍讓蜀軍陷入恐慌，諸葛瞻（諸葛亮之子）雖立即與鄧艾軍隊對決，卻徒勞無功最後戰死。冬天時，蜀國皇帝劉禪向魏軍投降。

　　固守劍閣的姜維雖因投降而解除武裝，但他終究沒有捨棄徹底抗戰的意志。趁著鄧艾因被懷疑叛亂而被強制遣送洛陽之際，姜維與魏將鐘會共謀策動叛亂。

　　鐘會似乎早就想從魏國獨立出來，但這次的叛亂因為魏將胡烈等人的機智而防範於未然。姜維與鐘會在與魏國的討伐軍隊交戰後被斬首。而鐘會死後，鄧艾的叛亂嫌疑也被證實是鐘會一手捏造。

晉朝統一天下，三國時代結束

　　二六五年八月，晉王司馬昭病逝，其子司馬炎繼位。十二月，司馬炎接受魏國曹奐禮讓皇帝大位，宣告建立晉朝。至此魏國滅亡，中國形成「晉」、「吳」兩國並立的局面。

　　不過，此時吳國皇帝孫皓放縱的行為卻令人苦惱。孫皓原是具有文學才氣的優秀人物，欲重建起沒落的吳國而即位為皇。但孫權時代以來持續低落的國力已難以恢復，眼見期待落空，孫皓於是自暴自棄，甚至變成一個暴君。過度

歷史筆記　叛亂接二連三發生的當時，司馬師罹患眼疾。即使病況惡化到眼球突出，但司馬師仍舊打頭陣，鎮壓叛亂。

的浪費、各種殘暴行為、以及任意隨便的政策等，在在讓孫皓失去民心，國家眼看著就要垮台（參見P218）。

雖然如此，晉國卻沒有進攻吳國，這與名將陸抗（陸遜之子）有很大的關係。陸抗與晉朝名將羊祜在邊界對峙時，他拖著多病的身軀堅持留在最前線，並發揮遺傳自父親的指揮能力，沒讓敵人越雷池一步。羊祜十分讚賞陸抗，對他抱持尊敬的態度，而陸抗也回之以禮，對羊祜表示欣賞。羊祜與陸抗雖然處於敵對狀態，但據說私底下會以友人身分相互交流。

二七四年，陸抗病逝，對吳國而言，意味著支柱垮台。二七九年冬天，晉國軍隊從六個方向進攻吳國領土。二八〇年春天，吳帝孫皓投降。晉國成功統一天下，三國時代就此畫下句點。

● 三國時代的結束

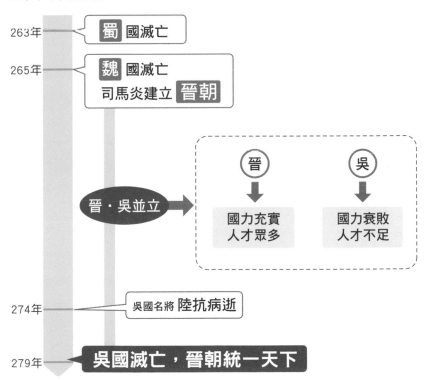

263年 — 蜀 國滅亡

265年 — 魏 國滅亡
司馬炎建立 晉朝

晉・吳並立 →

晉 → 國力充實 人才眾多

吳 → 國力衰敗 人才不足

274年 — 吳國名將 陸抗病逝

279年 — 吳國滅亡，晉朝統一天下

狸vs.狐──
劉備與孫權相互欺騙

「字」能看出一個人的性格？

劉備是個難以對付、不易擊敗，肚子裡不知裝了什麼的怪人。另一方面，孫權擅長權謀術數。孫權的「字」（譯注：本名以外取的別號）是二十歲時才取的，完全表現出他的真實性格。

孫權，字仲謀。首先，「仲」字出自「伯、仲、叔、季」，通常用以表示長男、次男、三男、四男的排行。孫策字伯符，孫權字仲謀，由此可知他們分別是長男及次男。

「謀」則有「謀略」之意。所謂「字」，通常是依本人的特徵來取名，因此「仲謀」表示孫權是次男，且善於謀略。換句話說，孫權是個長於權謀術數的專家。這樣說並沒有負面的意思，正因為孫權擅於權謀，才能掌管有力之士所組成的複雜政權。而孫權與劉備的戰爭，呈現出狸與狐兩個狡猾之人相互欺騙的情形。

「三分天下之計」與「二分天下之計」

劉備以諸葛亮提議的「三分天下之計」為基本計畫進行運作。劉備首先取得荊州與益州，製造三國鼎立情勢，接著培養實力，打算待曹操陣營步調混亂後再一鼓作氣率軍北上統一天下。

另一方面，孫權心裡想的則是周瑜提倡的「二分天下之計」。「二分天下之計」主張孫家以軍事壓制揚州、荊州、益州等長江以南區域，與曹操形成二分天下的局面。之後吳國再與以馬超為首的涼州豪族結盟，對曹操發動攻勢，一舉統一天下。

然而「二分天下之計」隨著周瑜的病逝而受挫。對孫權而言，

鄰近地區存在著強敵並不是好事，如何將劉備拉攏進孫家陣營，將是吳國成敗的關鍵。

劉備先占上風

然而，先取得主導權的卻是劉備。劉備向孫權借用荊州培養實力，二一四年成功地以軍事鎮壓益州（參見P160）。

對此孫權勃然大怒，而這也不是沒有道理。過去孫權向劉備提出攻占益州的戰略時，劉備以「益州劉璋與我同姓，也算是親戚，奪取此國就是違反仁義道德」為由拒絕，如今劉備卻搶先攻占益州。

「借荊州給你是以『找到其他根據地為止』為條件，現在請將荊州歸還。」孫權如此要求劉備，但劉備卻說：「取得涼州後就會歸還。」

這與劉備過去承諾的完全不同，孫權暴跳如雷，率軍往西進攻。劉備則派出猛將關羽，語帶挑釁地說：「拿得回去的話就來試試看」，宛如小偷變成強盜般的明目張膽。最後孫權只能以東半部歸屬孫家，西半部歸屬劉備的條件忍氣吞聲。

劉備與孫權的相互欺騙，首先由年紀稍長的狡猾劉備占上風，不過之後孫權的權謀更是技高一籌（參見P162）。

平均年齡八十歲以上，數萬人的大聚落？

　　記有日本情形的《魏志·倭人傳》，是了解三世紀左右時日本列島風俗習慣的珍貴史料。雖然如此，書中有關日本的記載，確實有許多讓人感到疑惑之處。

　　書中說：「其人壽考，或百年，或八九十年」。這麼一來不是比現在日本的平均壽命還長嗎，不由得讓人產生疑問。

　　而關於人口方面也有不可思議的敘述。其中，「千餘戶」、「四千餘戶」等以千為單位的村落還可理解，但「奴國（現今福岡市）的戶數為兩萬餘戶」、「投馬國（現今地不明）的戶數為五萬戶」、「邪馬台國（現今地不明）的戶數為七萬餘戶」等敘述，就真的令人百思不得其解了。書中記述的大約是彌生時代末期到古墳時代初期的日本，當時真的有這麼多的居民聚集在一起生活嗎？而書中所說的邪馬台國的七萬餘戶，其規模已可與魏國首都洛陽匹敵。

　　更不可思議的是到倭國的距離。《魏志·倭人傳》表示從朝鮮半島的帶方都到邪馬台國共計「一萬兩千餘里」。若以書中的敘述來推算地理位置，那麼邪馬台國應該就在遙遠的太平洋上。《魏志·倭人傳》中誇張的人口數與誇張的距離，總教人覺得不合常理。

　　倭國使者為朝貢而來到魏國是在二三九年，也就是二三八年司馬懿討伐在遼東半島宣布獨立的公孫淵的隔年。由此可推論日本是在接到公孫淵死亡的消息後，才前來對魏國朝貢。

　　由於倭國是為恭賀司馬懿的功績而來到魏國，若讓他國知道是東方野蠻國派來的使者，對魏國而言在面子上掛不住，因此有學者主張這就是為什麼《魏志·倭人傳》要故意將倭國形容為遠方大國。

第 **3** 章

曹、孫、劉的
性格與天時

天時隱藏在人民的欲求之中

【同時出現的三位霸主】

若以最簡單的方式來說，《三國志》正是關於「三個想奪取天下之人彼此對立」的故事。然而，動亂的世局不會因為一位英雄的出現而立刻平息，這就是《三國志》的有趣之處。

那麼，為什麼會出現三國相互對立的局面呢？這應該是因為曹操（魏）、孫權（吳）、劉備（蜀漢）三人都擁有一統天下的能力，而上天讓三個各有所長、且都擁有統治天下實力的人同時出現在世上。

本章將以曹操、孫權、劉備這三位霸主為敘述重點，內容不單單敘述個人的事蹟，對於那個時代與社會的背景亦會詳加解說，藉此了解三位人物的性格、想法，做了些什麼？又為什麼能夠吸引眾多人才為其效忠？

【各人的特色與魅力】

　　首先介紹建立魏國的曹操。在陳壽《三國志》史書中，曹操是具有一統天下實力的優秀人物，但在《三國演義》小說中，曹操卻變成了奪取漢朝江山的大壞蛋。

　　若依據史實，陳壽的敘述較為正確。曹操企圖創造新的社會，他關心失去居住地而流離的農民，實施「屯田制」及「兵戶制」，導入前所未有的社會制度，努力創出新的體制。雖然曹操強制人民從事農耕、軍事等勞役，但回饋給人們的是富裕、良好的生活。在那個糧食不足的時代，帶給人民溫飽的曹操能夠成為最大勢力也是理所當然。

　　另一方面，孫權替江南地區（長江以南）的豪族，以及為躲避戰亂而從黃河流域移居南方的大人物維持秩序，因而得以擴大勢力。孫權雖然給人樸實的印象，但他成功掌管由有力人士所組成的複雜政權，可謂擁有超群的政治手腕。

　　有別於這兩人，劉備則是企圖破壞時代者。劉備的治世不具建設性與持續性，破壞力是他最大的特徵。由於劉備擁有堅強的武力與罕見的個人魅力，因此吸引了許多人前來投效。他雖然出身貧民，但卻在群雄間的鬥爭中倖存下來，最後當上蜀國皇帝。

創設「屯田制」與「兵戶制」

曹操為何能夠治理魏國這個大國，並建立起強大的軍隊？其中關鍵便在於他實施了對的政策。

屯田制

在眾多群雄之中，魏國曹操最先考慮到的是「食」的問題。他發覺無論體力、精力、判斷力、構思力等，全都必須以「食」為基礎，唯有填飽肚子才有力氣做其他的事。而戰爭也是一樣，必須培養出能夠在長期戰中撐到最後的軍隊。當時的戰爭以體力取勝，糧食充足的一方才能贏得勝利，然而當時是連袁紹與袁術等名門軍隊都飽受飢荒之苦的時代（參見P34）。

於是曹操開始思考自給自足的作法與制度，希望能夠在持續飢荒的時代中開出一條生路。依據棗祗、韓皓等人的獻策，曹操於一九七年開始實施「屯田制」，所謂「屯田」就是為了農耕而駐紮，有以下兩種形式：

● 軍屯……軍人屯田
● 民屯……農民屯田

曹操首先大規模地開發許縣附近荒廢的土地，召募流浪的農民進行開墾工作。之後又在洛陽、淮水（長江北部的大河）等要衝開墾屯田，讓旗下豪族遷移過去。

屯田制的實施讓曹操的軍力倍增。許多群雄出征時，一旦糧食用罄便會向後方要求補給或在當地調度。然而當時是飢荒普遍的時代，根本無法集中糧食。若沒有糧食，軍隊就只能撤退。由於曹軍是由軍隊自己生產糧食，因此沒有需要補給的問題。此外，曹軍在各地皆設有據點，因此糧食的供給線穩定，能夠長期據守或遠征。

民屯所收穫的農作物則屬於多餘的糧食，與領土內的糧食及交易品相互流通。由於交易增加、經濟活化，曹操領地的經濟能力因而大幅提升。此外，屯田制所帶來的附加效果就是人口的增加。當時流離在各地的農民認為只要到曹操的領地就能填飽肚子，因此爭先恐後地

 歷史筆記 農作物歉收不只因天氣使然，一九七年蝗蟲過境徐州，將農作物啃食殆盡，曹操與呂布的戰爭還因此中止。

來到魏國。

兵役義務

為有效利用增加的人口，曹操於是採行兵役義務世襲制度的「兵戶制」。依據兵戶制，如果父親戰死，兒子必須繼承父親的軍務。若有逃亡情事，則嚴加重罰。而且不只是當事人，整個家族都必須受罰。

雖然兵戶制是個嚴苛至極的制度，但曹操回饋人民的是土地借貸及生活的保障。雖有防止逃亡與強制補給士兵等條件與目的，但曹操

同時也獎勵結婚（〈檢證・三國時代的軍事力〉，《三國志上卷》歷史群像系列17／桑田悅著，學習研究社）。因為實施兵戶制，讓曹操得以經常性地動員大量兵力。

東漢末期，民眾生活在不安與絕望之中。當時飢荒普遍、盜賊橫行，人民經常陷入對於死亡的恐懼。雖然曹操實施「屯田制」與「兵戶制」是為了富國強兵，不過對於對未來不抱任何希望的民眾而言，糧食、工作、家庭、生活的確獲得了保障。曹操滿足了民眾的需求，勢力因而逐漸強大。

●支撐魏國的制度

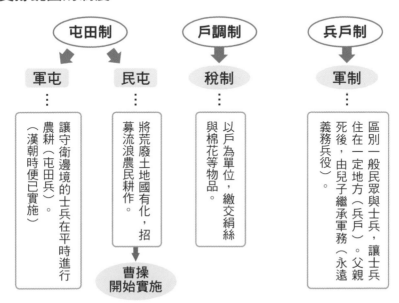

治世的能臣、亂世的奸雄

曹操通常被視為十惡不赦之人，不過他的確深具才能。到底真實的曹操是個什麼樣的人物呢？

重獲評價的曹操

關於曹操的人物性格，歷史上的評價十分兩極：

● 十惡不赦之人
● 中國歷史上數一數二的人物

《三國演義》小說中把曹操描寫為十惡不赦之人，但正史《三國志》卻說他是個具有統一天下實力的優秀人物。

不知是否因為《三國演義》小說的影響，在中國，把曹操視為十惡不赦者之說根深柢固。然而在一九五九年，文學家郭沫若重新評價曹操，引發學界不小的爭論。郭沫若在《談蔡文姬的〈胡笳十八拍〉》論文中，提及曹操與黃巾賊的關係時表示：「曹操為鎮壓黃巾之亂四處奔走，但他之後的政治目標並未違反黃巾賊的目的，反而繼承其主張。」由於當時是人民只求溫飽、求生存的時代，郭若沫更給予曹操「讓人民得以安居樂業的最大功臣」的評價。

若考量到曹操實施屯田制使流浪的農民獲得救濟，或青州的黃巾賊成為曹操的主要戰力等，郭沫若的主張大多令人贊同。但無論如何，郭沫若的論點的確造成震撼，使得中國有關曹操的爭論更加熱烈。

主張共產政權優先的人認為曹操是「鎮壓農民革命的反動管理階級」，但也有人反駁說「他才是中國史上最好的政治家、軍政家與詩人」。此外，也有許多人提出折衷論，認為曹操是「功過各半」。

曹操身為政治家、軍政家的卓越表現，從他創設屯田制及兵戶制等革新制度便可窺知一二。在群雄大多以血緣、地緣為背景，擁有「私兵」軍隊為主流的時代中，曹操成功地將糧食自給自足以及士兵補充方法制度化。

 歷史筆記 蔡文姬是東漢大學者蔡邕的女兒。她博學多聞、文采洋溢，是當代一流的才女。後來在戰亂中被匈奴左賢王擄走，成為他的妻子並生下兩個兒子。

精通詩書的曹操

此外，對於曹操是一代文學家與詩書名家這件事，我們也不應該錯過。曹操喜好作五言詩，但詩在東漢末期時還只是民謠類文學。而提高詩的格調，將詩上推至藝術作品境界的人就是曹操。

要對曹操這號人物下評價，在他活著的時代似乎就非常困難。下圖是當時的人物批評家給予曹操的評價。從這些評價可以窺見當時的批評家認為曹操是「隨著世局的不同，不是大英雄便是大惡徒」。

若將普通人比喻為持有一個中心的圓，那麼在政治、軍事、文化上發揮出卓越才能的曹操，可說就是同時擁有複數中心的複雜圖形。若硬要以一句話形容這樣的人，大概就是天才吧！曹操是東漢末期出現的天才。

●曹操的評價

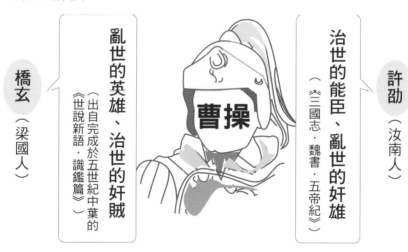

橋玄（梁國人）

亂世的英雄、治世的奸賊
（出自完成於五世紀中葉的《世說新語·識鑑篇》）

曹操

治世的能臣、亂世的奸雄
（《三國志·魏書·五帝紀》）

許劭（汝南人）

注釋：
● 能臣＝有才能的官吏
● 奸雄＝有才智而狡詐欺世的英雄
● 奸賊＝大惡徒
● 治世＝和平的時代
● 亂世＝動亂時代

曹操的個性（三）

曹操以能力選才

二一〇年，曹操頒布《求賢令》，內容是以實力召募人才。
只要具備才能，對於其他缺點則可睜一隻眼閉一隻眼。

唯才是用

研究曹操這號人物時，首先要觀察他會拔擢、喜愛什麼樣的人，這點十分重要。現代企業的高層經常將「本公司的目標就是提供良好的服務」這句話掛在嘴上，但實際上淨是一些宛如無賴般的人湊在一起，可以想見他們只是空口說白話。

二一〇年，也就是赤壁之戰慘敗後的第二年，曹操頒布《求賢令》：「自古創業的君主、中興的君主，無不用心於發掘人才。現在天下之亂無法平定，尋求優秀人才是當務之急。齊桓公（春秋時代的霸主）為何可稱霸天下？這是因為他廣泛招集人才，不只侷限尋找優秀的人才。試問，今日民間難道沒有懷才不遇、等待一鳴驚人的人嗎？難道沒有與兄嫂暗通款曲或接受賄賂，但卻懷藏高度才能的男子嗎？若有具備才能卻沒有被發掘的人物，希望大家能夠推薦，我一定會重用。」

曹操是個惜才的領袖，這道《求賢令》讓我們再次了解曹操是以才能選人。而「難道沒有與兄嫂暗通款曲或接受賄賂，但卻懷藏高度才能的男子嗎？」這個部分雖然令人感到懷疑，但事實上這就是曹操的意圖所在。

重視家世背景的時代

東漢時代，最重視的就是家世背景。家世若好，自然就能成為受人尊敬的對象，而曹操的競爭對手袁紹就是最好的例子。一九〇年反董卓聯軍組成，當時有十七位群雄為討伐董卓而起義。在決定聯軍盟主時，全員一致推舉袁紹，因為他出身名門，家族四代都擔任司徒、司空、大尉（司徒相當於今行政院長，司空為建設首長兼行政院副院長，大尉為國防部長）的「三公」

歷史筆記 蔡文姬回到漢朝領土時已是西元二〇八年，惜才的曹操替她付了贖身金。「胡笳十八拍」描述的是她與和左賢王所生的兩個兒子離別時的悲傷。

職位。

關於袁紹的個人資質，陳壽在《三國志》中曾嚴厲批評：「他看起來如英雄，並具備將軍的器量與威嚴，但內心卻嫉妒部下的能力及功績。雖喜好出謀策畫，但欠缺決斷力。」即使是這樣的一個人，但只要有好的家世，便能不費吹灰之力地被推舉為盟主。這是東漢社會的現象之一，人的資質並不在選才的考慮範圍之內。

在和平的社會中，只要家世好便能身居要職，因為只要是個體面的人即可。不過一到動亂期，位居要職之人能力的高低將會大大左右局勢，那些只憑家世而高高在上卻沒有能力的人，只會成為害群之馬。

曹操堅持唯才是用的原因，或許是急需可立即上戰場的人才吧！不過這當中還隱藏著了解曹操另一面的極大因素。

●東漢末期的統治制度

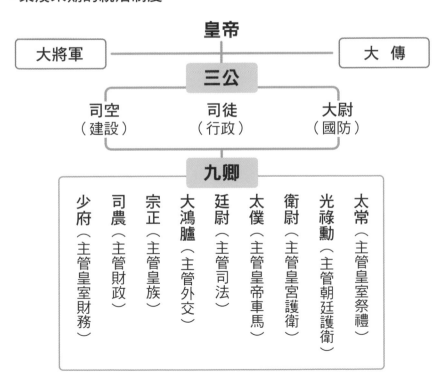

皇帝

大將軍 ——— 大傳

三公

司空（建設）　司徒（行政）　大尉（國防）

九卿

少府（主管皇室財務）　司農（主管財政）　宗正（主管皇族）　大鴻臚（主管外交）　廷尉（主管司法）　太僕（主管皇帝車馬）　衛尉（主管皇宮護衛）　光祿勳（主管朝廷護衛）　太常（主管皇室祭禮）

曹操的目標是新時代的革命？

曹操陸續提出新政策，似乎是想打造一個擁有新秩序、新社會的新國家。

已完成打造新社會的革命行動？

讓我們再回想看看郭沫若對曹操的批評。「曹操為鎮壓黃巾之亂四處奔走，但他之後的政治目標並未違反黃巾賊原有的目的，反而繼承其主張。」

黃巾賊成員以苦於貧窮的少數農民為主。對東漢朝廷而言，大豪族的背景富裕且擁有充足武力，與黃巾賊在本質上有很大的不同。黃巾賊的目的如前所述，是希望跳脫地緣、血緣與家世，創造一個以志向相互結合、擁有新秩序的世界。這是針對政治與社會的根本進行改革，「革命」是最符合他們行動的詞彙。

曹操又是如何呢？其他的群雄憑藉血緣與地緣聚在一起，帶領頂著名門之軍光環的私人軍隊四處征戰。相對於此，曹操則實施「屯田制」，救濟流離失所的農民，又以

「兵戶制」創立國民軍隊。

曹操的目的確實是富國強兵。但事實上，那些因在舊社會的地緣、血緣被切斷而無路可走的人民，也因為這前所未有的新體制而獲得救贖。曹操以群雄之姿開始著手進行「革命」。

「難道沒有與兄嫂暗通款曲或接受賄賂，但卻懷藏高度才能的男子嗎？」若以此點來思考曹操《求賢令》當中的這段發言，應該不是單純地指有能之士的意思，而是贊同曹操的革命思想，具有建立新秩序的使命感，對新時代有想法的人。

反革命的司馬懿讓曹操遭受挫折

不過，「贊成革命思想」的這項限制，也讓曹操與家臣之間產生嫌隙。

最具代表性的例子是軍師荀彧

 歷史筆記 有關荀彧苦悶而死一事，有一說認為他是服毒身亡。當荀彧自稱生病時，曹操送來探病的箱子。不知是否因為是空箱子，使荀彧在得知曹操本意之後選擇自殺？

苦悶而死一事。荀彧擁護「東漢皇室」的意識十分強烈，對於曹操逐漸將朝廷機器化，荀彧十分反感，因此當曹操升格為魏公時他提出反對意見，最後憂鬱而死。

而反對革命思想的賢能之士的存在，也是無法忽視的事實。在能力方面，或許抱持「反曹操」意識的人會比曹操麾下的軍師與武將更要優秀也說不定。正因為有「贊成革命思想」這項限制，曹操身邊

的人才水準才會等齊，但反曹操意識的人，有可能是無法加入的大人物。

例如當初司馬懿裝病以拒絕曹操授官的邀請，雖然最後司馬懿仍應邀出仕，但原因卻是擔心如再拒絕恐遭殺身之禍。最後司馬懿成功奪取魏朝政權，逐步讓魏國滅亡。曹操的革命終究無法成功，或許就是因為司馬懿打從內心反對革命使然吧！

●曹操精選出的魏國家臣團

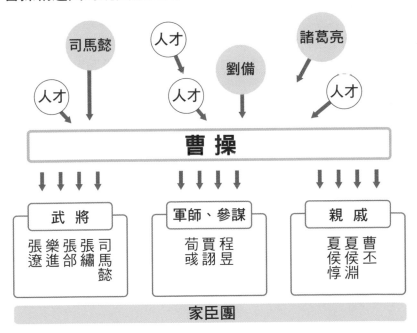

孫權的「天時」

長期的飢荒與亂世，讓人民移居南方，南方國家因此繁榮，
軍力亦不斷增強，而孫家就在南方。

人民為尋求良好治安而移居南方

接下來要談的是吳國孫家，究竟孫權是個什麼樣的人物呢？

孫權的管轄地是長江中下游與江南地區，在三國時代之前，這些地區還是不毛之地。東漢末期時，長住於黃河流域的人民開始注意到這塊土地。

當時的黃河流域飢荒蔓延，不時發生農民叛亂，心懷野心蠢蠢欲動的群雄橫行。治安不好、生活不平靜，因此開始有人認為若是移居人口稀少的江南地區，應該可以過和平的生活。

江南地區溫暖多雨、土壤肥沃，雖然東漢朝廷早已開始著手開墾，但未開發的地區仍占多數。隨著開墾方式的不同，農作物產量可能會超越黃河流域（參見P139）。

活躍於《三國志》的人物當中，也有許多人是從北方移居至南方。例如諸葛亮出身瑯琊郡陽都（今山東省一部分），他的雙親早逝，後來跟隨叔父諸葛玄一同移居揚州。此外，孫權團隊的政務官張昭、徐盛，還有諸葛亮兄長諸葛瑾等，也是移居南方的代表。

不過，由於當時社會混亂，一般認為只有具備一定經濟能力（能在糧食不足的時代中調度、攜帶糧食），並有實力形成集團（能夠組成防衛隊）的層級，才有辦法移居南方。一般民眾與貧農即使被迫過著飢寒交迫的生活，也只能滯留在黃河流域。

要求孫家確立秩序

孫權的父親孫堅，是讓江東、江南霸主孫家的勢力快速成長的人物。孫家自稱是「孫子（春秋時代的兵法家）後裔」，不過家世並不顯赫。

孫堅十七歲時因擊退海盜而揚

歷史筆記 有關孫堅的死，《三國志》的註解中記載了「與黃祖交戰，被弓箭射殺」、
「與呂公交戰，被石頭砸破頭」等多種說法。

名，之後受拔擢擔任縣吏，開始出人頭地。後來孫堅投入袁術旗下，成功鎮壓黃巾之亂，在反董卓聯軍中因勇敢而馳名。孫堅戰死後，長子孫策繼承家業，以武力鎮壓其他豪族，在江東流域（長江下游流域）奠定了孫家政權。而孫策英年早逝（參見P57），之後由其弟孫權承繼領導者的地位。孫權將管轄範圍擴大至江南地區，二二九年時建立吳國。

那麼，為什麼孫家可以鞏固政權呢？以結論而言，應該是江東與江南人民對於孫家三代統治的支持，而其中最大的關鍵就在於秩序。

從北移居至南方的人民與當地豪族都期待安定的秩序。由於當時處於動亂時期，無論和平或秩序都有賴武力來維持。而建立秩序的方法只有一種，那就是讓強者主導，在短期內以武力鎮壓。換句話說，孫家滿足了人民「希望秩序能盡快來臨」的希望，孫家更利用這一點，建立起在江東、江南的霸權。

●孫家主要家臣的本籍

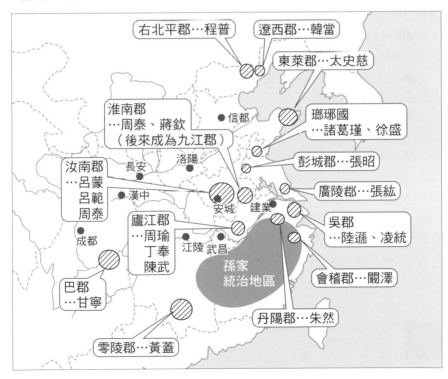

右北平郡…程普

遼西郡…韓當

東萊郡…太史慈

淮南郡…周泰、蔣欽（後來成為九江郡）

瑯琊國…諸葛瑾、徐盛

汝南郡…呂蒙 呂範 周泰

彭城郡…張昭

廣陵郡…張紘

吳郡…陸遜、凌統

盧江郡…周瑜 丁奉 陳武

孫家統治地區

會稽郡…闞澤

巴郡…甘寧

丹陽郡…朱然

零陵郡…黃蓋

信都 洛陽 長安 漢中 成都 安城 江陵 武昌 建業

孫權的個性（二）

孫策計畫北伐

江南政權是由許多的有力人士聯盟所組成。為了整合起這些人，孫策祭出的政策就是參與取得天下的競賽。

以北伐整合地方

孫家將江南地區實力者的需求變成「天時」，在滿足需求的同時趁機確立霸權，然而這是一條十分艱辛的道路。

打個比方來說，若孫家政權是「神轎」，要走要停只能任由轎夫決定。而神轎要能一直是神轎則需有兩個條件，分別是：

● 須讓所有轎夫發自內心願意扛起
● 必須讓轎夫全部往同一方向走

而神轎本身也必須有本領。我們觀察奠定孫家基礎的孫策，他決定承繼父親孫堅的霸業是在二十出頭的年紀。《三國志》中有關孫策的記載如下：「孫策外表英俊，好講笑話，生性豁達，接納建議，善於用人。正因個性如此，無論地位高下，凡與他接觸過的人都能感受他的誠意，甘心為其賣命。」由此可知，孫策是個氣宇非凡的年輕武將。

孫策為達成上述兩個條件而著手進行「北伐」，開始朝北方進攻。他率領軍隊進攻黃河流域，加入爭奪天下的競賽，企圖讓孫家政權的成員合而為一。而孫策選定的第一個目標就是曹操。

在此時期，北方黃河流域的霸權掌握在曹操及袁紹兩人手中（參見P54）。袁紹出身河北名門，勢力龐大，治理河北四州。與袁紹相比，曹操顯得微不足道，但因擁戴東漢的獻帝，再加上實施「屯田制」及「兵戶制」，最後成功改變社會體制，勢力扶搖直上。二○○年，曹軍與袁軍作戰的時機成熟，軍事衝突迫在眉睫。

由擴大勢力轉為振興內政

此時，孫策擬定一項戰略：「趁著袁紹與曹操交戰時，率軍北上，襲擊皇帝所在的許都。將皇帝接到江東，再與北方戰鬥」。

歷史筆記 據《江表傳》記載，孫策在狩獵中被刺客所襲擊。孫策喜好狩獵，經常獨自騎馬外出狩獵。

112

　　由於孫策通曉戰略，江東的軍力較強，因此有十足的勝算。但天有不測風雲，出擊前孫策竟遭暗殺身亡（參見P57）。孫策原本計畫參加一統天下的競賽，以結合家臣的力量，使大家目標一致，但這項計畫隨著孫策的死亡而受挫。

　　孫策臨終之際向接班人的胞弟——孫權交代遺言：「若你率江東軍隊與敵人對決，抓住機會賭上一統天下的勝負，那麼你不如我。若你能善用賢臣，讓他們發揮實力保住江東，我則不如你。」

　　換句話說，孫家政權為讓旗下的有力人士繼續扛起這座神轎，而放棄一統天下的爭奪賽，改行振興內政的路線。

● 支撐孫家的力量

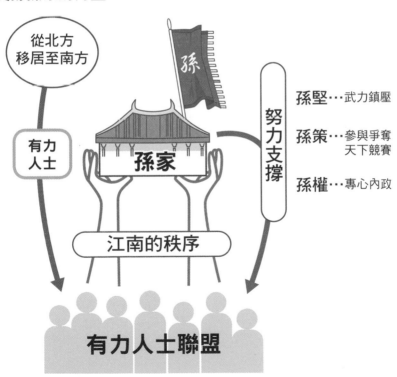

有力人士聯盟整合對策

為整合起旗下的實力者聯盟，孫權用心傾聽眾人的意見，並徹底進行研討。

聽取他人意見的主要原因

孫策的判斷是正確的，孫權的確是個善於傾聽他人意見的領袖。當孫權因失去兄長而悲痛欲絕時，吳國的政治最高負責人張昭督促他說：「請脫下喪服換上軍裝，到全軍隊視察，那麼對孫家不滿的人就會挾著尾巴逃走了」，孫權於是遵循張昭的指示去做。

已故孫策的盟友、軍事最高負責人周瑜建議孫權「廣招賢士能臣」，而孫權也遵照指示，招聘周瑜推薦的魯肅。此外，對於關乎國家的重要大事，孫權則匯集眾多意見，再從中採用好的意見，付諸實行。

二〇八年赤壁之戰時，孫權先讓所有人都表達過意見，最後才採用軍事負責人周瑜的意見，決定與曹操軍隊決戰（參見P61）。孫權並非屬於「我想做就做，我們大家一起奮鬥」的類型。他會讓大家提出意見共同討論，最後才說：「這是個好建議，我也是這樣想，那就這麼辦吧！」

有人認為孫權缺乏身為領袖的決策能力，但筆者認為孫權是看清了人性弱點，知道「若只是聽從他人的意見行事，自己並不會全心投入去參與」。而孫家政權原本就是由有力人士聯盟所組成的脆弱政權，孫權讓大家表達意見的做法，是要讓所有參與的人都能同心協力為達成目的而努力。

孫權不忘自我宣傳

為了讓自己成為值得被抬的神轎，孫權也做了不少自我宣傳，其中有過以下的故事：

話說孫權欣賞呂壹的才幹，任命他為校事（譯注：執掌典校文書，主要任務在監督、打擊儒學朝臣）。不過孫權的決定卻遭到兒子孫登正面反對，孫登表示：「呂壹並非寬大之

歷史筆記 魯肅似乎是個令人討厭且自大的人，但孫權卻不討厭他，反而以賢士之禮對待。

人，他沒有上位者應有的器量，所以我無法贊成父皇的決定。」

孫權無視於孫登的意見，強行讓呂壹擔任校事。而孫登的擔心果然成真，呂壹的執法十分嚴苛，過度嚴刑峻法讓吳國民眾爆發不滿情緒。然而到了二三八年夏天，事態為之一變。孫權將呂壹處死，罪名是濫用職權。

至此為止是十分普遍的政治劇碼，但孫權在這之後的行動卻出乎眾人的預料之外。處死呂壹後，孫權派中書禮（譯注：隸屬於掌理國內機要大事的官署中書省之下，主掌傳宣詔命）袁禮為使者，到各軍司令官的陣營道歉。「信任呂壹這樣的小人實為不明，我感到非常可恥」，並請袁禮代傳「如有需要改正之處，請不吝提出」等內容。孫權的態度贏得吳國人民的讚揚，認為「真不愧是我們的皇上，任何時候都勤於反省及自戒。」

● 孫家族譜

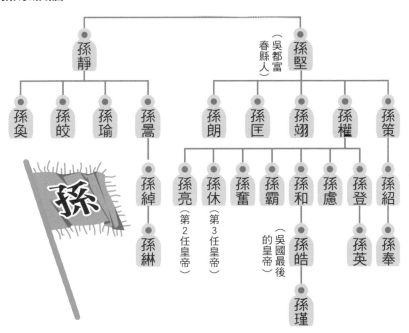

忠誠vs.現實主義——
積極北伐的諸葛亮
與等待機會的司馬懿

繼承劉備遺志的〈出師表〉

　　五三〇年成書的《文選》（新釋漢大系，明治書院）中，介紹了蜀國丞相諸葛亮所作〈出師表〉的前段開頭。

　　「臣亮言：先帝創業未半，而中道崩殂；今天下三分，益州疲敝，此誠危急存亡之秋也。」

　　所謂「出師」，是「派出軍隊」的意思，而「表」指的是給上位者的文章。對丞相諸葛亮而言，上位者指的就是皇帝。二二七年，諸葛亮將此〈出師表〉呈給皇帝劉禪，並組成北伐軍討伐魏國。

　　〈出師表〉是聞名古今的文章。內容敘述對先帝劉備的忠誠、對國家未來的憂慮、以及雖自知國力不足，但仍將挑戰魏國等的深切悲壯及覺悟。之後民間甚至還流傳著「讀〈出師表〉而不涕者，其人必不忠」這句話。

　　在小說《三國演義》中，諸葛亮是個用兵神出鬼沒的天才軍事家，但正史《三國志》作者陳壽對於諸葛亮的才能則有以下敘述：「諸葛亮擅長統治軍隊，但卻缺少妙計，統治人民的才幹比擔任將軍的才略來得好。」而即使只讀過〈出師表〉，也會認為諸葛亮是個「誠實的政治家」。

　　如一二三頁所述，諸葛亮在劉備團隊中主要擔任計畫與管理工作。計畫方面，最好的例子是「三分天下之計」。管理方面，若以全體而言是以軍治國，若就軍事行動而言，則是穩定後方支援與

兵站（補給、運輸軍事物資與糧食給前線部隊的單位）及統籌軍隊等。

　　歸納而言，諸葛亮擅長「軍政」，對於戰略則是外行。然而蜀國戰略專家龐統在成都鎮壓戰爭時戰死（參見P76），劉備也先他而死。

　　因此，諸葛亮不得不親臨戰場。諸葛亮既非軍人也非戰略專家，而他能夠持續威脅勁敵魏國的主要理由，就在於〈出師表〉中所展現出來的、不帶任何算計的忠誠之心。

有勇無謀的北伐

　　然而若以極端譏諷的角度來看，諸葛亮的忠誠可說決定了蜀國的命運。

　　戰爭會加重一國在經濟與人口上的負擔。蜀國國力原本就不足，若此時諸葛亮先充實內政，待第二任、第三任皇帝時再出擊的話，三國時代的歷史很可能會所有不同。

　　最後諸葛亮被司馬懿追趕至五丈原而戰死，對於諸葛亮的北伐，司馬懿以持久戰來對付，終於獲得最後勝利。

　　之後中原掌握在魏國手中，但司法懿不急著建立新朝代，蟄伏等待時機來臨，是個善於判斷情勢的現實主義者（參見P196）。而司馬懿也就是日後一統天下的晉朝開國皇帝司馬炎的祖父。

企圖開創新局的劉備

劉備幾乎沒有任何武力，為何他能在三國之中占有一席之地呢？

劉備唯一的武器

　　動亂的時代也就是秩序重整的時代，既有的價值觀、秩序等全部被否定，是新型態形成前的過渡期。這樣的時代講求的只有實力，建立漢朝的劉邦（高祖）、以及結束日本戰國時代的豐臣秀吉，都是憑藉自身實力從低下的社會地位竄起而成功的代表人物。

　　在東漢末期的動亂時代亦是如此，有無數想開創新局的人蜂擁而起。他們沒有錢、沒有門路，更沒有家世，在傳統的社會裡根本沒有出人頭地的機會，但如果是因動亂而化為焦土的國土，則事情就不同了。「若是一片灰土，則一切都可以重來」，因此許多人蠢蠢欲動，策畫開創新局，不過當中只有一個人從貧民坐上皇帝位置，那就是劉備。

　　在思考劉備成功的同時，除了他本身的個性之外，也不應錯過

下述的名言：「我是中山靖王的後裔，希望以漢朝皇室血統的身分，幫助天下重獲和平。」

　　中山靖王劉勝的出現比劉備早了兩百七十年，他是西漢武帝（西元前一四一年～前八七年在位）同父異母的兄弟。劉勝的生活荒唐，中國史上記載他為「沉迷酒色之王」。他一生的子嗣竟多達一百二十人，精力十分驚人。

　　大家可以想像看看，有一百二十個子嗣後代，經過了兩百七十年，家族成員應該是以萬人為單位吧！我們無法斷言劉備不是中山靖王劉勝的後裔，但即使有血緣關係，應該也是十分薄弱。劉備能夠以血緣關係為由當上蜀國皇帝，還真是不簡單。

　　當然，正因我們是後世之人才會有這樣的感覺。當時劉備自稱是漢朝皇室後裔，想必一定讓許多人感動。因此，徐州的陶謙將國家

歷史筆記　「金縷玉衣」指的是以金線鑲玉片、縫成人體形狀的壽衣。當時只有王侯及貴族能穿，而中山靖王劉勝妻子所穿的金縷衣十分著名。

（徐州）託付給劉備，荊州的劉表與曹操戰爭失敗後轉而迎接劉備，而益州的劉璋完全沒料到自己國家將被占據。

劉備登場的時間是一八四年黃巾之亂爆發時，在二一四年成功奪取益州。這之間經過了三十年的歲月，這在三十年當中，有無數人參加爭奪天下的競賽，而最後只有劉備倖存。

令人著迷不已的劉備

劉備倖存，其他無法出頭的人則選擇與劉備結盟。投奔到其他的群雄之處或許可成為一兵一卒，不過他們的野心之大、自恃甚高，絕不是成為一兵一卒就可以滿足的人。

「與其在群雄之下當兵卒，還不如與劉備一起行動來得好……」，認定劉備將有極大發展的人確實不少。而實際上劉備也的確擁有讓人著迷不已、不可思議的魅力。

● 劉備家譜

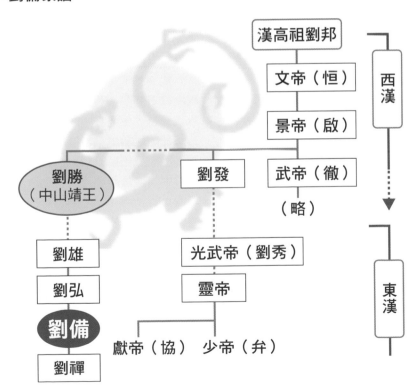

劉備的個性（二）

如汪洋大海般的器量

劉備到底是個什麼樣的人物？他的人生雖然波折不斷，但身邊卻始終有人才聚集而來，究竟原因何在？

個性橫衝直撞，條件卻得天獨厚

劉備，字玄德，這個字是他二十歲那年所取的別名。字通常與本名有關，大多反映一個人的個性。然而劉備並未如同他的字那般是個有「德」之人。

劉備因討伐黃巾賊有功而獲封縣吏，但他卻毆打了要求賄賂的巡察使（朝廷所派遣的監察官），最後只好放棄官職，而這次的事件只是個開端。一九六年時，被呂布奪走徐州的劉備轉而投靠曹操，曹操十分歡迎他。

曹操推薦劉備為左將軍，外出時讓他跟自己坐同一頂轎子，相對而坐時讓他同席，待他如同兩人地位相等。然而劉備卻背叛了曹操，他參與暗殺曹操的計畫舉旗造反，還投奔曹操的競爭對手袁紹。

此外，還有以下的事發生。赤壁之戰之後，劉備答應劉璋討伐漢中張魯與五斗米道教團的要求，一到益州便受到劉璋熱情的款待。不過劉備陣營一開始就以奪取益州為目標，因此有人進言：「現在正是最好的時機，殺了劉璋就可奪取益州。」劉備以「現在這麼做就是違反信義」為由拒絕，但三年後還是奪取了益州。總而言之，劉備是個不知感恩圖報，且做了許多厚顏無恥行為的人。

然而劉備卻受到許多人的愛戴。除了關羽、張飛等盟友外，有敬劉備為「生涯之主」的趙雲，還有將妹妹送給劉備當妾、對劉備一心一意的麋竺，然後是諸葛亮。這當中無論是誰都比劉備勇敢、比劉備足智多謀，就是因為有他們的協助，劉備才能登上蜀國皇帝的寶座。

無法捉摸之人

接下來要探討的是「玄德」當

歷史筆記 劉備的外貌與眾不同，身高七尺五吋，手長過膝，耳朵大到只需斜眼一瞥就可以看見。

中的「玄」字。

這個字的本意是「深不可測的道理」。歸納而言，劉備可說是個高深莫測、完全摸不清腦袋裡在想些什麼的人物。

將仁義掛在嘴上卻強奪別人的國家，再加上背叛等，劉備的所作所為實在是亂七八糟。但儘管如此，劉備依然屹立不搖持續生存，無論哪個時代都有像劉備這樣的人物。

不過這種無法捉摸的怪人特質卻是劉備的魅力所在。他就如同無邊無際的海洋，看似風平浪靜，不一會兒又波瀾萬丈。與劉備接觸的人，特別是具有野心且自恃甚高的人，都不得不認為劉備這號人物似乎會突然做出令人意想不到的事，而以毫不畏敵的行動大膽開創未來。

●劉備的一生與其周遭的人們

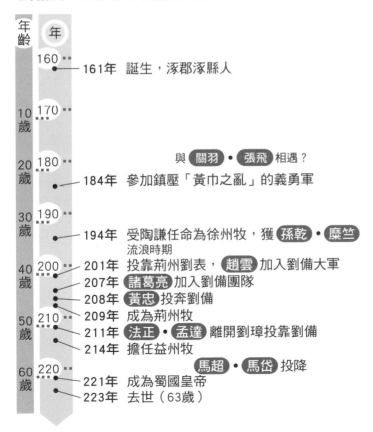

年齡	年	
	160	
		161年　誕生，涿郡涿縣人
10歲	170	
20歲	180	與 關羽・張飛 相遇？
		184年　參加鎮壓「黃巾之亂」的義勇軍
30歲	190	
		194年　受陶謙任命為徐州牧，獲 孫乾・糜竺
		流浪時期
40歲	200	201年　投靠荊州劉表， 趙雲 加入劉備大軍
		207年　諸葛亮 加入劉備團隊
		208年　黃忠 投奔劉備
50歲	210	209年　成為荊州牧
		211年　法正・孟達 離開劉璋投靠劉備
		214年　擔任益州牧
60歲	220	馬超・馬岱 投降
		221年　成為蜀國皇帝
		223年　去世（63歲）

劉備的個性（三）

影響劉備至深的諸葛亮

劉備的基本方針「三分天下之計」，是由諸葛亮所提出。這項計策讓劉備取得了加入爭奪天下競賽的入場券。

與諸葛亮的相遇

二〇一年，與曹操的戰爭失敗後，劉備投靠荊州的劉表。六年之後的二〇七年，劉備成功禮聘諸葛亮這個年輕人加入陣營（參見P66）。此時，諸葛亮對劉備提出著名的「三分天下之計」，主要內容如下：

「曹操控制黃河流域，又無法動到孫權控制的長江下游地區，問題在於荊州及益州這兩個地方。若曹操與孫權其中一人取得了荊州與益州，那麼天下便告統一了。因此這兩個州絕不能落入他們手中，若您取得這兩個地方，便可形成三分天下的局面。幸好這兩個州都是豐饒之地，可以培養實力。接下來就等孫權剛好不在，而曹操也吃了敗仗，趁著敵方處於慌亂時一口氣進攻吧！儲備軍力、摩拳擦掌、等待時機，我們揚眉吐氣的日子即將到來。」

劉備對諸葛亮十分感激，而

劉備重視諸葛亮一事讓關羽與張飛十分不滿，據說劉備對他們兩人說：「孤得孔明，如魚之於水。」形容兩者關係密切的成語「魚水之交」，便是源自於劉備與諸葛亮的相遇。

劉備善於戰爭，麾下擁有關羽、張飛、趙雲等武將，但只是善於戰爭而沒有後續計畫也是沒有用。這道理非常簡單，因為沒有計畫就是沒有明確的目標。這就像在一統天下的漫長道路上竭盡全力快跑，手中卻沒有地圖。

或許以拳擊來比喻會更容易理解。劉備是個以「無論勝負都要將對方擊倒」為信念的拳擊手，一旦上場比賽就會使勁出拳。面對這樣的劉備，曹操這樣的一流選手會以鉤拳和直拳來遏止，但卻無法將劉備擊倒。不過曹操的分數會不斷增加，最後結果一定是由曹操獲勝。因此劉備雖然實力堅強，卻一點也

歷史筆記 據說劉備的個性寡言、平易近人，經常推舉對方，但卻不輕易表露感情。重視與男性友人的往來，不少年少者爭相與其為友。

無法提高勝率。因為勝率低，自然無法擠進排名之中，當然也無法獲得進軍世界冠軍賽的機會。

諸葛亮傳授戰略

據說劉備聽完諸葛亮的「三分天下之計」後非常地高興。

「三分天下之計」並非在各會戰中獲勝的戰略，而是諸葛亮為了讓劉備進軍天下爭奪戰所描繪的未來藍圖。劉備與諸葛亮的相遇可說是實力堅強的拳擊手與名經紀人的相遇，之後劉備陣營又有龐統這位名軍師加入。

若諸葛亮擔任的是企畫及管理的工作，那麼龐統就是現場的指導者，扮演與劉備共同抗敵、提供戰術的角色，也可說是名教練。

只有蠻力的劉備在與諸葛亮相遇後，勝率逐漸提升，最後又得到龐統的輔佐取得益州，成功地在三國鼎立時期占有一席之地。

●劉備與諸葛亮的關係年表

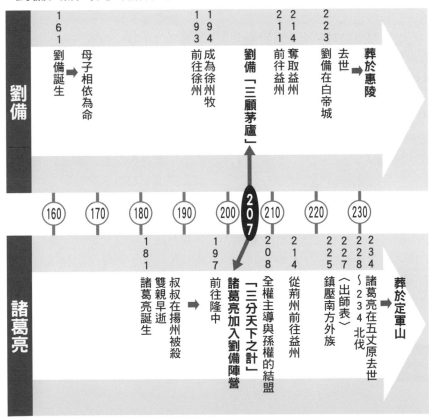

劉備

- 161 劉備誕生
- 母子相依為命
- 193 前往徐州
- 194 成為徐州牧
- 211 劉備「三顧茅廬」
- 211 奪取益州 前往益州
- 214 前往益州
- 223 劉備在白帝城去世
- 葬於惠陵

（160）（170）（180）（190）（200）**207**（210）（220）（230）

諸葛亮

- 181 諸葛亮誕生
- 叔叔在揚州被殺 雙親早逝
- 197 前往隆中
- 諸葛亮加入劉備陣營「三分天下之計」
- 208 全權主導與孫權的結盟
- 214 從荊州前往益州
- 225 鎮壓南方外族
- 227〈出師表〉
- 228～234 北伐
- 234 諸葛亮在五丈原去世
- 葬於定軍山

蜀國的特色

二二一年劉備建立蜀國。這個國家沒有強大的軍事力量，也沒有有力人士聯盟，建國的目的到底何在？

劉備理想中的國家

劉備自稱為「中山靖王劉勝的後裔」，以「復興漢室，改革社會」為主，全力參與一統天下的競賽。那麼當時劉備以「皇室血脈」為名，到底做了些什麼呢？

關於這一點，可以想到的淨是劉備背叛他人與奪取別人國家這些行徑，另外還有一點就是劉備怎麼也得不到自己的屬地，他四處流浪，看不出想做什麼事。那麼得到益州這個據點之後又是如何呢？至少應該要提出充實內政、讓國家成長的政策，就像曹操採行富民政策，保障人民的工作、生活及未來，然而劉備卻是什麼都沒做。

劉備欲以個人魅力取得天下

值得注意的是劉備與其下屬的關係。關羽及張飛是劉備舉兵時的盟友。在《三國演義》中，劉備、關羽及張飛因漢朝的衰敗及黃巾之亂有相同的感嘆，意氣相投，於是在桃園設宴，結拜為兄弟。三人結拜時宣誓道：「我們雖非同年同月同日生，但願同年同月同日死」。雖然我們知道「桃園三結義」是杜撰出來的故事，不過並非完全是無稽之談。

實際上，沒有家世也沒有門路的他們之所以能組成一個團隊，靠的就是「友情」與「羈絆」。因此當關羽在荊州被孫權殺害時，劉備才會不顧周遭強烈反對，執意出兵吳國（參見P82）。

不只是關羽與張飛，劉備所有的屬下都是因為受其個人魅力吸引而跟隨他。趙雲、糜竺皆是如此。諸葛亮也因為劉備三度造訪住處，被「三顧茅廬」的熱誠所感動，因而受邀成為劉備的幕僚（除此之外也有其他說法）。

歷史筆記 陳壽以「具有漢高祖的風骨」來評價劉備。漢高祖劉邦是建立西漢的皇帝，他亦是深不可測的人物，出身鄉下，最後登上皇位。

否定時代的無政府主義者？

總而言之，所有人皆是因為情感因素而投入劉備麾下，並非贊成劉備所提倡的政策計畫，或是劉備所規畫的遠景。劉備則自認為時代先鋒，以推翻為目的，似乎完全沒有考慮未來的事。

劉備出身貧民，因此與黃巾賊一樣，否定時代的觀念也十分堅定。雖然他與曹操在這部份的想法相去不遠，但曹操實施「屯田制」、「兵戶制」等各種政策，描繪出未來藍圖並救濟人民。相對於此，劉備連一點遠景也沒有。若曹操是「建設性」領導人，看來劉備就是「破壞性」領導人了。

極端地說，相對於革命指導者的曹操，劉備是無政府主義者的領導者。劉備所建立的蜀國，應該可以說是這些信奉無政府主義者，為破壞時代所建立的「無賴帝國」吧！

●劉備建立之蜀國的特色

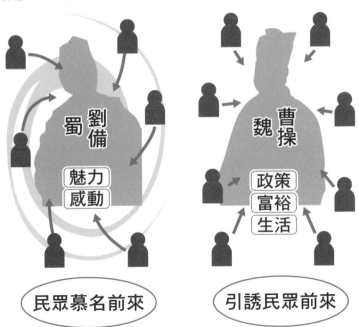

民眾慕名前來

引誘民眾前來

知道「三顧茅廬」卻不知道「月旦評」?

● 登龍門

用來比喻「雖有困難,但只要克服這個關卡,就可以邁向出人頭地之路」。李膺以清高的人品著稱,若得到他的賞識,就像「登上龍門」,這就是典故由來。所謂龍門,指的是黃河上游的急流,穿過狹窄的峽谷後,突然成為大河。據說通過急流的魚,會化身為龍。

● 月旦評

主要意思是批評人物,且沿用至今。典故來自於許劭與其堂兄弟許靖在每月一日(月旦)所舉辦的人物批評大會。許劭是當代頂尖的人物批評家,最著名的是他評曹操為「治世的能臣,亂世的奸雄」。

● 髀肉之嘆

用來比喻久處安逸、壯志未酬。典故出處為投靠荊州劉表的劉備,因髀肉(大腿的肉)長出來而感嘆。

● 魚水之交

用來比喻「斬不斷的緣分」。典故出自於「孤得孔明,如魚之於水」這句話,是劉備形容與諸葛亮之間的關係時所說。

● 三顧茅廬

用來比喻「上位之人為了招聘有才能的人士,多次造訪,禮貌周到」。典故出自是劉備造訪諸葛亮時,共三次到其茅廬而得。

● 危急存亡之秋

用來比喻「極度危險的情形逐漸逼近,正值選擇生死的緊要關頭」,「秋」指的是重大的時刻。典故來自諸葛亮上呈第二任皇帝劉禪的〈出師表〉其中一句:「今天下三分,益州罷弊,此誠危急存亡之秋也。」

第4章

從地理看《三國志》

三國得以自成天下的原因

【故事舞台為廣闊的中國大陸】

《三國志》故事之所以讓人感到高潮迭起、波瀾壯闊，是因為故事場景發生在廣闊的中國大陸。

《三國志》人物在廣大的舞台上東奔西走、南北奔波，有時運用馬、牛等動物搬運物資，有時依賴的是自身的兩條腿。這種堅強的意志，是現代人不可能比得上的。

第肆章要介紹的就是《三國志》故事舞台的中國地形及風土。魏、蜀、吳三國的領土分別是什麼樣子？為何他們能各自在中國大陸的一角建立起自己的天下？針對這些疑問，本章將深入探討三國領土的特色。

例如與魏、吳兩國的領土相較之下，劉備的蜀國所在的「益州」並不能算是肥沃的土地，因此蜀國國力明顯不如其他兩國。即便如此，蜀國仍在天下占有一席之地，而這是因為益州有險峻的山嶽圍繞，擁有最佳的天然屏障。

孫權能在江南地方建立自己的天下，是因為江南仍有許多未開發地區，蓬勃的開發讓吳國經濟得以迅速起飛。而孫權之所以能夠擊退侵略至此的曹操軍隊，則是得利於江南地方獨特的水利之便。

另一方面，曹操掌握了自古以來就適合農耕、交通發達、人口眾多的土地，也就是中原地方的中心地帶，國力興盛自然不在話下。

【與外族的關係】

　　關於《三國志》故事的探討，最容易被忽略的就是漢族與外族之間的關係。自古以來，中國的漢族不時必須面臨外族的侵略，每位當權者都深受與外族的戰爭所苦。三國時代也不例外，各地群雄在忙著與內部敵人（其他群雄）交戰的同時，還必須花費精神與外敵（外族）對抗，這些外族包括有烏丸、西南夷、山越族、匈奴等。

　　不過曹操、劉備與孫權並非都將外族視為敵人，有時也會看時機與地點拉攏外族，得到外族的協助。第貳章時也曾經提過，劉備討伐孫權時邀請外族共同作戰，而與曹操交戰敗北的袁紹也特別禮遇烏丸族，拉攏烏丸族與其站在同一陣線。群雄與外族時而同盟、時而敵對，讓《三國志》故事曲折變化不斷，也是整段歷史壯闊無比的要因之一。

以州、郡、縣為行政單位

在東漢末期的中國，最大的行政單位是「州」。各地群雄為了取得各州而相互爭奪。

以州為單位的爭奪戰

要進入《三國志》的世界，就必須先了解當時中國的地理與行政區的劃分。在這個時代，最大的行政單位為「州」。《三國志》中的許多群雄便是以州為單位，展開爭奪。

如右圖所示，東漢時代共有十三個州。到了三國時代，涼州則一分為二，多了一個「雍州」，因此共有十四個州。

「州」之下有「郡」，「郡」之下有「縣」、「鄉」等行政單位。這些劃分與日本的行政單位雖不盡相同，但大致可說明如下：

〔三國時代〕＝〔現代日本〕
「州」…………相當於日本北陸、東海、關東等區域
「郡」…………相當於日本的縣
「縣」…………相當於日本的郡

設置州牧導致時代混亂？

行政區官員的職稱如下：
● 州…「刺史」，之後改為「牧」
● 郡…「太守」、「都尉」
● 縣…「縣令」、「縣長」

最初東漢朝廷在各州設置「刺史」，但刺史稱不上是地方的統治者，只對郡的太守有監察權，而且太守與刺史的俸祿同樣都是二千石，就連地方軍隊指揮權也都由太守掌控。對太守而言，根本不需要懼怕既沒有軍事權、也沒有經濟優勢的刺史。

東漢末期，「牧」取代刺史成為各州的首長。與刺史不同的是，州牧握有軍事權、經濟權與政治力，有強大的權力可以管理太守，而州牧也擁有徵收稅金的權力。州牧的設置雖然可以鎮壓各地的民眾動亂，但另一方面也加速了各州成為「半獨立國」的情形。

東漢末期之所以演變成群雄

歷史筆記 被任命為州牧的第一人，是建議設置「牧」的劉焉。他奉命擔任益州牧，是被劉備強奪領地的劉璋的父親。

割據的局面，跟「牧」的設置也有很大的關係。州當中的「司隸」屬於特別行政區，由「司隸校尉」管理。郡中還劃分有稱為「國」的行政區，這是與皇室有關的區域，由「國相」取代郡太守來管理。

●東漢末期的十三州與三國時代的十四州

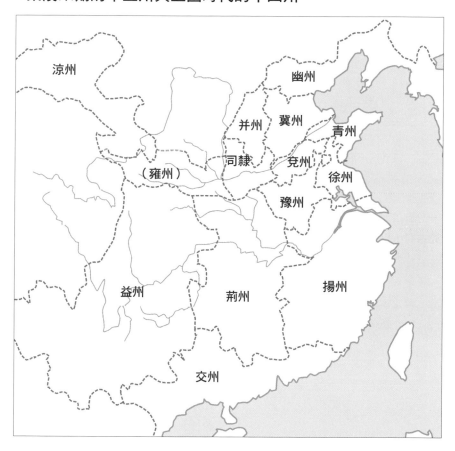

魏國的地形

中原掌握在魏國手中

中原地區在經濟、軍事、政治上都是最有利的地區，而這個區域是由魏國掌握。

掌控中華帝國中心的曹操

進入三國鼎立的時代，曹操創建的魏國領土如右圖所示，共有十一州（荊州只占部分）。

劉備死後，傷心欲絕的諸葛亮決定北伐。在出兵北伐之前，諸葛亮上呈〈出師表〉給第二代皇帝劉禪，文中有「北定中原」這麼一句。

中原是中國歷史中極為重要的一個地區。古時所指的中原，是以洛陽為中心的黃河中游地區。之後由於漢族生活範圍擴大，中原的範圍也隨之伸展，黃河中下游及河北省全部也都曾經屬於中原地區。

如右圖所示，魏國領土也就是中國的中原地區。諸葛亮在〈出師表〉中提到的「北定中原」，可以說是中國大陸的整個北方。

適合農耕的肥沃平原

首先，我們先來看看以洛陽為中心的黃河中游地區。這一帶自古以來便是交通要道，道路如網狀般四通八達，所有人力、資訊與物資都會先聚集在此，再往東西南北各方分散。換句話說，中國大陸的經濟、政治、軍事皆是以中原為中心進行運作。因此掌握了中原就等於掌握了天下，對有志取得天下的人而言，「稱霸中原」是絕對必要的條件，因此各路英雄豪傑都為了中原的霸權而戰。

華北平原是黃土堆積所形成的沖積平原（河水將沙礫堆積至河口或河岸，形成平原）。黃土指的是因黃河的侵蝕，從上游沖刷下來的土壤。因黃土的透氣率及滲水率都十分良好，並富含植物生長所需的元素，是最適合農耕的土壤。因此比起蜀國和吳國，魏國更可栽培許多種類的作物。

從人類的歷史來看，工商業成為經濟中心乃是近世的事，在此之

 歷史筆記 過去黃河河道曾發生九次大變化，其中三次大幅地向南偏移，甚至已靠近淮河附近。

前皆是以農業為經濟中心。到了西元二〇〇年的三國時代，氣候異常寒冷（參見P34），中國陷入長期的飢荒，而為了提高農作物產量，就必須取得更多的農耕地。此時魏國掌握了中國最大的農耕地區華北平原，因而得以實施自給自足的「屯田制」，栽培多種農作物，促進農產品的流通。

也因為這樣，三國之中魏國的經濟體制最完整，人口也最多。經濟實力與人口多寡都與軍事力量有直接的關係，從地理方面就可看出魏國在三國中實力最為堅強。

●曹操掌控的魏國領土

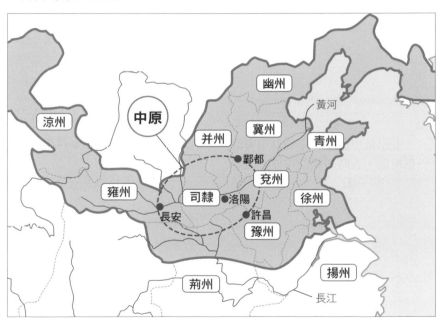

魏國掌控歷代王朝首都

魏國以鄴都、洛陽、長安等都市為據點。擁戴獻帝的曹操，掌控了歷代王朝的重要都市。

中心都市全屬魏國

魏國的據點有四處，分別是：

● 洛陽

● 長安

● 許昌

● 鄴都

「洛陽」是東漢的首都，自古以來就是中原的主要都市。

洛陽不但擁有黃河與洛水沖積而成的肥沃土壤，還是往東西南北延伸的交通重鎮，眾多群雄為了取得洛陽不斷奔走，而今日的洛陽也是河南省的主要都市。一九○年，董卓強制從洛陽遷都至長安時，洛陽成為廢墟（參見P52），之後又再度復興。二二○年魏國第二代皇帝曹丕將首都從鄴都遷移至此，洛陽成為魏國首都。

「長安」則是現在的西安，三國時代時屬於雍州，現在是陝西省的大城市。長安位於關中平原（關中指的是函谷關以西）的中心、黃河最大支流渭水的南岸，是通往西域的交通要道，是中國古都當中歷史最悠久的一個都市。從西周（西元前十一世紀～前七七一年）到唐朝（西元六一八年～九○七年）的兩千年之間，西安曾是十一個朝代的首都。三國時代的西安是魏國西方的要塞，也是阻止蜀國侵略的前線基地。

「許昌」在三國時代是豫州的都市之一，許昌的歷史出人意外地悠久，據說在周朝時稱為「許國」，秦朝（西元前二二一年～前二○六年）時則已稱為許昌。取得許昌的曹操在一九六年從長安返回洛陽，將對洛陽的荒廢沮喪不已的獻帝（東漢最後的皇帝）迎往許昌，許昌因此成為東漢最後的首都。目前中國境內發現的三國時代遺跡約有三千處，據說其中四分之一就位在許昌。

「鄴都」位於現今河北省臨漳縣與河南省安陽縣的交界處，三國

歷史筆記　洛陽先後稱為「洛邑」與「雒陽」；長安則是「鎬京」及「咸陽」。洛陽與長安之稱確立於三國時代。

時代時為冀州州都，也是袁紹陣營的主要據點。二○○年，曹操在官渡之戰中大敗袁紹，之後又對袁紹陣營施加強大的壓力。二○二年，袁紹在失意中病逝，不過曹操並未減緩攻擊的火力，反而全力攻擊袁紹的遺孤，二○四年將袁氏家族逐出河北，遷都至鄴都。

而鄰近鄴都的河南省安陽市有「殷墟」出土，已被確認是中國最古朝代殷朝的遺跡。由此我們也可以知道，鄴都附近一帶自遠古便有人類聚居。

春秋時代（西元前七七○年～前四○三年）時，春秋五霸的龍頭齊桓公也選擇鄴都做為首都，此事亦可證明鄴都在古代中國是個先進之地。而三國時代結束後，前秦（三五一年～三九四年）、東魏（五三四年～五五○年）、北齊（五五○年～五七七年）等朝代皆以鄴都為首都。

● 魏國主要都市

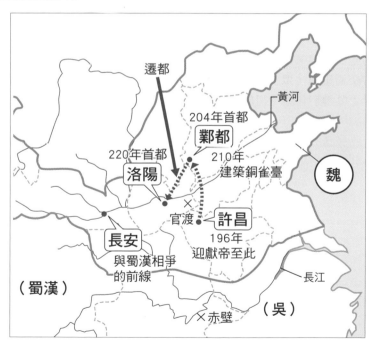

水路發達的南船之地

吳國領土位於江南廣大的土地，氣候溫暖、水源豐富，東漢末期時有許多人遷移至此。

統治中國南方的吳國

自古以來，曹操所統治的黃河流域就是中國大陸的先進地區，相對於此，孫權所統治的長江下游地區則是完全不同。

如右圖所示，吳國的領地為揚州全區及荊州，之後又取得南方的交州，而長江以南地區通常稱為「江南」。

江南地區與華北地區的生活方式南轅北轍，自古以來便有「南船北馬」這麼一句話。由於中國南方多湖泊河川，北方多為廣大的陸地，因此交通方式有乘船與騎馬之異，另延伸為「不斷輾轉在各地旅行」之意（日本《廣辭苑》）。

孫權統治的江南地區是南船之地，北有長江，東邊與南邊為海，內陸湖泊、大小河川、沼澤等廣布，自古以來水運便相當發達，但農耕技術卻沒有什麼發展。西漢歷史家司馬遷在《史記·貨殖列傳》中提到：「地廣人希，或火耕而水耨。」火耕水耨指的是原始的農耕法，因此我們可以知道，江南地區土地雖然廣大，但人口密度極低，是採行原始農耕法的發展中地區，因此古代中國歷史的開端是以黃河流域為主。

因氣候寒冷而成為重要地區

直到三國時代孫權正式著手開發，江南地區才躍上中國歷史的舞台，因此說是孫權將江南推上歷史舞台一點也不為過。

而江南地區之所以開始受到重視，跟環境的變化也有很大的關係。據《江表傳》記載，二〇二年時曹操趁著壓制中原及河北的氣勢未散，要求孫權交出人質，孫家政權的軍事最高負責人周瑜卻斷然表示反對。

「武器與糧食都不欠缺，軍隊士氣高昂。銅由山上取得，鹽從海

歷史筆記 現已得知在西元前期的長江下游流域，有性質與北黃河文明不同的長江文明存在。

中取得,國家富饒,獲得人民高度支持。船隻的使用來去自如,軍隊風氣勇敢,為什麼還要送人質給曹操?若對方進攻就戰鬥,我軍戰鬥實力雄厚。」

這番話的重點,在於周瑜強調吳國的富裕足以對抗曹操。如三十四頁所述,東漢中期時中國氣候異常寒冷,天候持續不佳,飢荒問題日趨嚴重,但此時周瑜卻說吳國「糧食豐富」,這究竟是怎麼一回事呢?

由於南方屬於溫暖地區,氣候寒冷所造成的損害因而可以縮減至最小,而此時江南的開發迅速,糧食產量順利增加。江南地區因氣候寒冷因素而躍上舞台,溫暖的氣候使其人口增加、經濟強盛,因而能與魏國、蜀國抗衡。

● 吳國孫權的統治地區

建業成為吳國首都

吳國的領土從位於長江河口的建業開始向外拓展，逐漸將據點向內陸移動。

南方據點建業

吳的據點有以下三個都市（請參照前頁地圖）。

● 建業

● 夏口

● 江陵

「建業」是現在的南京（江蘇省）。這一帶自古以來似乎就被視為是「王侯之地」，西元前四七三年（春秋時代）越王句踐打敗吳王夫差之後，便是在此地建國，而戰國時代（西元前四〇三年）時，楚國也在此地建造金陵邑。

孫權將建業設為首都是在二一一年的春天。孫權最初是以會稽（推測是今浙江省紹興附近）為據點，但在二〇八年迎擊赤壁的曹操大軍之前，他將首都遷至柴桑（今江西省，鄱陽湖以西），之後才以建業為據點。吳國滅亡後，建業仍舊是江南地區的大都市，三一七年成為東晉首都建康，到

了南北朝時代又分別是南朝宋、齊、梁、陳等國的首都，到了明朝（一三六八年～一六四四年）才開始改稱南京。相對於首都北京，南京是副首都，是南方的代表都市，當然也曾經是首都。

「夏口」是現今的武漢市（湖北省省都）。此地是漢水與長江的交會處，在三國時代屬於荊州的江夏郡，而這裡也是打敗孫堅（孫權之父）的黃祖所擁有的據點，以及二〇八年劉備受到曹操追趕將目標放在江陵時，跋山涉水好不容易才抵達之處（參見P68、154）。此處風光明媚，有百個以上的湖沼，約三千五百年前開始便是江南的重點都市。由於夏口是由「漢口」、「漢陽」、「武昌」三個都市所組成，因此之後也稱為「武漢三鎮」，一九四九年起稱為武漢。

二二一年，孫權為防備替關羽報仇的劉備軍隊，從建業遷都至

歷史筆記 長江又稱為「揚子江」，指的是長江下游流域，原本是指稱揚州與鎮江之間的部分。

武昌。二二九年孫權即位為皇帝建立吳國，之後再度遷都回建業。二六五年孫皓（吳國最後的皇帝）再從建業遷都到武昌，一年後又遷回建業。

「江陵」是現今的荊沙市（湖北省），三國時代時是荊州的重點都市之一。此地自古以來是長江水運的一大要衝，東漢時代更成為龐大的物資集散地。如前所述，此地是劉備知道曹操要南下後所鎖定的目標，因為他認為唯有掌握豐富的物資才能與曹操對抗。不過，曹操的窮追猛打把劉備大軍打得落花流水，這就是三國史上赫赫有名的「長坂坡之戰」（二〇八年）。

二〇八年赤壁之戰後，劉備取得江陵。二一四年，奪取益州的劉備任命關羽統治荊州。關羽以江陵為據點一事對曹操及孫權造成了不小的壓力，但關羽在二一九年被孫權所殺（參見P80），之後江陵便成為吳國的重點都市。

● **中國的年降雨量（現代）**

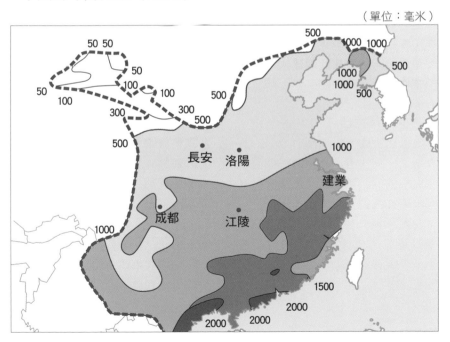

（單位：毫米）

蜀國以今四川盆地為中心

蜀國統治的地區只有益州。益州腹地雖然廣大,但大多是山嶽地帶,這樣的地形雖然容易防守,不過出兵也十分困難。

蜀國只擁有益州

當初劉備決意在取得荊州及益州之後與曹操正面對決。荊州位於長江中游,由南陽、江夏、長沙等數十個郡所組成,自古以來交通發達,搭船順長江而下即可出江東。荊州氣候溫暖、適合農耕、產業發達,是中國南方的要地。這裡原本是劉表管轄之地,但劉表死後被曹操所奪。赤壁之戰後,劉備與孫權為了荊州的所有權而對抗,最後由孫權取得統治權。因此,三國時代的蜀國只擁有益州。

益州是包括今四川省全境,以及橫跨貴州、雲南兩省部分的廣大地區。司馬遷(西元前一四五年左右～前八六年)在《史記》提及「巴蜀亦沃野」,班固(西元三二年～九二年)在《漢書·地理誌》中寫道:「巴、蜀、廣漢等諸郡……,所有人民以稻魚為食,不必擔心凶作。」

由上述記載看來,益州確實是肥沃的土地,但同時也有不同的看法存在。評論家田中重弘指出:「(蜀漢中心的四川盆地)除了成都平原外,大部分都是起伏不平的紅土丘陵地帶。與四周山坡相較之下,只不過是較為平坦的盆地」、「大量的雨水將土地中的養分沖刷掉,成為貧瘠之地」,再加上夏季到秋季之間經常有濃霧發生,日照時間也非常地短。益州屬於中亞熱帶氣候區(與日本九州南部的氣候相當),即使在冬季也多是晴朗的天氣,但從不降霜這點來看非常適合種植蔬菜,至於需要大量日光照射的穀物,如稻米及其他作物的收成則不理想。」(《三國志下卷》學習研究社,歷史群像系列18)。

受群山保護的區域

蜀國首都成都為盆地,四周都是險峻的山脈。北方與秦嶺相連,

歷史筆記 三峽目前正在興建「三峽大壩」,預定二〇一〇年完工,屆時完成將會誕生一座長約六百公里,蓄水量高達三百九十億立方公尺的巨大人造湖(編按:三峽大壩已於二〇〇九年完工)。

是由太白山（海拔三七六七公尺）等許多高二千公尺以上的山脈所形成。這些山脈地區大多為侵蝕性地形，尤其峽谷特別深。即使沿著長江往西，途中還會遭遇險峻的三峽（瞿塘峽、巫峽、西陵峽）。南邊有五蓮峰，西邊則有大雪山脈綿延至西藏高原。歷經千辛萬苦才進入益州的唐朝詩人李白，在〈蜀道難〉中感嘆道：「蜀道之難，難於上青天。」

而這樣的地形對於抵抗外敵的侵略，可說發揮了高度的作用，因此諸葛亮說服劉備時也說：「益州是天然要塞。」實際上，魏國也因為蜀國地形險峻而遲遲難以攻破。不過蜀國要對外發動攻擊也非常困難，不僅軍隊的行進速度緩慢，來自後方的補給速度也不快。這樣的地形對蜀國而言，真可謂是雙面利刃。

●四面環山的益州中心地

141

蜀國的主要都市

蜀國據點分布於成都與漢中之間

蜀國的主要都市大多位在四川盆地內。到了三國後期,漢中成為進入中原(關中)的據點,而魏國也鎖定此地為目標準備發動攻擊。

集中於盆地的據點

蜀國據點有以下四個都市:

- 成都
- 漢中
- 葭萌
- 涪城

「成都」在三國時代是益州州都,現在是四川省省會,也是中國西南地區最大的古都。四川省的面積與法國相近,但包含成都周邊在內,能夠稱為平原的區域只有百分之五、六左右,其他都是山區。因此成都的天空總是陰沉沉的,只有夏季

時會有幾天放晴,而這是因為向上飄昇的水蒸氣覆蓋了成都上空的緣故。不過這裡氣候溫暖,據說即使是冬天,氣溫也不曾降至攝氏零度以下。

從古代起,地處平原的成都便有許多外族定居在此,西元前四世紀左右受到秦朝惠文王的鎮壓,才

成為漢族的領土。《三國志》中稱益州為「巴蜀之地」,這是由於過去曾有以成都為中心的蜀國及巴國(中心地為今日重慶)在此建國。

「漢中」在三國時代隸屬益州,稱為漢中郡,而漢中也是現今陝西省西南端的重點都市。遠在漢朝劉邦(西元前二四七年~前一九五年)開始稱霸天下時,漢中就是漢朝的土地,可說是漢朝的發祥地。漢中位於益州東北方,是益州與中原連結的中繼站,三國時代時成為魏國及蜀國相爭之地。

漢中郡統治者的更迭如下:張魯(五斗米道教團教祖)→曹操(二一五年從張魯手中奪取)→劉備(二一九年從曹操手中奪取)。自此之後,漢中遂成為蜀國進攻魏國的前線基地,諸葛亮北伐時亦是駐紮在此。

「葭萌」位於漢中到成都間、全長約六百公里的「金牛道」途

歷史筆記 中國自古以來即有「蜀犬吠日」這麼一句成語,意思是幾乎沒見過太陽的蜀犬,在太陽破雲而出時竟受到驚嚇對日狂吠,用來比喻少見多怪。

中，是今日的廣元市（四川省）。位於廣元明月峽、曾讓蜀漢大軍吃盡苦頭的古棧道，如今也已修復完成。此棧道是諸葛亮為準備北伐及防止魏國侵略，煞費苦心所修建的人工道路。從葭萌往成都方向前進可到達「劍閣」，此地是魏國大軍進攻蜀國時，自認為「孔明直屬弟子」的蜀國武將姜維據守的要地。

由劍閣南下一百五十公里便可抵達「涪城」，涪城也就是現今的綿陽市（四川省）。二二一年，劉備接受當時益州牧劉璋的委託，為鎮壓漢中而進入益州，當時劉璋設宴款待劉備的地點就是涪城，而劉備在三年後達成其奪取益州的真正目的。然而世事皆有因果循環，二三六年魏軍進攻蜀國時的據點也是涪城。

● 蜀國的重要都市

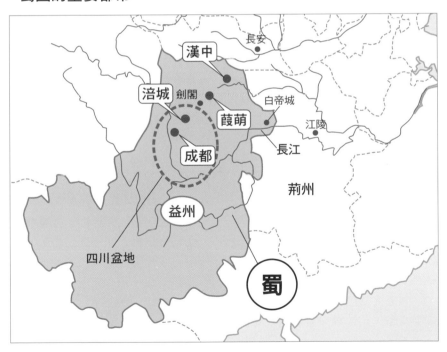

被眾多外族包圍的漢族

除了一般熟知的漢民族，廣大遼闊的中國大陸上亦有許多外族定居。其中烏丸、鮮卑、匈奴、羌、氐等族皆虎視眈眈準備進攻中原。

深受外族困擾的漢族

三國志說的是漢族本身衝突爭奪的故事，但在中國歷史上，漢族與外族的紛擾更是不斷重複，成為撼動中國歷史的主要因素。

例如西元前七七〇年，犬戎（西藏游牧民族）帶給周朝極大的壓力，無法承擔外患之憂的周朝為了暫時應付，只好將首都從鎬京（之後的長安）遷至洛邑（之後的洛陽），後世將此事稱為「周都東遷」。

若周朝是一個背景單純的王朝，那麼遷都並不是什麼大不了的事。但周朝政權是以武力討伐前朝殷朝而得，正因為周朝擁有最強大的軍事力量，所以中國境內其他具備實力者皆尊崇周朝為盟主。周朝如想繼續維持政權，就必須讓大家看到「周朝實力堅強」的表現。

但周朝卻迫於外族的威脅遷移了據點，其他實力者之所以會有「周朝也已開始衰敗」的想法也是理所當然。到了春秋戰國時代，中國陷入大動亂，各地群雄都想取代衰敗的周朝統治天下，因此攻防衝突不斷。

犬戎的入侵只是其中一個例子，中國歷代朝廷都為了如何應付外族而苦惱。當中有跟漢武帝一樣發動大型攻勢、痛擊外族的皇帝，也有遭到外族綁架的皇帝。

司馬炎（晉朝建國皇帝）的第二十五個兒子是西晉懷帝司馬熾，他被三一一年入侵的匈奴綁架，在匈奴過年的宴會上被迫幫眾人斟酒服務，受到百般嘲弄之後遭處死刑。北宋（公元九六〇年～一一二七年）的欽宗則是被金國（女真族）綁走（靖康之變）。此外還有取代漢族統治中國的外族，如北魏、金、元（蒙古帝國）、清等。

歷史筆記 西元三五一年，氐在中國本土建立前秦，三七六年統一黃河流域，三八三年為統一天下而與東晉交戰，三九四年時滅亡。

外族覬覦廣大遼闊的中國本土

外族之所以不斷侵略中國本土,目的就是為了取得豐饒的土地。比起不安定的游牧生活,擁有許多適合農耕土地的中國本土對外族而言,是如同世外桃源般的理想國度。

而外族並非無時不刻都想侵略中國,當中國王朝國力強大時,外族都非常地安分,唯有中國王朝聲威衰弱時,他們才會侵犯中國邊境。

對外族而言,東漢末期到三國時代的動亂期是入侵中國本土的最好時機。此時在中國周邊活動的外族如下圖所示,他們正虎視眈眈地盯著中國邊境。因此《三國志》中出場的各地群雄不只要對付本土的敵人,還必須抵抗外敵。下一節就讓我們一起來看看外族是如何侵略中國的。

●三國時代的外族

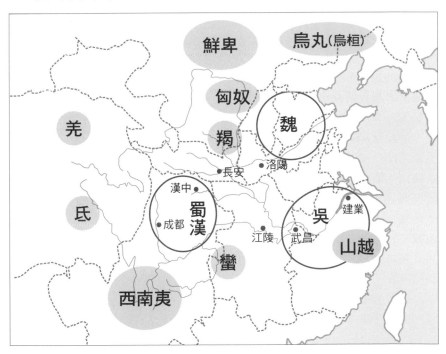

中國內部也有外族的蹤跡

外族主要出沒在中國邊境，不過中國內部也有外族的蹤影，
而吳國與蜀國企圖統治這些外族。

烏丸與袁家結盟，計畫進軍南方

北方的烏丸（烏桓）族徹底被曹操打壓，而屈服於曹操勢力之下的袁尚、袁熙兄弟則在西元二〇五年逃到烏丸。烏丸族過去是稱為東胡的騎馬民族後裔，因與匈奴對抗遭到滅國，之後遷移至河北邊境地帶。

烏丸之所以願意保護袁家遺孤，是因為袁紹曾經對他們實施懷柔政策，將他們編入袁軍騎兵部隊。據說從那時開始，烏丸與袁家的關係便日漸深厚。但不只如此，此時烏丸的單于（首領）蹋頓，是繼冒頓單于（？～前一七四年在位，為令中國本土人民聞之色變的匈奴王）之後最武勇的國王，他認為或許可以好好利用一下袁家這些名門子弟。

過去袁紹統治的河北地區，現已成為曹操的領地。在河北有不少人對曹操非常反感，因為他消滅了長期統治河北的名門袁家。另一方面，由於烏丸是與漢族對立的外族，若他們越過邊界入侵中國領土，那麼河北人民勢必會認為「漢族土地絕不能被外族奪走」，而團結一致對抗外敵。但如果由袁家遺孤擔任先鋒，表示烏丸族是為取回袁家土地及恢復袁家威信而來的援軍，相信這樣的進攻不僅不會遭受非議，或許還會有更多的支持者。烏丸族保護袁家遺孤一事，讓他們有名義進攻中國本土。

而曹操看穿了蹋頓的目的，於二〇七年夏天率軍出擊，在白狼山與烏丸軍隊交戰，最後大破烏丸騎兵隊，將蹋頓處死。

與漢族勢力結盟的外族

接下來也簡單介紹鮮卑及匈奴在這個時代的動向。當袁紹與曹操為中原而戰時，匈奴也一分為

歷史筆記 鮮卑族建立的北魏從三八六年延續至五三四年，之後又分為西魏與東魏。

二。單于於扶羅與其繼承人呼廚泉主張支持袁紹，右賢王去卑則支持曹操。曹操攻打袁紹派的於扶羅及呼廚泉，另一方面則讓去卑統治匈奴，最後將匈奴分為五個部分並順利壓制。

鮮卑族的據點比匈奴、烏丸的位置更北（參見P145地圖），因邊境並未與中國連接，故曹操使出懷柔政策。而為了防止鮮卑族整合為一，曹操也分別授與王號給各有力部族的族長。

其中只有軻比能不受曹操利誘，他拒絕王號策動反叛。二一八年時他一度降伏於曹操，日後又再度敵對。二二五年軻比能與魏軍交戰後敗北，但他仍不放棄，二三一年呼應諸葛亮的北伐舉兵，與魏國交戰。魏國在二三五年打倒軻比能，軻比能被幽州刺史王雄暗殺身亡。

不只是諸葛亮考慮與外族站在同一陣線，吳國的孫權亦是如此。二二三年，位於益州南方的西南夷（少數民族的統稱）舉兵反叛蜀國，居中穿針引線的正是孫權。計畫北伐的諸葛亮考量到後方安全，於二二五年出兵討伐西南夷。此時諸葛亮也沿用了他一貫的做法，將敵方領導孟獲納入旗下（參見P84）。

也有與漢族混居的外族

而外族不只占據邊境，在中國本土內也有他們的蹤跡。例如二二一年，劉備為替關羽報仇舉兵攻打孫權。此時劉備的幕僚馬良（馬謖的哥哥，以才智聰穎著名，是「白眉」這個典故的由來）（譯注：馬良字季常，襄陽宜城人。兄弟五人，並有才名，鄉里為之諺曰：「馬氏五常，白眉最良。」良眉中有白毛，故以稱之）說服外族，讓他們以援軍姿態出兵會合。

援軍的大將是沙摩柯，他是占據武陵郡（荊州南方之郡，今湖南省洞庭湖以西）一帶「蠻族」的首領。沙摩柯率領勇猛的外族軍隊與吳軍發生激戰，但在夷陵遭到陸遜反擊，最後戰死沙場。

吳國境內的外族

山越也是中國本土內的外族，據點位於揚州丹陽郡（今安徽省與江蘇省交界處）。關於山越，有一說表示他們是戰國時代（西元前四○三年～前二二一年）江南地區聲威浩大的越族後裔，屬於百越的一支，以丹陽郡的山區為據點。

從東漢末期到三國時代，山越與孫家政權發生嚴重對立，雙方的對立與孫家政權開發江南地區有著密切關係。而江南地區也因為孫家政權而得以急速發展。

不過就山越的立場而言，卻是受到嚴重的打擾。一直以來，山越的生活環境與秩序遭到漢族肆無忌憚地破壞、開發，雙方因此爆發利害衝突，孫家政權與山越嚴重對立。

　　孫家政權頻繁地對山越發動攻勢。二〇六年春天，孫瑜（孫權堂兄弟）擔任將軍，在周瑜的輔佐下攻打山越，最後成功殺害山越首領，俘虜了一萬名人質。

　　三國時代的中國群雄為了爭奪天下而戰，同時間外族亦是戰事不斷。中國境內的外族是為了守護自身的利益，邊境的外族則是為了侵略中國。在三國故事中，外族與漢族的鬥爭是中國大陸上頻發的另一種戰爭。

第 5 章

三國時代決定性的
十場血戰

決定三國命運的十場戰爭

【《三國志》的轉捩點】

動亂的導火線是戰爭，而決定動亂時期時代走向的也是戰爭。本章從《三國志》中選出十場成為時代轉捩點的戰爭，為讀者做詳細解說。這十場戰爭分別是：官渡之戰、長坂坡撤退戰、赤壁之戰、潼關之戰、益州爭奪戰、荊州抗爭、夷陵大反擊、新城淪陷、首次北伐（祁山攻防）、第五次北伐（五丈原對壘）。

二〇〇年的官渡之戰，袁紹與曹操為了稱霸中原而發生激戰。由於雙方實力相差懸殊，當時大部分的人都預測局勢對袁紹較有利。不過曹操不屈不撓，在袁紹陣營不意之間反敗為勝，而這次的勝利也讓曹操稱霸土地最豐饒的中原。

二〇八年九月的長坂坡撤退戰，劉備帶領荊州人民撤退途中遭逢曹操軍隊，劉備軍隊被打得落花流水。但劉備在此戰役中倖存下來，曹操錯失了可以除掉劉備的大好機會。長坂坡撤退戰是分別給予曹操、劉備、孫權三人稱霸機會的重要戰役，曹操一統天下之志因同年底的赤壁之戰而受挫，確立了曹操、劉備、孫權三人鼎立的局面。

【三國時代的結束】

　　之後曹操往西進攻，與占據涼州的豪族聯軍交戰，大敗聯軍（潼關之戰）。此後的戰役主要是與劉備陣營有關的戰爭。劉備以武力鎮壓劉璋統治的益州，並將勢力延伸至荊州，但關羽在荊州遇害之後，劉備陣營的命運也有了極大轉變。劉備為了替關羽報仇並奪回荊州，起兵攻打孫權，結果在夷陵吃下敗仗。這次的失敗讓他一統天下的計畫完全挫敗，蜀國國力也大幅衰退。

　　劉備去世前將後事託付給丞相諸葛亮，而諸葛亮所策畫的北伐（進攻魏國），在《三國志》中亦是關鍵性的重點。諸葛亮五次北伐都失敗，在第五次出兵時，諸葛亮病逝於軍營，而諸葛亮的病逝也間接為三國時代畫下句點。

曹操軍隊以寡擊眾

為了爭奪河北與中原，袁紹與曹操之間爆發了官渡之戰，而原本具有壓倒性優勢的袁紹卻失敗了，這是為什麼呢？

相互衝突的華北兩大勢力

　　二〇〇年，袁紹與曹操為爭奪中原而發生軍事衝突，這場戰役就是史上有名的「官渡之戰」（參見P56）。官渡在三國時代是河南的要塞，也就是現今河南省中牟郡官渡橋村。發動戰爭的是河北名門袁紹，他出兵的對象是前一年剛打敗公孫瓚、自信滿滿的曹操。

　　當時曹操與袁紹的勢力分布如下：

- 曹操管轄地：兗州、徐州，以及司隸、豫州、荊州、揚州的一部分，實際管轄的只有兩州。
- 袁紹管轄地：冀州、并州、幽州、青州等四州。

　　就領地大小而言，袁紹占有絕對的優勢，而領地範圍大即代表人口數多，軍力也較足夠。官渡之戰一役，袁紹兵力推定為十萬大軍，關於曹操的兵力，正史《三國志》中則記載著「未滿一萬人」（裴松之於註中提出質疑）。

　　不過，最先在官渡發動攻勢的卻是曹操。曹操作勢將橫渡黃河攻打袁紹軍隊，在引開袁紹主軍之後，曹操出其不意地回頭突襲包圍白馬（曹操的前線基地）的袁紹軍，打倒了猛將顏良。之後，經過在延津的攻防戰，雙方於官渡進入對峙局面。曹操死守官渡城，袁紹大軍則在外包圍。

　　衝突發生後的前半年，雙方不斷變換陣勢，反覆進行攻防。袁紹運用人海戰術並以奇計進攻，除了架設高櫓向城內放箭，還挖掘地道打算潛入城內。曹操方面也不甘示弱，他製作投石器（發石車，參見P243）破壞袁軍的高櫓，面對地道攻擊則由反方向挖掘來對抗。

天助曹操！

　　一旦進入長期戰，糧食也會逐漸減少，就連曹操也膽怯起來，寫

歷史筆記　袁紹在延津的攻防戰中損失了大將文醜。而一開戰就少了兩位優秀武將，似乎也是袁紹敗北的主要原因。

了一封信給保衛主要據點許都的軍師荀彧，商量是否應該求和。荀彧回信說道：「您以薄弱的軍力對抗強敵，當然十分辛苦。但這是關鍵時刻，轉機必會到來。」

同年十月，曹操的轉機果真來到。袁紹旗下軍師許攸對於袁紹看輕自己一事十分不滿，因此降服於曹操，並把袁軍糧食運送據點的情報提供給曹操。

這時曹操親自遴選並指揮五千名精銳士兵，對敵方糧食集散地烏巢進行奇襲。曹操襲擊的消息很快

地傳到袁紹陣營，但袁紹不知是怎麼想的，竟命令高覽及張部攻擊官渡城，袁紹的決定讓高覽、張部兩人不敢置信。

「沒有糧食要怎麼作戰呢？」雖然袁軍還不到撐不下去的地步，但高覽與張部兩人對於袁紹身為將軍的決策力感到失望，於是假裝對官渡城發動攻擊，事實上卻對曹操投降。烏巢淪陷與兩武將投靠曹操的消息讓袁紹軍隊陷入混亂，軍力不久便崩潰而從官渡撤退。

●官渡之戰的舞台

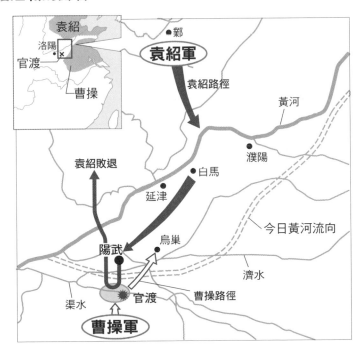

劉備靠著張飛與趙雲脫離困境

劉備因曹操南下而逃亡。長坂坡一戰時，劉備軍幾乎就要全軍覆沒，但劉備最終仍成功逃脫，這就是赤壁之戰的序曲。

曹操大軍猛烈追擊

　　長坂坡位於現今湖北省當陽市，三國時代時屬於荊州南郡。所謂「坡」就是「斜坡」之意，長坂坡正如其名，緩坡綿延數里。

　　西元二〇八年，打倒袁紹、成功地鎮壓中原（黃河中游）與河北的曹操將軍隊挺進南方，目標是荊州與揚州。曹操的南下大大動搖了荊州，最後荊州由主降派掌握主導權，降伏於曹操。

　　在此之前，劉備以客將身分被迎至荊州，駐紮在新野。如今曹操勢力南下，劉備火速逃離。劉備之所以有如此舉動，是因為他曾經投靠曹操陣營，不過卻背叛了曹操與其敵對。劉備認為即使投降，曹操也不可能原諒自己。

　　劉備逃亡的目的地是江陵，此處是荊州要地，也是軍事物資的集散地。劉備計畫先占領江陵，掌控豐富的軍事物資後再與曹操抗衡。

　　曹操看穿了劉備的計謀，認為若讓軍事物資落入劉備手中，事情將會變得相當麻煩，因此派出五千名精銳騎兵部隊追擊，計畫在劉備到達江陵前將他擊斃（參見P68）。

　　曹操騎兵隊展開緊迫盯人的追擊。根據正史《三國志‧蜀書‧先主傳》記載，曹操的騎兵隊只花了一天一夜就追趕了三百里，迅速抵達長坂坡。一里相當為四百公尺，三百里也就是一百二十公里，這樣的追擊速度在當時是驚人地快。劉備雖然知道曹操軍隊緊追在後，但他撤退的速度卻極為緩慢。

　　而這也是理所當然的，因為劉備軍隊有許多不服曹操統治的荊州人民跟隨在後。劉備的幕僚主張「曹操的追擊可想而知，若讓人民同行，會拖慢撤退的速度」，但劉備卻以「成就大事業的基礎就是人民。人民依靠我們，如何能這樣丟下他們？」為由予以駁回。

歷史筆記　看見趙雲闖入敵陣的部下向劉備報告「趙雲投降了」，但劉備大聲斥責說：「子龍（趙雲的字）絕不會背叛我。」

趙雲與張飛助劉備擺脫困境

趙雲與張飛助劉備擺脫困境 曹操大軍的追擊讓劉備軍陷入大混亂，不僅是荊州人民，就連軍隊士兵也陸續倒下。當時劉備將妻子（甘夫人與阿斗）留在敵陣中，自己先逃跑，劉備麾下的趙雲為了救出主君之妻而闖入敵人陣營。不過曹操軍隊的追擊攻勢依舊猛烈，劉備的性命猶如風中殘燭，隨時都可能熄滅，此時現身解救他的是結拜兄弟張飛。

身邊僅帶著少數部下的張飛攻陷長坂橋，站在橋頭大喊：「我是張飛益德，不要命的傢伙就過橋來吧！」「張飛雖然強勢，但為什麼人那麼少呢？」曹操軍的將兵加強警戒，最終因擔心有埋伏而決定撤退。張飛的機智讓劉備得以脫離困境，劉備的妻子也因為趙雲的英勇而被平安救出。

●長坂坡的撤退

曹操敗戰的原因

順利逃出長坂坡之後，劉備在同年十二月與孫權結盟，攻打曹操。而決定赤壁之戰勝負的關鍵竟然是「風向」。

曹操不敵江南水土

　　曹操軍與劉孫聯軍對壘的赤壁之戰（參見P70），可說是三國故事前半段的最高潮。當時劉備好不容易從長坂撿回一條命，後與孫權結盟（參見P68）。兩軍發生激戰的時間是二○八年十二月，軍隊人數方面，曹操約有二十萬人（自稱八十萬），劉備與孫權的聯軍約有五萬人。

　　不過對曹操而言，在這場赤壁之戰，他首先必須要對抗的是江南地區的水土。而曹操敗給了江南的自然環境，也因此遭劉孫聯軍打敗。

　　江南的水土一開始便阻礙了曹操的去路。二○八年十月（在長坂坡追丟劉備約一個月後），曹操軍隊從江陵順長江而下，目的地是陸口。曹操計畫在陸口登陸，讓精銳騎兵隊上陸，一舉大敗孫權軍。不過聯軍的動作更快，比劉孫聯軍早一步抵達陸口並集結軍隊，占據了曹操預定的上陸地點。當時雙方小衝突不斷，最後由聯軍獲勝。

　　若無法讓軍隊上陸，曹操勢必要依靠軍船士兵打水戰。孫權軍隊的人數雖然處於劣勢，但對水戰深具信心，因為孫權軍隊就是依賴江南的水而成長茁壯的。

　　為了取得軍隊上陸地點，曹操在陸口對岸的烏林集結艦隊重整軍力。但此時最恐怖的敵人正慢慢侵襲曹操軍，江南特有的水土病開始在曹操軍內蔓延。

　　推測水土不服的原因有許多，或許是寄生蟲入侵人體引起的住血吸蟲病，也可能是熱病。此外，由於曹操軍士兵不習慣船上生活，導致身體及精神上都已不堪負荷，而長時間的行軍也是造成疲憊的原因之一。

歷史筆記 赤壁古戰場的正確位置至今尚未被確認，一般認為是湖北省嘉魚縣與蒲圻縣的可能性最大。

周瑜的火攻之計

孫權陣營的周瑜對曹操實施「火攻之計」。周瑜首先派出武將黃蓋，讓他假裝投降，並送上詐降的密書給曹操，告知夜半時將率領軍船前往投降。事實上，投降一事完全是謊言，是為了能夠順利接近曹營的權宜之計。在約定的時日，黃蓋船隊航向曹操艦隊，但船上沒有一個人，載的全是枯草與木柴。

等到曹操艦隊靠近時，裝滿枯草的船隊起火燃燒，此時正好颳起東南風，火船順著風勢航進曹操艦隊，龐大的曹操艦隊遭火攻擊而全滅。

若軍隊沒有水土不服，曹操絕對不會上了黃蓋的當。但曹操急於打破現狀，因此中了周瑜的計謀，這就是所謂的欲速則不達。曹操本身的大意讓他吃下了決定性的敗仗。

●從長坂坡到赤壁

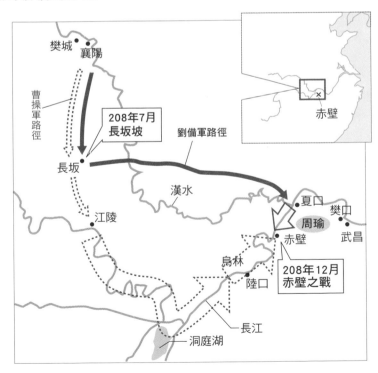

高竿的離間計

涼州豪族聯軍的實力比想像中堅強，此時賈詡提出挑撥馬超及韓遂兩位領導者的妙計。

為何曹操通曉孫子兵法？

三國時代的群雄在戰爭中使用了許多計謀，而他們參考的書籍是《孫子兵法》。孫子是春秋時代（西元前七七〇年～前四〇三年）的兵法家孫武，《孫子》十三篇被視為是計謀的經典著作。

然而這是一本古書，到了東漢時代末期由於內容散佚，加上後人的胡亂解釋以及抄寫過程中的錯誤等，逐漸變得不正確且不方便閱讀。為了讓這本書成為實用的書籍，補足佚失部分、檢討現有內容、以及在難懂之處加註等，都是必要的工作，而挑起這項重責大任的是當時在東漢朝廷擔任官員的曹操。曹操作註的《孫子》十三篇完成度極高，內容與原書相去不遠，因此獲得極高評價。

也因為如此，在戰爭中使用計謀對曹操而言是輕而易舉之事，同時曹操陣營也聚集了荀彧、荀攸、郭嘉、賈詡、程昱等一流的軍師。

在曹操參加的戰爭中，「潼關之戰」可說是以計謀獲勝的。潼關位於現今陝西省潼關縣，是渭水（黃河支流之一）沿岸的要衝，也是從洛陽進入長安時必須通過的地方。

二一一年七月，曹操軍隊與馬超、韓遂等人領導的涼州豪族聯軍對壘。涼州豪族聯軍擔心曹操對涼州武力鎮壓，因此先發制人發動戰爭。此場戰役的首戰由涼州聯軍獲勝，騎馬技術精湛的馬超只差一步就可追上曹操。

離間計

眼看涼州聯軍的實力不容小覷，曹操於是改變作戰策略，企圖以計謀取勝，並向賈詡請益。賈詡過去曾是群雄張繡旗下的軍師，在一九七年春天曹操與張繡交戰時使出計策，將曹操逼得走投無路。賈詡提出讓韓

歷史筆記　韓遂之後持續與曹操對壘，二一四年與曹操旗下的猛將夏侯淵交戰敗北而逃亡，二一五年時戰敗而死。

遂與馬超間反目的計謀。

「韓遂與馬超的父親馬騰是結拜兄弟。」

「我聽說了。」

「不過他們兩人後來互相敵對，馬超的母親被韓遂殺害。雖然韓遂與馬超現在合力對抗主君（曹操）您，但人心中的恨意是不可能輕易抹滅掉的，而這就是我們該下手的地方。」

事實上，曹操與韓遂亦是舊識。曹操算準了馬超定會疑神疑鬼，因此假裝與韓遂敘舊，將他約出城外，看似非常高興地與韓遂聊天。此外，曹操在給韓遂的信上故意修改多處內容，看起來就好像韓遂自行竄改過內容一般。而賈詡的計策果然成功，馬超指責韓遂是背叛者，企圖將之殺害。這個計謀就是《三國演義》中著名的離間計。

得知離間計成功之後，曹操馬上對聯軍發動攻擊。而指揮系統癱瘓的聯軍因抗戰不力而宣告瓦解。之後馬超與韓遂逃往涼州，豪族中的領導者在被捕後遭殺害，成功地鎮壓這場叛亂。

●無法以武力鎮壓的涼州聯軍

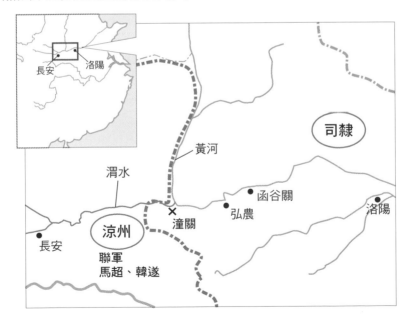

劉備痛失軍師龐統

劉備當初來到益州時便打算奪取該地，他以詭詐的手段強行奪取，終於獲得了根據地。

花費數年時間奪取益州

《三國志・蜀書》中記載：「劉備軍隊不斷攻擊並包圍雒城，城中的守將為劉循，是益州牧劉璋的兒子。劉循頑強抵抗，劉備足足花費一年才將雒城攻下。但在這場激烈的攻防戰中，劉備失去了龐統這位左右手。龐統在激戰中被流箭射死，享年三十六歲。劉備非常悲傷，經常呼喚龐統的名字，淚流滿面。」

龐統，字士元。年輕時才氣縱橫，相對於有「臥龍」名號的諸葛亮，龐統則有「鳳雛」之稱。一般認為諸葛亮善於管理軍政實務，龐統則專長軍事計謀。

軍事計謀是指觀察進行中的戰況，以臨機應變的用兵手法來破敵的能力。正因如此，劉備預想益州的鎮壓將是一場激戰，因此才會要龐統在這場戰役中同行。而諸葛亮留在荊州，應是為了管理補給等工作。

二一一年，以荊州為據點的劉備接受益州牧劉璋的請求，為討伐占據東北漢中郡的張魯與五斗米道教團，率領大軍進入益州。事實上，這個請求是法正、張松等反劉璋派人士的詭計，他們希望劉備能夠取代缺乏器量的劉璋來統治國家。在法正、張松等人的慫恿下，劉璋決定招聘劉備，當然劉備是在了解實情的狀況下來到益州。

劉備以藉口強奪益州

劉備在得到大量資金及軍事物資後前往漢中郡，而他當然只是裝模作樣，實際上是在等待最佳的攻擊機會。因為如果冒然發動攻擊，勢必會被益州民眾視為敵人，這麼一來就一點意義也沒有了。「劉備攻打劉璋是不得已的事」，必須有如此的名義，劉備才能有所動作。此時龐統向劉備進言：「讓使者傳遞『荊州的情勢不對，急須回來救

歷史筆記 正史《三國志》中關於龐統的敘述是：「少時樸鈍，尚無人對其評價。」

援』的訊息，然後作勢要回國。」

劉備按照龐統所說的去做，並向劉璋提出「借用一萬名士兵及軍事物資」的要求，劉璋於是給了劉備四千名士兵及一半的軍事物資。之後劉璋察覺事有蹊蹺，而反劉璋的大臣張松也開始動作，此時劉璋終於得知劉備的企圖，命令各地武將阻止劉備的行動。

此時劉備的機會來臨，「不可對賓客無理」是非常完美的藉口。當時是重「禮」的儒學盛行的時代，是極為合情合理的名義。劉備將矛頭轉向益州州都成都，如前所述，劉備便是在這場戰役中失去龐統。

益州的抵抗行動出乎意料地頑強，劉備於是將張飛、趙雲、諸葛亮調來支援，而原本追隨張魯的馬超亦向劉備投降，加入劉備旗下。「馬超加入劉備大軍，我方已無勝算。」基於這樣的想法，劉璋在二一四年投降，益州成為劉備的據點（參見P76）。

●劉備花費三年鎮壓益州

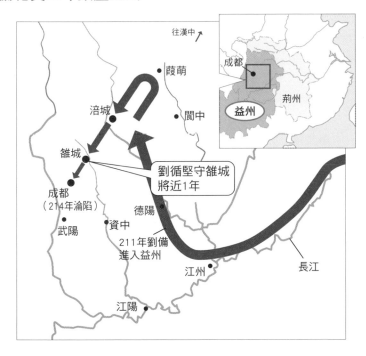

猛將關羽遭孫權暗算而死

位於中國中心的荊州經常成為注目的焦點，而統治此地的蜀國大將關羽遭到孫權暗算而身亡。

諸葛亮離開荊州

龐統在益州爭奪戰中戰死，蜀國的統治出現了新局面。由於諸葛亮代替龐統被徵召到益州，留下的關羽則負責統治荊州（西半部為劉備屬地）。

荊州位在益州與揚州之間（參見右頁地圖），水陸交通十分發達，再加上氣候溫暖，因此物產豐富，亦可稱為長江流域的「中原」。對於以「三分天下之計」為基本計畫的劉備而言，荊州非拿到手不可。而孫權也持續與曹操對抗，為了充實國力絕不能失去荊州，奪取荊州霸權之戰的激烈程度可想而知。

以下簡單敘述二一四年劉備取得益州（參見P160）後的情況。孫權要求劉備歸還當初借用的荊州→劉備拒絕其要求→荊州的軍事情勢緊張。關羽準備迎擊孫權大軍→劉備提議與孫權分占益州東西部→孫權勉強接受劉備的提議。

至此，劉備以捉摸不定的個性玩弄孫權，然而之後關羽全權掌握荊州，因此給了孫權趁虛而入的機會。

孫權為何決心殺害關羽？

二一九年，關羽開始進攻魏國（二一六年曹操升為魏王）在荊州的前線基地樊城，孫權馬上派使者送訊息給關羽。「不如讓小犬與令嬡結成連理，您意下如何？」但關羽斷然拒絕。

在《三國演義》當中，關羽對使者咆哮：「老虎之女怎能屈就犬子？」一句話就將孫權的使者叱喝回去。過去孫權要求與劉備之妹成親，劉備予以接受。雖然當時劉備也擔心可能受到孫權陣營的欺騙，不過他判斷加強同盟將有更大的利益。因此若要實現「三分天下之計」的計畫，勢必要與孫權結盟才行。

歷史筆記 根據《吳書・呂蒙傳》記載，以江陵為目標的呂蒙及其部隊佯裝成商人，潛入當地祕密行動。

到底關羽對這部分了解多少？若他考量到劉備日後的霸業，安定荊州絕對是必要條件。又或者是他認為進攻樊城的氣勢銳不可擋，所以不需要結盟，在一年之內就可以打倒曹操。關羽如此自負的態度讓孫權決定將之殺害。

孫權以呂蒙生病為由，將身在對抗關羽最前線的呂蒙召回，改派沒沒無聞的陸遜接替。呂蒙是有名的反劉備派將軍，為了提防呂蒙，關羽在江陵及公安等地皆部署了軍隊以對抗呂蒙。如今呂蒙被召回，

而新人陸遜還送上一封歌頌關羽、對關羽表示敬意的信，當然這所有的一切都是計謀。不過關羽是個剛正不阿的武將，對於陸遜他毫無懷疑，因此鬆懈了對吳國的防備，將預備軍調往樊城。

此時呂蒙馬上發動攻擊，占領了江陵及公安兩地。而關羽進攻樊城失敗，即使撤退也已無處可歸，只能輾轉在荊州逃亡，最後關羽與其子關平都被孫權軍所殺（參見P80）。

●二一五年左右的荊州勢力圖

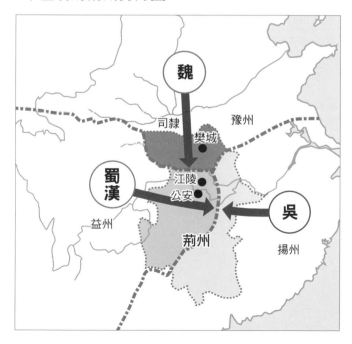

為關羽復仇失敗

「無論如何都要為關羽報仇！」劉備一鼓作氣將目標鎖定吳國首都，但卻在與陸遜的持久戰中敗退。

一定要幫關羽報仇！

龐統身亡、關羽留在荊州、關羽戰敗而死，這一連串的事件引發了「劉備為關羽報仇雪恨之戰」（參見P82）。對此，劉備旗下的武將陸續上書進諫，其中文武雙全的勇將趙雲表示：「國賊是魏，先滅了魏國，孫權自然順服。曹操在去年（二二〇年）病逝，現在正是打倒魏國、復興漢朝的絕佳機會，實在不需與孫權一戰。」然而劉備卻一點也聽不進去，將趙雲轉派後方，繼續為攻擊吳國做準備。

此時孫權派遣使者前往蜀國，努力想維持和平，而孫權陣營的諸葛瑾也獨自派出使者，試圖撫慰劉備。但劉備全都置之不理，還是堅持出兵。若劉備一心要作戰，孫權所能做的也只有迎戰。

這時孫權下了兩個結論：一是任命陸遜為總司令官，另一是向魏國稱臣。當時陸遜四十二歲，才華橫溢且名氣高，但是否能夠掌握全權還是未知數。而之所以向魏國稱臣，則是基於「敵人的敵人是朋友」的原則所做的決定。既然已經向魏國稱臣，如果孫權請求魏國幫忙的話，魏國就必須派遣援軍。

當然魏國不是這麼容易說話，在將孫權視為「吳王」的同時，向吳國要求了數量龐大的朝貢品。對此，孫權陣營極為震怒，但孫權本人卻表示：「現在劉備大軍即將逼進，我國子民的生命完全仰賴我一個人的決定，魏國那些人想要的，對我而言都是些不值錢的東西」，於是將許多南方的奇珍異品進貢魏國。

劉備大軍慘敗

二二一年七月，劉備親自擔任總司令官，率領蜀國大軍進攻。劉備的鬥志激昂，軍隊士氣也隨之高漲，所到之處無不擊破吳軍，吳軍

歷史筆記　劉備為替關羽報仇而出兵之際，諸葛亮的行蹤成謎。據說敗北的消息傳至人在成都的諸葛亮耳裡時，他大大嘆了口氣，或許是之前沒能上奏諫言的緣故吧！

因此不斷撤退，終於被逼到夷陵。夷陵是進入荊州平原的關口，若攻下此地，便可一舉攻進武昌（吳國據點）。雙方最初交戰的地點是距離兩國邊境相當近的巫城（吳國最前線基地），從巫城到夷陵，吳軍大約撤退了二百公里。據說當時吳軍內部傳出許多懷疑陸遜領導能力的聲音，質疑他為何不反擊。

劉備軍一直以來採取的都是猛烈攻勢，不過二二二年二月將吳軍追趕至夷陵時，劉備卻突然停止行動，與陸遜軍陷入僵持狀態，且持續了六個月，這樣的遲疑反而給了陸遜反擊的機會。

陸遜讓士兵手持茅草進行火攻，蜀國軍隊來不及反應，陷入恐慌而潰散。「這或許是天命吧！」悔恨不已的劉備只好率隊撤離。而吳軍的反擊遠比蜀國大軍的攻擊還要激烈，將劉備逼回當初出發的白帝城。

賭上國運的劉備，在討伐孫權的戰役中大敗，之後蜀國不停地為敗北的後遺症苦惱。

●為關羽報仇的戰役停在夷陵

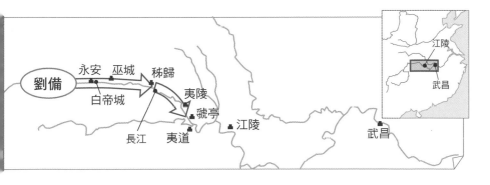

三分天下之計受挫

劉備死後，諸葛亮為繼承劉備遺志，再度計畫進攻荊州，最後卻因司馬懿而宣告失敗。

諸葛亮首先使出計謀

諸葛亮向劉備提出的「三分天下之計」，是計畫在取得荊州及益州之後，從這兩州揮軍北上攻打魏國的戰略。不過，由於劉備在夷陵大敗（參見P164），使得蜀國喪失了荊州這塊土地，三分天下之計也因此遭受挫折。

然而諸葛亮仍不願放棄，認為實現劉備遺志（劉備於二二三年病逝）是他最大的責任，一心只想討伐魏國並復興漢室。二二七年，諸葛亮向第二任皇帝劉禪上呈〈出師表〉（參見P116）後就遠征魏國，揮軍北伐。

蜀軍在夷陵慘敗那年是二二二年。之後蜀國花費了五年時間充實軍備、重整經濟與政治，在鎮壓住南方的西南夷（居住於橫跨雲南、貴州、廣西等廣大地區的外族，是少數民族與漢族混居的地帶）後才進行北伐。

事實上諸葛亮也對魏國採取計策，勸說魏國大臣背叛。諸葛亮鎖定的目標是孟達，為位於漢中平原（二一九年劉備自曹操手中奪取）與國境交界的新城郡太守。

孟達原是蜀國的家臣。關羽戰敗時，孟達擔心自己未即時派遣援軍，可能會遭到彈劾，於是向魏國投降。魏國皇帝曹丕對孟達的投降大表歡迎，將房陵、西城、上庸三個郡合併為新城郡，任命其為太守。相對於蜀國的相逼，孟達在魏國卻受到拔擢，對剛投降的武將而言，可說是特別禮遇。不過二二六年曹丕去世，孟達失去了最大的庇護者，內心惶恐不安。

「明明是投降的將領，但我卻受到先帝特別的寵愛，或許就是因為如此，魏國群臣似乎對我非常反感。看來我現在的處境十分危險，不知何時會以什麼樣的理由被拉下台也說不定。」

歷史筆記　孟達被進攻的魏軍逮捕並斬首，首級以快馬送回洛陽。據說當時投降的士兵多達一萬人。

因為小差錯而改變的命運

孟達的動搖讓諸葛亮趁機而入。諸葛亮送了一封信給孟達，促請他回歸蜀國，經過多次催促，孟達終於回信，但信中的他遲遲無法做決定。此時，諸葛亮使出非常手段，他派部下郭模前往魏興太守申儀之處，傳達「孟達想謀反」的消息。

諸葛亮之所以鎖定孟達為目標，是為了實行三分天下之計的更新版。若將孟達納入旗下，蜀國便可輕鬆地在蜀國領土內建立前線基地。失去荊州讓諸葛亮同時從荊州與益州進攻的策略受挫，若成功取得新城郡，便可從益州與新城郡同時進攻。

孟達終於決定倒戈。一直以來對孟達抱持高度警戒的魏國司馬懿察覺了孟達的背叛行動，於是發動軍隊進攻上庸的新城（今湖北省房縣），並將孟達殺害。對於司馬懿察覺自己即將叛變一事，孟達雖然已有心理準備，但他認為司馬懿應該會先前往洛陽稟告魏國皇帝，之後才會出兵。但沒想到司馬懿直接趕往新城，孟達來不及準備迎擊便宣告失敗。

●諸葛亮誘使孟達叛變

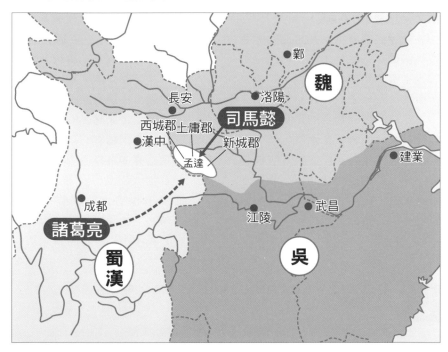

諸葛亮選才失誤

諸葛亮終於開始北伐。第一仗雖然成功，但之後讓馬謖出擊卻導致失敗。

由西向東慢慢進攻

　　孟達的敗北，讓諸葛亮只能從益州向北進攻。蜀國北伐先鋒部隊內部對於戰略各有不同意見，總司令官諸葛亮提出漸進戰法，以軍事力量一部分一部分地占領魏國領土，之後再施行仁政，使其成為蜀國領土，再逐漸往東進攻的戰略。即使魏國頑強抵抗，北伐部隊仍可不慌不忙地應對；若是戰敗，只需稍微撤退即可重整軍隊。

　　幕僚們都非常贊成諸葛亮的漸進戰法，只有魏延提出反對意見。魏延主張的是從漢中經過子午道，一舉壓制長安的奇襲戰略。

　　諸葛亮退回魏延的提議，理由是因為補給將會十分困難。這項戰略或許能夠暫時鎮壓住長安，但越過秦嶺、通過子午道的軍事物資、糧食、兵力補給等非常困難。而魏軍勢必也會拚命奪取長安，若補給困難又被迫固守城中的話，蜀軍一定會全部被消滅。而魏延只能心不甘情不願地遵照諸葛亮的計畫。

　　諸葛亮的目標是祁山，此地是古代周朝（前十一世紀～前二五六年）文王的據點，歷史相當悠久。而占領祁山有以下兩項優點：（一）可掌握連接涼州與長安的街道（適合讓軍隊向東前進）；（二）確保取得據點後的防備（北有渭水流經，南可掌控險峻山脈）。

　　二二八年春天，諸葛亮做出「奪取郿縣」的宣言，讓趙雲率領一支軍隊從斜谷道前往關中。這是為了分散敵方注意力的調虎離山之計，而魏軍上了諸葛亮的當，大將軍曹真出兵迎擊趙雲的軍隊。趁此機會，諸葛亮率軍從漢中往祁山進攻。

　　蜀國軍隊的來襲讓關中民眾大吃一驚。「劉備死後，蜀國就沒有像樣的人才了」，當時魏國對蜀

 歷史筆記　《三國演義》中敘述，諸葛亮認為魏延有「反骨之相」（企圖謀反之相），因此想要將之殺害，後因劉備說情而作罷。

國是不屑一顧，完全沒有應戰的心理準備，位於關中西部的南安、天水、安定三郡不戰而降。

馬謖的失策

魏國朝廷雖受到強烈震撼，但皇帝曹叡卻毫不畏怯，在安撫住驚慌失措的朝中大臣之後，率領五萬大軍從洛陽出發，親征蜀漢軍。皇帝親征果然有效重整起受到動搖的魏軍，魏軍專心一致，準備與諸葛亮的北伐軍隊對決。

魏軍為接近已成功占領祁山的諸葛亮背後，派名將張郃出擊，諸葛亮則任命愛將馬謖迎擊。然而馬謖卻對諸葛亮「不可在山上布陣」的建議置之不理，在街亭敗給了張郃（參見P224）。

背腹同時受敵絕對會全軍覆沒，如今諸葛亮只好放棄好不容易占領的祁山，第一次北伐就此宣告失敗。

●差一點就成功的諸葛亮第一次北伐

諸葛亮過勞而死

諸葛亮讓全軍出擊，更想出確保糧食的策略，司馬懿則以持久戰來對抗。

於據點進行屯田

諸葛亮的北伐計畫陷入困境，第四次北伐依然沒有明確的成果。這次雖然成功討伐魏國名將張郃，但與「打倒魏國」這個最初目的相比，只能算是微不足道的戰果。

諸葛亮知道北伐失敗的原因出在補給，因為從領土前往前線的路途實在太過險惡。尤其從益州到魏國領土的道路不只是崎嶇而已，有些地方甚至根本找不到路。益州人民必須在斷崖的岩石鑿路、鋪設棧道後才能通過，這就是稱為「蜀之棧道」的險路。

諸葛亮發覺糧食的搬運是個大問題。二三四年春天，諸葛亮進行第五次北伐。諸葛亮從漢中平原出發，穿過斜谷道出了關中後，率軍往左行，在五丈原布陣。五丈原位於現今陝西省郿縣西南方的台地，地形呈平坦的葫蘆狀，葫蘆上端最細的部分只有五丈（約十二公尺），因此稱為五丈原。

來到五丈原之後，諸葛亮在此採取了出人意外的行動，那就是實施屯田制度。這是諸葛亮千思萬想所得到的妙策，只要進行屯田便能生產糧食，軍隊因而得以自給自足。即使遇上長期戰，北伐軍隊也能夠充分應付。

當時魏國率軍迎擊諸葛亮的最高司令官是司馬懿，關於司馬懿親眼看見諸葛亮進行屯田時的反應，歷史上並無特別記載。不過無庸置疑的是，諸葛亮已經做好準備，不會因為糧不足而撤退。

諸葛亮因為過勞而倒下

然而，對蜀軍而言，當時出現了更大的危機，那就是諸葛亮的過勞。劉備死後，諸葛亮一個人支撐起蜀國，無論是身體或精神上的疲憊，都已經到達極限。但諸葛亮不愧是忠誠的臣子，責任感強烈，北

歷史筆記　《魏氏春秋》記載，諸葛亮送給司馬懿女性服裝及飾品，司馬懿大怒之下決定一戰。

伐時一個人擔負起遠征軍的政務。在五丈原的對壘中，司馬懿從蜀軍使者口中得知諸葛亮在軍隊中的情形，之後便對旗下眾武將說：「諸葛亮由於過勞，很快就會倒下。」諸葛亮的確是太操勞了，他每日一早就起床，直到半夜才就寢。仗打二十大板以上的刑罰全由自己裁決，處刑時也要在場，東西卻吃得很少……。

諸葛亮似乎也察覺到自己的生命即將到達盡頭，因此再三對魏軍挑釁、發動攻擊，目的是為了能擊敗司馬懿，一舉直搗洛陽、長安，打倒魏國。然而諸葛亮愈是挑釁，司馬懿愈是暗自竊喜，因為諸葛亮的死期就快來到。

二三四年八月，蜀國丞相諸葛亮在五丈原病逝，司馬懿繼續追擊撤退的蜀軍。不過先前已受到諸葛亮指示的姜維已經做好迎擊準備，司馬懿心想說不定諸葛亮還活著，便小心提防而退兵。這段經過就是「死諸葛嚇走生仲達（司馬懿字仲達）」的由來。

●演變為長期戰的五丈原之戰

234年8月 諸葛亮死於五丈原

天水

祁山

五丈原

長安

郿

秦　嶺　山　脈

諸葛亮

234年春天 出發

長安

漢中

漢中

子午道

政局的情勢VS.強韌的精神——
蜀國衰敗時
仍主張北伐的姜維

從魏國武將成為諸葛亮臣子

　　日本戰國時代，甲斐的武田信玄與甲州軍隊被公認為是最強的武家勢力。軍學書《甲陽軍鑑》由以武田信玄為主的武田家歷史所構成，當中有以下敘述：「每個人生來都如同幼犬般怯懦，沒有人是一出生便有如猛虎般的大將，能夠單槍匹馬闖進敵軍陣營而死。然而太過強韌與太過懦弱一樣，都是不好的事情。」

　　所謂「太過強韌」，指的並非肉體，而是精神。強韌的精神雖然被視為是美德，但這樣的精神經常會將人帶向死亡。

　　在衰敗的蜀國中，武將姜維一個人為了繼續北伐而奮鬥，但他強韌的精神並未為他帶來好下場。

　　姜維原是魏國的武將，在諸葛亮第一次北伐時，轉而投靠蜀國。諸葛亮非常欣賞姜維的本領，稱讚他說：「你是足以成為我的接班人的人才。」姜維十分地感動，並誓言效忠諸葛亮，之後便以諸葛亮弟子自居。

姜維強行繼承諸葛亮遺志

　　二三四年諸葛亮死後，蜀國由蔣琬及費禕擔任最高負責人，掌管蜀國政務。他們兩人皆自覺到蜀國國力已經衰敗，因此暫停執行諸葛亮所提出的積極政策，轉而採取保守態度，將國家路線調整為充足國力。

　　姜維對此大表不滿，他說：「為什麼不繼承先師的路線？這不

正是蜀國的目標嗎？」費禕斥責姜維說：「連丞相都無法成功打倒魏國，更何況是才能遠不如已故丞相的我們。現在應該做的是努力充實國力，只要等待，傑出有如丞相的英才或許就會出現。」

　　費禕後來遭到魏國刺客暗殺，姜維幾乎全面掌控蜀國的軍事權。他繼承諸葛亮的積極路線，不斷派出北伐軍隊。

　　姜維再度北伐時，魏國陸續有對抗司馬政權的叛亂發生，司馬師、司馬昭兄弟起而鎮壓。蜀國在此時進攻魏國或許會有勝算，但最終只是對魏國造成些許動搖。

姜維的下場

　　雖然魏國內亂頻傳，但大多數人還是認為蜀國不可能打倒魏國。然而姜維似乎不願意面對現實，堅守「繼承亡師諸葛亮遺志」的信念，堅持不改變路線。姜維真不愧是諸葛亮發掘的人才，與過去拚了命也要繼承劉備遺志的諸葛亮非常相似。

　　姜維的北伐，只替國力不足的蜀國帶來更貧窮的生活，此時他被蜀漢政府彈劾並遭孤立。二六三年魏軍進攻蜀國時，皇帝劉禪將固守劍閣要地徹底抗戰的姜維棄而不顧，無條件投降魏國。據說姜維當時將劍折斷，悔恨不已。

　　劉禪投降一事讓姜維大感恥辱，他唆使亟欲自立的魏國武將鍾會，兩人結盟共同攻打魏國，結果一起被鎮壓軍隊所殺。身為蜀國的大將軍，姜維的下場實在非常慘烈。

《三國志》中的各國
也是成語典故的由來

● 得隴望蜀

這句成語形容人實現了一個願望之後，又會有另一個願望，慾望永無止境。建立東漢朝廷的光武帝攻打隴（位於益州）後，又想要得到蜀，因此發動攻勢。三國時代曹操打倒張魯與五斗米道，成功地鎮壓漢中郡。當時有人建議曹操進攻蜀國，但曹操卻說：「我已經得到隴了，並不想再取得蜀」，將「得隴望蜀」反過來使用。

● 吳下阿蒙

比喻從以前到現在完全沒有進步的人。「蒙」指的是孫權的幕僚呂蒙。呂蒙年輕時為一介武夫，對學問沒有任何興趣，孫權勸他多讀點書，但呂蒙總是以忙碌為由而推託。孫權語重心長地勸他：「不怠惰學問，磨練自己也是忠義的表現。」

之後，走訪呂蒙陣營的大臣魯肅大吃一驚。呂蒙已經不是從前的武夫，他飽讀詩書，談起話來滔滔不絕。魯肅於是感嘆：「你已不再是吳下阿蒙」（本以為是一介武夫，沒想到進步神速，與當時相差甚遠，不能再對您不客氣了）。

● 士別三日，刮目相看

若以現代語言來解釋，這句話的意思是三天不見一人，就必須擦亮眼睛仔細觀察。也就是說，只要有心，真正的男子漢都能夠自我革新。而這句名言至今仍經常為現代人所使用。

第6章

《三國志》中的計策

三國時代的戰略與謀略

【兵不厭詐】

　　春秋時代（西元前七七〇年～前四〇三年）的兵法家孫武著有《孫子兵法》一書，書中以「兵不厭詐」一語破題。

　　「兵」指的是戰爭，「詐」指的是計謀，意思是說若光靠武力作戰，並無法獲得最後勝利；要懂得善用計謀，才能在戰爭中獲勝。在三國時代眾多群雄當中，最精通孫子兵法的就是曹操。

　　一八八年，曹操將《孫子兵法》全十三篇加注後整理成書。自孫武作《孫子兵法》以來，《孫子兵法》已經過多人解釋，且有許多部分散佚，因此到了東漢中期，《孫子兵法》已變得和原書完全不同。曹操挑選出一般認為是孫武原有著述的部分，並重新編輯佚失部分，之後再針對難懂之處加上注釋。

　　曹操編著的《孫子兵法》可說相當完整，據說當時不分敵我，深受所有軍事相關者的支持。

【《三國志》與《三國演義》中的計謀】

從動亂的東漢時代到三國時代，眾多群雄循著「兵不厭詐」原則，用盡各項計謀而戰。當中有人使用《孫子兵法》中的計謀，也有人發揮自己所想的計謀。

計謀的種類繁多，有間諜計謀、出其不意的計謀、讓對手疑神疑鬼的計謀、讓對手掉入圈套的計謀、不讓對手取得主導權的計謀以及讓對手疏忽大意的計謀等等。

當中有令眾人佩服不已的「好計」，也有令人不禁狐疑「怎麼會成功呢？」的奇怪計謀。本章挑選出《三國志》中的名計謀與怪計謀，介紹給各位讀者。不過《三國演義》中的計謀，遠比陳壽《三國志》（正史）當中所記載的計謀還多，且大多極富妙趣。

因此，本章不拘泥於正史，亦會舉出《三國演義》中的許多名計，如「苦肉計」、「驅虎吞狼之計」、「二虎競食之計」等。本書雖然是以正史《三國志》為基礎，但透過本章的敘述，相信讀者一定也能感受到比正史《三國志》更有趣的小說《三國演義》的魅力。

美人計

女人是最好的計謀之一

中國歷史上最有名的美人計出現在《三國演義》當中，即貂蟬與王允對呂布和董卓所設下的「連環計」。

身處動亂時代的美女

日本西洋史學家會田雄次在《敗者的條件──思索戰國時代》（中央公論社）一書中提及動亂時代美女共同的命運，內容如下：「生存在激烈鬥爭時代的美女，特別背負著慘澹的命運。之所以用『特別』，是因為事實上無論在任何時代，美女都無法過著幸福生活。不聰明、不自覺於美貌將會招致不幸的美女，或許尚能擺脫這樣的命運。這麼說並非要告誡美女們切勿覺察於自身的美貌，而是因為這與自覺或自省毫無關係，美女有美女既定的命運。」

會田雄次的這番見解可說相當符合動亂的三國時代。例如張濟的妻子因為貌美動人，讓曹操一見傾心，於是被迫與曹操共渡一夜，逃不過身為美女的宿命。

而生在動亂時期的美女有時也不得不接受接受命運殘酷的安排。

被權力者深深愛慕還算是幸運，有些美女則會被當成引誘敵人的道具，這也就是美人計。

讓呂布成功殺害董卓的美女與計謀

貂蟬的故事在正史《三國志》中並未提及，而《三國演義》中卻有記載。

貂蟬是司徒（相當於行政院長）王允僱用的美麗歌女。當時董卓的暴政橫行，王允每天憂愁度日，貂蟬表示希望能幫王允分擔煩惱，此時王允決定利用貂蟬進行「連環計」。

王允與貂蟬最初的目標是呂布。貂蟬假裝與呂布偶遇，呂布對貂蟬的美貌一見鍾情，貂蟬也以眼神送秋波給呂布。王允趁機問呂布：「喜歡她嗎？」呂布點頭，「那就送給將軍為妾吧！」呂布開口說。

歷史筆記 《三國演義》中，貂蟬待在呂布身旁，一直到呂布死去為止。但吉川英治的《三國志》卻記載著董卓死後貂蟬也跟著自殺。

178

呂布欣喜若狂地等待，但左等右等貂蟬就是不來。明察暗訪一番之後，呂布發現貂蟬早已是董卓的小妾。而呂布相信王允所說，認為貂蟬是被董卓強奪而去，因此悄悄潛入董卓寢室。而呂布一進房只見貂蟬不停啜泣，說著：「我死，好讓你明白我真正的心意。」呂布十分激動，對董卓憎恨不已。

之後，王允馬上在呂布耳邊說：「將軍（指的是呂布），我信任您，所以有重要事情跟您說

……」，於是呂布承諾參加叛變，並擔任反董卓陣營的先鋒大將，下手殺害了董卓。

貂蟬與呂布的故事雖然是虛構的，不過是以真實的故事為依據。據說事實上是呂布招惹董卓的侍女，後因擔心董卓報復，因此答應參與王允的叛變計畫。

故事的真假不得而知，但只要男女相互吸引，必定會產生男女關係的糾葛，形成嚴重問題，進而被利用在計謀上。

●被利用於計謀上的貂蟬

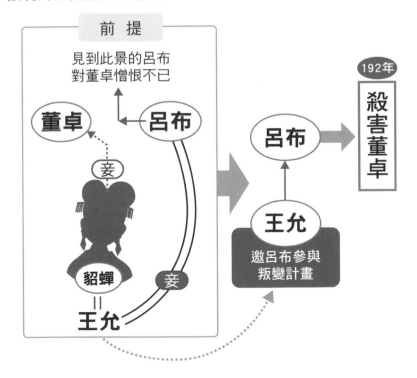

前提

見到此景的呂布
對董卓憎恨不已

董卓 ← 呂布

妾

貂蟬 ＝ 王允　妾

192年

呂布 ➡ 殺害董卓

王允
邀呂布參與
叛變計畫

間諜戰

背叛不斷的時代

若呂布與袁術聯手的話就糟了……。曹操安排在呂布身邊的間諜極力反對雙方合作。

兩位軍師為何反對？

古今中外無論何時何地，一定都有間諜存在，這是最普遍的計策之一。三國時代的群雄也經常採用間諜計策，其中最成功的例子就是曹操對呂布使出的手段。

話說呂布從劉備手中奪取了徐州，當上徐州牧（統括政治、軍事、經濟），這時據守長江、淮河之間地區的袁術派出一名使者來到呂布身邊（參見P51地圖）。

「是不是應該考慮成親了呢？」

「成親？……」

呂布仔細一聽，原來指的是自己的女兒與袁術兒子的婚事。

事實上，呂布與袁術的關係由來已久。呂布殺害董卓後（參見P179）成立了臨時政權，但因舊董卓派武將同夥作亂而垮台。之後呂布逃出長安，在中原各群雄間以間諜身分遊走。呂布最先投靠的人就

是袁術，但袁術對呂布有所戒心，並未讓呂布進門。

因此對於袁術的提議，呂布心存懷疑。不過袁家名震天下，對於剛當上徐州牧的呂布而言，若能與袁家結為親家，必能提升自己的聲望。於是呂布答應了這門親事，但此時參謀陳珪與陳登父子卻激烈反對。

「主君，您是怎麼了？難道您忘了袁術在春天的所作所為？」呂布不可能不記得，一九七年春天，袁術在壽春（今安徽省）宣布登基（參見P206）。「明明漢皇仍健在，他卻擅自宣布登基，實在是罪大惡極。主君，我是打從心底替您設想，怎麼您不明瞭我的真心與忠誠呢？」

即使呂布的女兒已經出發，陳珪與陳登父子依舊努力說服。說服的同時還不停感嘆，最後終於打動呂布。呂布於是派軍追回女兒，取

歷史筆記 《三國演義》中呂布的武器為「方天畫戟」，但研究表示這是後世才出現的武器，而呂布當時實際使用的武器則不明。

消了這門婚事。

陳珪與陳登是曹操的間諜

事實上陳珪與陳登私底下與曹操串通，擔任間諜的工作。當得知呂布將與袁術結親，兩人臉色霎時鐵青。呂布雖是不照牌理出牌之人，但他的實力堅強。而袁術也不是普通角色，家世尤其顯赫。這兩者分開容易各個擊破，但若兩者結合，就會演變成無法控制的局面。

對曹操而言，強敵的出現絕非好事。陳珪與陳登父子為了幫助曹操，拚了命地說服呂布，希望他改變心意。而消滅呂布之後，陳珪、陳登父子回到曹操身旁獲得重用。

●曹操派置在呂布身邊的間諜

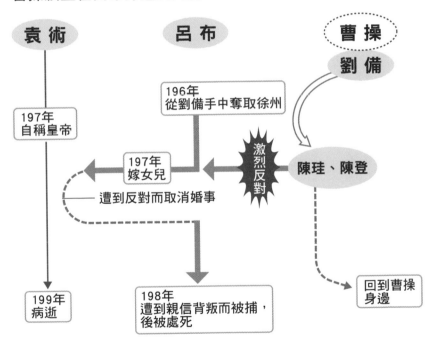

封鎖敵軍拿手戰法是致勝關鍵

封鎖敵軍拿手戰法的計策或奇謀,是將情勢導向對己方有利的有效作戰方式。

曹操以水攻對付呂布

任誰都有擅長及不擅長的事,俗語說「八仙過海,各顯神通」,意指若能發揮擅長之事各顯神通,氣勢就會增加。氣勢增加的話,自然就能掩蓋既有缺點。

然而,被迫做不擅長的事就會得到相反的結果。沒有氣勢也沒有優點,只會暴露短處及缺點。這時攻擊的一方非常輕鬆,因為只要專攻對手的弱點即可。而強迫對方做不擅長的事,是三國時代眾群雄經常使用的計謀。

最具代表性的例子是在一九八年冬天時,曹操攻破呂布大軍的攻防戰。一九六年呂布從劉備手中奪取徐州後,持續與曹操戰鬥。一九八年時呂布與曹操交戰失敗,後被處以絞首。當時曹操採取的是「水攻」,他將下邳城旁的泗水及沂水引入呂布固守其中的下邳城內。

此場戰役成功的原因有二:一是動搖了呂布與呂布陣營的將士,藉此引誘呂布的部下叛變,另一是封鎖了呂布擅長的騎馬戰術。

呂布來自并州北方的五原郡,也就是今日的內蒙自治區,這個地區自古以來便是漢族與游牧民族匈奴的混住地帶。據說呂布總是騎著赤兔馬(董卓贈與呂布的名馬)馳騁在戰場上,是騎馬打仗的能手,或許呂布遺傳了游牧民族的基因也說不定。

附帶一提,董卓因實施暴政而導致東漢朝廷滅亡,呂布則是兩度弒君(第二次暗殺對象為董卓)的背叛慣犯。據說他們兩人最初的交情還不錯,這也是另一個有趣的故事。

董卓來自距東漢領土較遠、位於西方的涼州。此地自古以來也是游牧民族與漢族不斷攻防與交流之地。將時代往後拉一點,建立世界

> **歷史筆記** 《三國演義》中呂布死後,赤兔馬變成關羽的坐騎。據說關羽死後赤兔馬不吃不喝,數日後追隨關羽的腳步而死。

帝國的成吉思汗也跟董卓一樣，對屬地實施暴政。或許董卓是為了進行游牧民族式的管理，所以才激起漢族的惶恐及憎恨吧。

回到主題，呂布被曹操的水攻計策封鎖住擅長的戰術，最後戰敗。

《三國演義》中的冰城之計

從同樣的觀點來看，《三國演義》中的「冰城之計」也是封鎖敵軍拿手戰術的作戰計謀。

曹操的對手是馬超與韓遂領導的涼州豪族聯軍。《三國演義》中提到，持續進行攻防戰的曹操大軍深受涼州寒冷的氣候所苦，當時有位名叫夢梅的老人不知從哪裡出現，建議曹操說：「以河川土壤築成土牆，再潑上水，只要一夜就可成為堅固城牆。」曹操聽完馬上動員士兵建設冰城。

《三國演義》中的這段故事不知是真是假，但由於裴松之（參見P21）的注中也談到了這段經過，看來曹操當場製作防禦牆，成功地阻止豪族軍隊使出騎馬戰術一事應該是史實。

《三國演義》中的其他計謀

「二虎競食」與「驅虎吞狼」之計

一九六年，呂布逃入劉備統治的徐州，擔心兩人聯合的曹操向群臣詢問因應對策。對此軍師荀彧獻出二虎競食之計，建議以獻帝之名任命劉備為徐州牧，同時附上密函，令其討伐呂布。無論哪一方戰敗或是兩敗俱傷，對曹操陣營而言都很好善後。不過曹操陣營的詭計被劉備看穿，劉備與呂布協議之後決定不做任何行動。荀彧於是又提出「驅虎吞狼之計」，建議曹操將想謀奪徐州的袁術密函傳給劉備，讓其準備交戰，並激起呂布的野心。

這次的計謀十分成功，劉備出兵與袁術交戰時，呂布趁機奪取徐州。

掌握投降時機是一大學問

投奔敵方加入敵軍陣營確實是一條生路,但若弄錯時機與決定,反而會丟掉性命。

張繡一度降服於曹操

俗語說:「窮鳥入懷,獵人不忍殺之。」窮鳥指的是被追得無路可逃的鳥兒,引申為走投無路的人。這句話的意思是說,面對前來求救之人,人們通常不會見死不救。

然而誰都無法保證求救的對象一定是懂得人情世故之人。若是沉迷於掌握生殺大權之人,看到弱不禁風者就會更想去欺負他。此外,兩者之間說不定會有羈絆或利害關係。

而積弱不振的對手,不勞一兵一卒就可討伐,《三國志》中呂布等人受到討伐就是一個例子。一九八年,呂布與曹操交戰失敗,儘管當時呂布拚命求饒,但最後還是被殺(參見P204)。不過仍有成功的例子,那就是張繡。

張繡是舊董卓派武將張濟的外甥。張濟戰死之後,張繡成為軍隊的指揮。一九七年春天,張繡與曹操對壘。確信實力遠不及曹操的張繡,在與軍師賈詡商量之後決定投降。而曹操對張繡的嬸嬸(張濟的未亡人,是個絕世美女)一見鍾情,與其共度一夜,這也使得情況變得更加複雜,因為張繡也愛慕著美麗的嬸嬸。

暴跳如雷的張繡於是夜襲曹操軍營。由於張繡曾經對曹操投降,因此曹操軍隊對他完全沒有防備,面對張繡的攻擊,曹軍陷入大混亂,曹操好不容易才逃離戰場,曹操的長子曹昂與親衛隊隊長典韋則戰死沙場。

在絕妙的時機下再度投降

張繡之後仍持續與曹操交戰,但在二〇〇年官渡之戰(參見P56、152)前,張繡再次對曹操投降。根據《三國志》記載,袁紹陣營曾催促張繡加入自己這方,但軍師賈詡

歷史筆記 賈詡在二二四年去世。曹操死後,賈詡被視為中心人物而備受尊敬,甚至晉升至大尉(相當於國防部長)。

斷然拒絕,並說服張繡歸順曹操。賈詡表示:「加入弱者一方較被歡迎。」

　　這時勝者將是曹操還是袁紹雖尚不可知,但可預期的是,獲勝之人便可掌控中原與河北,到時也就沒有張繡出場的機會了。若不趁現在表明態度,勢必會被勝利的一方討伐,那時的張繡也會成為一隻「窮鳥」。

　　張繡投降的時機絕妙無比。如果是在曹操與袁紹的衝突激化前投降的話,勢必不被曹操所接納。但若不加入袁紹與曹操任何一方,

待大勢抵定後再投降的話,也一定不會被接納。「這時候才來,來做什麼?」張繡很可能面臨如此的責難,並遭處刑。

　　對曹操而言,當與袁紹的大戰即將爆發之際,敵人能少一人或同伴能多一人都是好事,而張繡與賈詡也沒錯過這決定性的瞬間。這個例子告訴我們,只要抓住好時機,窮鳥也能昂首作戰。之後,張繡以武將身分活躍於曹操陣營,賈詡也以絕代軍師之姿為曹操霸業做出貢獻。

《三國演義》中的其他計謀

賈詡的「虛誘掩殺之計」

這是張繡夜襲曹操陣營,驅趕曹操之後的故事。

曹操率領大軍逼近時,張繡等人固守南陽城。曹操從高處觀察南陽城內的狀況後,便開始在西城門的一角堆柴,準備展開攻擊。但軍師賈詡看透曹操的本意,對張繡說:「曹操真正的目標不是西城門,而是東南角。東南角的城牆脆弱且防備薄弱,他們打算誘使我們將注意力放在西北,再從東南入侵。」

此時賈詡提出「虛誘掩殺之計」,計畫將敵人引誘至一處,然後一次解決。賈詡讓伏兵潛入東南城牆附近,再故意讓敵人看見強化西門防備的態勢。而曹操才一下令進攻東南城牆,馬上就被擊退。

十面埋伏之計

若敵軍一舉進攻而來,待攻擊到達極限時再反擊,對防衛的一方是否較有利?

島津氏的釣之野伏戰略

首先介紹日本戰國時代使用的戰術,九州島津氏(以今鹿兒島縣為據點的戰國大名)最拿手的戰術就稱為「釣之野伏」。進行「釣之野伏」時須有引誘部隊與伏兵。當敵軍進攻時,與敵軍正面衝突的引誘部隊必須裝作戰力不足而撤退,這時敵軍就會因為士氣大振而不斷衝刺。

「島津軍已經亂了陣腳,不停敗退。現在正是勝利之時,繼續追擊吧!」敵軍一鼓作氣進行追擊,此時埋伏在四周的島津軍伏兵突然出現,敵軍因此陷入慌亂,這時引誘部隊也回頭反擊,一舉將敵軍殲滅。

一舉殲滅的十面埋伏之計

《三國演義》中也有異曲同工之妙的計謀,那就是十面埋伏之計,此計出現在曹操與袁紹對峙的倉亭之戰。

二〇一年,曹操與袁紹軍隊激戰,逐漸被逼退至黃河前的曹操重新擺出陣勢。對袁紹陣營而言,曹操已經沒有退路了。為了想一舉發動猛烈攻勢殲滅敵軍,袁紹遂將陣形拉長。然而陣形一旦拉長,指揮便無法完全傳達,軍隊無法組織性地動作。各部隊只能分別作戰,而且當時正值半夜,視線極為不良。

就在這時,事前埋伏在十處的曹操伏兵突然現身襲擊袁紹軍。分散的軍隊對上有組織的軍隊,當然是後者實力較強。結果袁紹繼前一年的官渡之戰後又再度大敗,勢力也隨之衰退,這就是十面埋伏之計的概要。

伏兵的運用是古今中外非常普遍的戰術。雖然十面埋伏之計是小說中所寫的計謀,但由於島津氏確實使用過「釣之野伏」戰術,因此我們可以推論三國時代時應該也出

歷史筆記 自斷退路讓軍隊退到河邊,以激發鬥志、置之死地而後生的「背水一戰」,是經常被採用的軍事戰略,韓信(與西漢建國者劉邦共同作戰的群雄之一)便曾這麼做過。

現過跟十面埋伏之計一樣的戰法。過去諸葛亮第四次北伐時亦巧妙地使用伏兵戰術，成功打倒追擊而來的魏國名將張郃。

德國軍事家克勞塞維茲（一七八○年～一八三一年）曾說：「攻擊力終會到達極限，而進攻的一方很容易做出超過極限的攻擊。一旦超越了極限，情勢就會有一百八十度的大轉變，反而對防守的一方有利。這時防守一方的反攻會比攻擊一方的攻擊更為猛烈。」

所謂攻擊力到達極限，指的是無力再繼續進行攻勢。「釣之野伏」與「十面埋伏之計」都是故意讓敵軍無法繼續攻擊的戰略。

●島津氏「釣之野伏」戰術

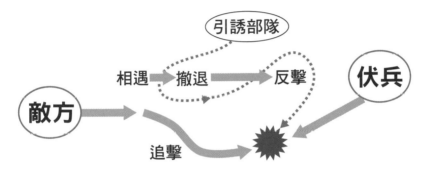

引誘部隊

相遇 → 撤退 → 反擊　　伏兵

敵方 →

追擊

《三國演義》中的其他計謀

在赤壁贏得大勝的「苦肉計」

赤壁之戰時，黃蓋（孫權的武將）假裝投降讓曹操大意，之後再進行「火攻之計」。這段經過在正史《三國志》中有記載（參見P157），《三國演義》中則變成了「苦肉計」。

周瑜與黃蓋商量之後，決定在軍事會議上演出一場戲。黃蓋故意發言要周瑜投降，周瑜假裝被激怒，對黃蓋處以棒打之刑。兩人的演技十分逼真，就連潛入孫權陣營的曹操間諜也完全被騙。當初曹操也曾懷疑黃蓋詐降，但間諜傳來肯定的消息讓曹操完全相信。因為苦肉計的成功，決戰當天即使裝滿木柴的船靠近曹操，曹操也安心地認為是黃蓋來了，讓孫權陣營的火攻成功。

攻擊對手的致命點

戰鬥的基本就是攻擊對手心中的所愛或所恨，三國志中的許多計謀便採取了這樣的手法。

攻擊重點之處

《孫子兵法》（九地編）中記載：「先奪取敵人的要害，就能使他聽我的擺佈。用兵的情理，貴在神速。」這段話的意思是說，交戰之際，只要攻擊對手最重要的地方即可，比方說是糧食基地、武器囤積庫、補給路線等對敵人而言若遭受攻擊軍力就會瓦解的地方。如果攻下這些據點，就可取得戰爭的主導權，也可以依照自己的步調作戰。

司馬懿與諸葛亮的戰役正是非常典型的例子。面對諸葛亮的攻擊，司馬懿通常是以固守對應，並未理會諸葛亮再三的挑釁（參見P170）。不過徹底實施防衛戰略並不是司馬懿打的算盤，藉由固守防線發動持久戰術，待蜀軍的戰力減弱時，便可一舉攻擊切斷蜀軍的補給。由於從益州到魏國領土的補給路線十分險峻，透過斷絕敵軍補給贏得勝利是司馬懿的作戰方式。

劉備的心腹愛將徐庶

閱讀《三國志》時，可以得知「奪人所愛」的戰術也經常被使用在戰爭之外。徐庶是將諸葛亮推薦給劉備的人，就是因為所愛之處被曹操壓制，徐庶才不得不離開劉備陣營。

徐庶是豫州潁川郡人，本來的名字是徐福。年輕時的他重視俠客精神並勤於練劍，據說是用劍的好手。當時他為了幫友人報仇犯下殺人罪，遭官兵逮捕，之後在同伴的幫助下從故鄉逃出。後來他將名字由徐福改為徐庶，立志向學。

徐庶開始向學的地點是在荊州。荊州的統治者劉表極具政治手腕，因此與黃河流域的動亂較無關係。對於這些想趁著戰亂舉兵名震天下的人而言，荊州是個無法施展的地方；但對文人而言，這裡卻是

歷史筆記　《三國演義》中，劉備的座騎的盧是導致龐統死亡的原因。龐統因騎著的盧，被錯認為是劉備而遭到殺害。

別有洞天。因此,當時有許多文人為了躲避動亂而來到荊州,整個荊州呈現出如文化沙龍的氛圍。徐庶在此與劉備相遇,並以軍師身分加入劉備陣營。

《三國演義》中提到,劉備的坐騎(名叫的盧)是一匹剋主的兇馬,徐庶建議劉備說:「先讓仇人騎,將厄運傳給那個人後,再騎就沒問題了。」沒想到劉備卻大聲斥喝說:「人不能做損人利己之事。」此事讓徐庶對劉備極為敬仰,進而投入劉備旗下誓言效忠。

之後徐庶離開劉備陣營,是因為他的母親被曹操捉去當人質。徐庶這個人非常孝順,為了救回母親,只好含淚成為曹操的幕僚。據說在母親遭到俘虜之際,徐庶已經是個眾人知曉的智者。

曹操深知劉備的弱點在於軍師不足,因此不斷防範優秀軍師加入劉備陣營。當時曹操擄走徐庶的母親,逼使徐庶離開劉備陣營,而徐庶在離開之際向劉備推薦了諸葛亮。

在《三國演義》當中,徐庶母親對兒子的行為感到羞恥而選擇自殺,徐庶也因為對劉備的恩情感懷在心,始終沒有貢獻任何計策給曹操。不過事實上徐庶曾任職曹操陣營的右中郎將、御史中丞等職位。

《三國演義》中的其他計謀

將船與船連結起來的另一個「連環計」

《三國演義》中記載了兩個連環計,一為王允利用貂蟬挑撥董卓與呂布的計謀(參見P178),一為龐統對曹操實施的計謀。

赤壁之戰前,孫權陣營派出假裝投降的龐統。龐統建議曹操:「使用大鎖將船與船如同念珠般串連起來,那麼即使長江流水澎湃,船隻也能不受動搖地持續前進。」當時曹操軍隊的士兵不適應水上生活,許多人暈船,甚至還有士兵因此死亡。龐統的建議讓為士兵戰力降低而苦惱的曹操十分高興,立即決定採用,而這就是「連環計」。後來曹操遭到火攻,船隊無法撤退,每艘都起火燃燒。

致人而不致於人

先發制人的重要性

將敵手引進自己的圈套是獲勝的祕訣，例如先發制人，讓情勢順著自己的步調發展。

作戰的要訣

兵法家孫武在《孫子兵法》中有以下描述：「故善戰者，致人而不致於人。」若以現代白話文來解釋，指的是「掌握主動權牽制敵方，在自己有把握的戰場作戰」之意。

這是十分重要的事。常人言，「凡事都要靠經驗」，然而一旦處於不利的情勢或被迫做不擅長之事，就如同走向敗亡一途。若讓敵手掌握了步調，往往都會造成上述的情況，因而無法發揮所長贏得勝利。

以相撲為例，相撲是由交手的一刻決定勝負。相撲力士藉由相互碰撞的瞬間取得對自己有利的機會，努力將主導權掌握在自己手中，自在地控制對方，以自己的專長及拿手技巧贏得勝利。

當然，也不是說主導權被拿走就一定會失敗。攻擊必定有一定

的極限，只要讓對方的攻擊超過極限，之後還有挽回的機會。不過這時若沒有堅持住，最終還是會失敗。

因此先發制人是作戰的方式之一。先發制人的一方通常可以取得主導權，迫使對方只能夠採取防守，《三國志》中也有因先發制人而獲勝的例子。

在敵軍到達之前先發動攻擊

二一五年八月，孫權率領十萬大軍進攻合肥。合肥是長江北側的要衝，也是魏國對孫權作戰的最前線基地。當時合肥的守將是張遼，手上約有七千名兵力。

張遼打開曹操授予的密函，預定遠征漢中的曹操在出發前交代張遼等合肥守將，表示若敵人進攻而來就打開這封密函，信中指示合肥守將積極作戰。

由於孫權率領的是十萬大軍，

 歷史筆記 孫權大軍撤退時，張遼依然緊追不捨。受到突襲的孫權軍陷入恐慌，孫權被逼到千鈞一髮的危急狀態。

190

如此的大軍要完成包圍必須花上一些時間。若敵方大軍完成包圍動作，主導權就會被孫權取得，戰爭也必須按照孫權的步調進行。因此張遼遵照曹操的指示，率先發動強力攻擊，取得戰爭的主導權。

張遼過去曾是呂布的部下，因此善於作戰。而張遼先發制人的計謀也順利成功，整軍之前就遭到猛烈攻擊的孫權大軍無法完全對抗，

就此喪失戰鬥意志，接下來的發展對張遼十分有利。孫權大軍雖然進攻合肥城，但因城內軍隊頑強抵抗，孫權大軍死傷續增，結果只交戰十天便不得不撤退。

以七千兵力對抗十萬大軍的張遼從此名震天下。據說在當時的吳國，只要對哭鬧不停的小孩說：「張遼來了」，孩子馬上就會停止哭泣。

《三國演義》中的其他計謀

打倒夏侯淵的「以逸待勞」計謀

話說二一九年劉備與曹操爭奪漢中郡的戰爭中，決定勝負的關鍵是「定軍山之戰」。不過《三國演義》裡面寫的是法正與黃忠合作，採取「以逸待勞」計謀，計謀內容如下：

黃忠軍在夏侯淵駐紮地、定軍山對面的險峻山腰間擺陣，等待夏侯淵軍到來。由於一面登山一邊進攻非常辛苦，因此夏侯淵陣營用盡一切辦法，希望引誘黃忠軍現身。

不過黃忠這邊定心忍耐，沒有任何動靜，計畫等到夏侯淵軍的銳氣衰微後再開始突擊，利用下山的地形一舉擊敗夏侯淵大軍。而作戰結果就如黃忠的預期，黃忠打敗魏國名將夏侯淵，劉備陣營成功地鎮壓漢中郡。

出其不意亦是致勝關鍵

讓敵手大吃一驚，重挫對方的氣勢便可掌控情勢，讓情勢按照自己所想的方向而走。

老奸巨猾的孫權

恫嚇敵人使其驚懼，亦是非常重要的戰略。因為對方已經「失了魂」，表示可以容易地掌控。據說過去在日本有商務人士隨身攜帶純金名片，待對方收到金名片而大吃一驚時，才開始切入生意的主題。但由於純金名片只有一張，所以談完生意後又會拿回來，改給對方一張普通名片。

三國時代時也出現了讓對方嚇到「魂不附體」的計謀，二二四年九月魏國與吳國的戰爭就是如此。

當時魏帝曹丕對孫權的態度感到非常不滿。二二一年左右，劉備為幫關羽報仇而準備進攻吳國，孫權哭著央求曹丕，並發誓成為魏國的臣子（參見P164）。曹丕不顧身邊大臣反對，接受孫權的稱臣。這是因為若假裝事不關己或處罰孫權的話，曹丕將失去世人的信任，為此他也準備與劉備決一死戰。

然而就在擊退劉備之後，孫權卻突然翻臉不認人，原本答應要將兒子孫登送到魏國當人質，卻沒有實現諾言，反而加強吳魏兩國邊境的防備。而二二三年劉備死後，孫權馬上改善與蜀國的關係，結成軍事同盟。

對魏國而言，蜀國與吳國的軍事結盟是極大的威脅。孫權的再三背叛讓曹丕大動肝火，二二四年九月，曹丕決定親自出征。

偽裝的防備斥退魏軍

曹丕的親征撼動了吳國，孫權馬上召開緊急軍事會議，不過當然只能選擇迎敵。然而到底應該如何迎敵呢？此時安東將軍徐盛提出了「偽城作戰」計策。「我方可以建築防禦用的城牆，不過不是那種堅固的城牆，而是架設可以掛上簾子的那種簡單牆壁，也要設置臨時的高台，這是為了讓對方看到時如同

歷史
筆記　曹丕似乎不擅長戰爭，在他親自出征的戰役中，完全看不到勝利的影子。

看到真的城牆。接下來還要讓眾多水軍守在長江上，不讓敵軍靠近，只要敵軍不靠近是絕對不會被識破的。」

列席的吳國將領大表反對，不過徐盛絲毫不退讓。聽完所有意見的孫權做出決定，決意進行偽城作戰。而這項計策完全成功，進攻而來的魏軍看見長江對岸築起長長的防衛牆，個個嚇得魂不附體。

「這怎麼可能……」，而且長江上還有許多吳國軍船駐守。雖然魏軍擅長陸戰，但長長的城牆綿延不絕，陸戰部隊無法上陸，這時曹丕及魏軍將領皆喪失了鬥志，什麼都沒做地直接撤退。

《三國演義》中的其他計謀

「詐死欺敵」的計謀

本以為敵人早已戰死，但若知道他仍健在的話，任誰都會覺得「不會吧！」。《三國演義》中處處可見這種計謀，曹操在與呂布爭奪濮陽城時，就使用了詐死欺敵的戰術。

曹操出兵鎮壓濮陽城時，城內的呂布以火攻回擊，曹操在千鈞一髮之際被典韋（曹操的護衛）所救。回到陣營的曹操命令郭嘉說：「只要散布我因火傷而死的消息，呂布一定會進攻。我們只需部署伏兵等待，準備迎擊。」當曹操已死的謠言傳到呂布耳裡時，呂布果然發動攻擊，最後敗在曹操軍隊手中。

而孫策與揚州刺史劉繇的部下薛禮交戰時，還有周瑜與曹仁（曹操的武將）交戰時，也都使用了詐死欺敵計策。

第6章 《三國志》中的計策

193

令人毛骨悚然的空城計

「空城計」出現在《三國演義》中，只要引發敵軍的疑慮，
讓對方暫時不敢有任何動作，就能夠獲得勝利。

兩千人部隊對上十五萬大軍

《孫子兵法》中有「空城計」這麼一計。簡單來說，就是以城樓為道具讓對方起疑心，迫使敵軍撤退的計謀。在《三國演義》中，諸葛亮擊退司馬懿時便是使用空城計，以下是當時的概要。

二二八年諸葛亮的第一次北伐因為馬謖的失誤而失敗（參見P224），蜀國軍隊不得不撤退。在撤退之前，諸葛亮去了一趟西城，目的是為了將存糧運至漢中。但此時突然有消息傳來，說司馬懿正率領十五萬大軍往西城接近。

十五萬大軍的陣仗驚人，但西城內的蜀國軍隊只有二千名，可說是小蝦米對上大鯨魚。若是正面衝突，蜀軍勢必是全軍覆沒，將士紛紛動搖。此時諸葛亮沉著地下令道：「千萬不可慌張。」

大膽的空城計

司馬懿率領大軍來到西城門前，眼前的景象讓他卻步不前。不僅城門大開，門前還潑灑了水，並燃燒著熊熊火堆。司馬懿問了部下：「你們覺得這是什麼意思？」所有部下全都搖著頭說：「真是怪了，到底是怎麼一回事啊？」此時耳邊還傳來美妙的琴聲，抬頭一看，沒想到諸葛亮正在城樓上悠閒地彈琴。

無論是城門前的情形，還是諸葛亮的態度，彷彿都在說著：「歡迎光臨本城，請不要客氣。」這實在是太奇怪了，司馬懿與將士們都起了疑慮，最後決定撤軍，以上就是空城計的概要。

或許有人認為這只是小說中的故事，事實上應該不可能這麼順利。若真的只是被動等待，相信大多會因敵人的攻擊而全軍覆沒。不過歷史上當然還是有成功的例子，

歷史筆記 據史實記載，這個時期的司馬懿為防備孫權蠢動，駐紮在荊州的南陽郡，當時魏軍的總司令為曹真。

裴松之（參見P21）在注釋中引用的《趙雲別傳》中記載，在漢中的攻防戰中，趙雲也曾使用過空城計。

《趙雲別傳》中指出，漢中爭奪戰時趙雲受到曹操主力部隊追擊，逃至堡壘內後他將所有的門全部打開，自己一個人站在城門前。此時曹操認為一定有埋伏，因此開始後退，突然間城中射出大量的弓箭，曹軍因而被擊退。得知此事的劉備激賞地說：「子龍（趙雲的字）真是大膽啊！」

《三國演義》中的其他計謀

日本的空城計

歷史上真正成功使用過空城計，並留下紀錄的例子是在日本，時間是戰國時代，地點在濱松城。

元龜三年（一五七二年）十二月二十二日，德川家康指揮一萬一千名士兵，在三方之原（今靜岡縣濱松市北方）與甲斐武田信玄所率領的二萬五千名甲州軍激戰。甲州軍擁有多數騎兵，軍事實力是日本最強。德川家康在甲州軍一波波的進攻下節節敗退，好不容易隻身逃到濱松城內。

甲州軍為了追趕德川家康而來到濱松城。突然間他們停止前進，因為眼前的景象十分詭異，不僅城門大開，且城門內外還放置了大型火堆，怎麼看都不像是要迎擊敵人。

是圈套嗎？還是城內設有陷阱？事實上這既不是圈套，也不是陷阱，而是為了迎接隨後逃亡而來的士兵。不過甲州軍無法不顧及疑慮，就這麼從城前撤退。若甲州軍進攻濱松城內的話，德川家康的性命必定不保。畏懼是人類的天性，在戰場上則更是膽小如鼠，空城計就是利用這樣的弱點而戰。

偽裝成愚者等待時機

有時假裝成愚者也是十分重要。若不能等待時機成熟，不是被滅亡就是自取滅亡。

假裝沉溺於酒色，等待時機

無論在哪個團隊，一定都有才智、毅力、體力兼優、充滿才幹的人。若領導者是個優秀的人才，那麼部下就可自由地發揮能力。若領導者愚笨惡劣，且權力慾望極強，那麼部下應該也是半斤八兩。不過一個人若是極具才幹，那麼他的存在自然就會讓周遭的人感受到威脅，引起旁人的戒心，而這與當事人的言行一點關係也沒有。

有一句話說：「行動之前的賢能之人看似愚者」，這是解除旁人戒心的一個好策略。漢朝（西元前二〇二年～後八年）便有這樣的例子。以足智多謀著稱的左丞相陳平，在建國皇帝劉邦（高祖）死後、呂后（劉邦妻子）的專制體制開始時，一味地沉溺於酒色。

周圍的人起初還半信半疑，但陳平看來似乎真的樂在其中，因此大家一致認為：「陳平已經沒有用了」。不過呂后一死，陳平馬上振作起來，將呂后的餘黨全數殲滅，把權力交還給劉氏家族。

佯裝成癡呆老人，等待時機

司馬懿執魏國政治之牛耳，為日後孫子司馬炎建立晉朝打下了基礎。而司馬懿也曾經佯裝成愚者，讓敵手掉以輕心，打敗了曹爽所領導的反司馬懿派。

二三九年，在曹爽派的運作下，司馬懿接任太傅職位，主要任務是教導年幼的新皇帝。而太傅是一項榮譽職，實際上沒有任何政治實權。司馬懿處於被冷凍的狀態，自此開始，司馬懿開始了他的潛伏期，因為如果有任何反叛的言行，可能馬上就會被殺害。

事實上，曹爽根本沒有那樣的膽量及計謀，司馬懿高估了曹爽的實力，行事相當慎重。司馬懿假裝生病在家療養，等待時機的到來。

歷史筆記 司馬懿也曾敗在妻子手上。當他對妻子大怒說道：「老太婆面目可憎」時，他的妻子帶著兩個兒子絕食抗議，他只好努力低頭道歉。

司馬懿的做法十分周密，他沒有忘記給曹爽一派「司馬懿已經不行了」的強烈印象。二四八年冬天，曹爽派的掌權者李勝到司馬懿家拜訪，因為他即將到荊州擔任刺史（政治監察官），說是前來打聲招呼，其實是為了一探司馬懿的狀況。

司馬懿在李勝面前發揮了精湛的演技。他走路走得踉踉蹌蹌，胸前的衣服也沒束好，神情木然。不知道是不是重聽，完全無法與他溝通，喝湯時湯汁還會從嘴角流出。司馬懿年輕時曾經以中風為由拒絕曹操出仕的邀請，李勝一開始仍有懷疑，不過想到司馬懿已經七十一歲，於是相信了眼前看到的一切。

曹爽得知司馬懿的現況後非常放心，而放心就會造成疏忽。二四九年一月，曹爽等人帶著皇帝（曹芳）離開宮廷，司馬懿則火速發動政變，將曹爽一行人一網打盡。

《三國演義》中的其他計謀

諸葛亮近乎超能力的計謀

《三國演義》中的諸葛亮是個非常出色的軍師，用兵神出鬼沒。他的每項計謀都十分厲害，可說早已超出計謀的範疇，幾乎達到超能力的境界。

例如赤壁之戰時，諸葛亮運用〈奇門遁甲天書〉當中記載的祕訣，將東北風變成東南風，風向的改變讓周瑜的「火攻之計」順利成功。「八陣圖之計」則只是巧妙地放置巨石，是相當簡單的計策。不過巨石是按照奇門遁甲的祕訣放置，一旦迷失就無法脫身，只能不斷在裡面找尋出口，最後精疲力盡而死亡，是非常恐怖的陣勢。《三國演義》中便記載著諸葛亮利用「八陣圖之計」，將吳國的陸遜逼至絕境。

源自於人物姓名的成語

● 白眉

日文裡常説：「這篇文章是投稿作品中的白眉」，白眉指的是同類中最出類拔萃的人或物。《三國志‧蜀書‧馬良傳》中記載：「馬氏兄弟五人，每位都是文武雙全之人，但其中有著白色眉毛的長子馬良是最有才能的」，而馬良後在夷陵之戰中戰死。

● 揮淚斬馬謖

通常用以形容「不得不處決非常喜愛及信賴的人」。諸葛亮第一次北伐時，按照軍律處死因違反命令導致大敗的馬謖。馬謖是「白眉」馬良之弟。

● 臥龍鳳雛

形容「尚未為世人所知的大人物」，至今仍為人所使用。正當劉備尋找軍師之際，在荊州有「水鏡先生」之稱、備受尊崇的司馬徽推薦了諸葛亮與龐統兩人，「臥龍鳳雛」是司馬徽對諸葛亮及龐統的讚詞。

● 白眼相待

竹林七賢（阮籍、阮咸、嵇康、向秀、劉伶、山濤、王戎七人。他們討論與現實無關的理論，批判現實政治的殘酷）中的阮籍，反抗正一步步奪取魏國江山的司馬家。阮籍於是假裝沉溺酒中，故意遠離政治。翻白眼是他拿手絕技，只要司馬家的人前來拜訪，他就會以白眼相待。因為這段故事，白眼便被用來表示以冷淡的眼神看人。

● 勢如破竹

用以形容猛烈的攻勢。二七九年進攻吳國在即，晉國鎮南大將軍杜預説：「再來就像將竹子割破般簡單。」

第 7 章

《三國志》中的失敗學

少數勝者與多數敗者的不同

【少數勝者與多數敗者的故事】

古今中外，有人勝利就有人失敗，這是亙古不變的道理。

然而，敗者藉由他們的失敗，在時代發展中發揮了他們個人的作用。他們依循自己的命運而戰，敗北一事不過是偶然。敗者絕不等同於惡人，敗者的人生也如連續劇一般，充滿許多值得後人引為借鏡的教訓。

在東漢開始的動亂時代中贏得勝利，奠定三國鼎立基礎的是曹操、孫權、劉備三人，但他們同時也因為踢掉許多對手而臭名遠播。他們所走的道路，是建立在許多失敗者之上。

【《三國志》中的敗者們】

本章主要介紹眾多群雄及智士失敗的主因。在動盪的三國時代，無論哪個人物都會在歷史上留下一筆，然而多數人都沒有得到完美的結局，就此消逝。

例如王允曾經成功肅清董卓，然而他的運勢在達到巔峰時卻急轉直下，淪落到被處死的下場。袁術雖系出名門，但卻在流浪各地之後死於異鄉。董紹明明得到皇帝充分的信任，卻因誤判情勢而被曹操殺害。楊脩、關羽、張飛等人才華卓越，最後也因為自身的原因而遭同伴背叛。

雖然每個人都可能在時代潮流中開創出屬於自己的時代，不過卻都一一失敗。

【失敗原因為何？】

問題是為什麼他們會失敗呢？如上文所述，本章例舉出來的都是非常出色的人物。

雖然失敗的原因各式各樣，但無論在哪個時代，每個人消逝的理由似乎都有那麼一點共通性。王允因為處世太過正直而失去性命，楊脩因為才幹過人而引起曹操的戒心。孔子第二十代子孫孔融無法適應自身所在的環境，淨說一些歪理，因此被殺害。而被司馬懿處死的曹爽則是因為太小看人性了。

不是每個人都能成為勝者，不過「雖不勝但不敗」是可能的。本章將透過訴說《三國志》的故事，帶領讀者領會如何不至於在錯綜複雜的世界中淪為敗者。

正直延誤了判斷

正直雖是美德，但過於正直是好是壞就值得商確了。墨守成規、不知變通的思考方式導致反應遲緩，而王允被殺也就是因為他太過正直。

優秀正直的王允

擔任司徒的王允拉攏呂布打倒了董卓（參見P50、178）。聰明睿智的王允受到董卓重用，董卓將政務交待給他，而他同時也是個相當正直的人。不過說來諷刺，正直的心與優秀的頭腦竟是造成王允日後失敗的原因。

暗殺董卓成功之後，王允下令處死蔡邕，讓周圍的人大吃一驚。蔡邕雖然為董卓所重用，但他是當代十分傑出的大學者，更是組成新政府時需要的人才，眾人紛紛探問處死蔡邕的理由。王允說：「可知董卓被我們暗殺時，蔡邕做何反應？他嗚呼地嘆了口氣，嗚呼的一聲。那嘆氣是感嘆逆賊之死嗎？若真如此，他就該與逆賊同罪。」

雖然為蔡邕請命的要求如山一樣高，但王允仍舊強制進行處刑（有一說表示王允在最後一刻反悔，轉而搶救蔡邕）。當時參與政變的許多人因此驚慌失措，還有人為此與王允斷絕關係。

此時臨時政府成立，有許多政策待實施，如新體制的成立、治安的維持、經濟的穩定等，而當務之急是要處置在長安城外徘徊不去的董卓餘黨。董卓餘黨雖然失去領導者，但他們仍然握有龐大的武力，若處置有絲毫差錯，就會招致嚴重的後果。而此時必須做的就是消去董卓餘黨心中「可能會被殺」的恐懼，讓他們不要疑神疑鬼。若是疑神疑鬼，就會產生憎恨而做出攻擊。

正直之人最後的遺言

但王允對餘黨的特赦命令卻遲遲未發出。不久，李榷等董卓餘黨軍包圍長安，攻進城內。在餘黨軍的攻擊下，官吏及民眾紛紛死在刀下。臨時政府雖然派出呂布奮力抵抗，但就連呂布也敵不過餘黨軍的

歷史筆記 王允將董卓家族全數殲滅。當時董卓九十歲高齡的老母逃到城外懇求饒命，卻仍遭到殺害。

氣勢。有預感自己將會戰敗的呂布急忙趕至王允身邊，催促他一起逃亡。

不過王允卻說：「我最大的心願就是讓國家安定，若是無法做到，我會貢獻棉薄之力直到死去為止。朝廷及陛下都仰賴我，所以即使危險就在眼前，我可以逃嗎？替我跟東方諸侯們說：『不要忘記國家』。」王允拒絕逃亡，他與妻子以及妻子家人共十多人被餘黨軍所殺害。

從王允的一番話可以得知他為人的正直。不過因為自身的正直而讓旗下官員、人民和家人死亡又是另一回事了。如果王允早一點採取行動，或許這麼多人就可以倖免於死。關於王允為何沒有發出特赦命令，原因不得而知。不過，從王允生前的最後一番話可以得知，王允過度的正直應該就是其中的主因。

正直是一種美德，但正直有時會讓人的思考變得愚鈍。王允雖然以他的正直與優秀打倒董卓，卻也因為同樣的理由而失敗。

● 王允的失敗

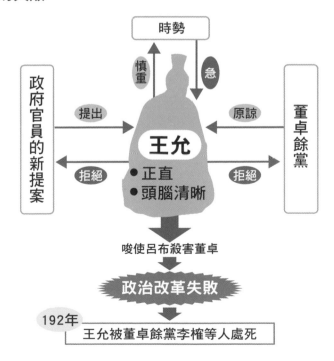

受唆殺害其主的愚蠢剛直

呂布雖然是有能的武將，但其兩度背叛主子的過去令人無法安心，而這就是導致他日後失敗的原因。

受人唆使而殺害其主

呂布曾經兩度殺害其主，分別是：

● 一八九年……殺害并州刺史丁原
● 一九二年……殺害董卓

呂布殺害丁原是因為受到董卓唆使。何進將軍死後，趁機進入朝廷的董卓企圖加強權力，因此策畫殺害維持長安治安的并州刺史丁原。董卓攏絡丁原十分信賴的呂布，要呂布除掉丁原（參見P46）。而呂布倒戈一事讓董卓十分高興，因此贈與他天下名馬「赤兔馬」，並升其為近衛騎兵隊司。

之後呂布殺害董卓則是因為受到王允唆使（參見P50）。根據正史《三國志》記載，呂布與董卓的婢女私通，而且對於董卓待人的粗暴一直有怨言。此時王允告訴呂布：「我可以幫你殺掉董卓」，呂布因此下定決心。殺害董卓之後，呂布參與臨時政府的工作，但因董卓餘黨進攻長安而逃出。之後呂布的動向如右頁圖表所示。

一九八年，呂布在下邳城遭曹操處死，原因是他在攻防戰中失敗。行刑之前呂布對曹操說：「你的目的是要打敗我奪回下邳城，如今目的已經達到，也捉到了我。我對騎馬戰十分熟悉，而你對步兵戰很拿手。如果我倆聯手一定天下無敵，這樣天下不就是我們的了？」

曹操一時受到迷惑，露出迷惘的表情，但以客將身分前來的劉備警告曹操，曹操最後還是決定處死呂布。

讓曹操下定決心的一句話

呂布最後的告白，透露出他內心真正的想法。他非常想以群雄身分參加一統天下的競賽，從他兩度弒主的行動便可看出他的野心。不過如此的野心也將呂布自己逼上絕路，因為誰都不想成為第三個遭其

歷史筆記　《三國志》中關於丁原的描述為「武力過人」，同時也有嚴厲批評如下：「只認得一點字，不具備當官的才能」。

背叛殺害之人。呂布的武力的確堅強，不過他時而背叛、時而結盟，周旋在眾群雄之間。而他這點可說跟劉備有些相似。劉備內心也有掌握天下的慾望，是個不斷背叛及結盟之人，只是劉備具有不可思議的魅力，最後才得以成功當上蜀國皇帝。

呂布過去輾轉抵達徐州時，劉備並未將他趕走，並以禮相待。不過當他看到曹操處死呂布之前的迷惘表情，他又對曹操說：「請不要忘記丁原與董卓的下場。」據說呂布在被帶往刑場之前對劉備大叫：「你才是大騙子。」

由此可知，呂布欠缺劉備擁有的聰明，如平常就把「信義」、「仁義」等好聽話掛在嘴邊，讓人無法察覺其真正的企圖。

●呂布波折的一生

189年	殺害主子丁原，殺害丁原後投靠董卓。
192年4月	殺害董卓
193年6月	受董卓餘黨攻擊而逃出，前往袁術處。 但被袁術陣營拒絕，轉而投奔袁紹。
194年	從袁紹陣營逃出，與張邈意氣相投，成為兗州牧。 之後成為陳宮（曹操軍師）「反曹操政變」的盟主， 發起政變與曹操對戰。
196年	輾轉到達劉備擔任州牧的徐州， 之後想從劉備手中奪取徐州。
196年	袁術向呂布提親，但遭呂布拒絕。
198年	背叛曹操加入袁術陣營。 在下邳城被捕，最後被曹操殺害。

逃避現實的即位

袁術突然在九江自立為皇帝，不過卻沒有人願意跟隨實力衰退的袁術。

袁術自封皇帝

　　袁術的據點在淮南，他在《三國志》中可說是愚蠢之人的代表。

　　袁術是袁紹的堂兄弟，另有一說表示他們是同父異母的兄弟。雖然詳情不明，但可以確定的是，袁術與名門袁家的淵源頗深。當時的社會風氣是以家世背景決定聲望，袁術之所以能以群雄姿態掌握權力，就是因為出身名門之故。

　　一八九年起孫堅加入袁術旗下，一九二年孫堅死後，由孫策擔任袁術的輔佐。或許袁術比今日我們所認識的還有名望也說不定。

　　然而曹操崛起之後，袁術的光環頓時消退。他輸得一敗塗地，被逼到長江與淮水之間（參見P51地圖）。不知是否因為焦躁不安，一九七年袁術將希望寄託於一舉扭轉情勢的計策上。「我在此自立為皇帝，建國號為仲氏。」而袁術即位為皇的根據，竟然只是預言書中的暗示。

　　「預言書中寫道：『代漢者當塗高』（取代漢朝者應當為塗）。這並非造假，是兩百年前的紀錄中所寫的內容。早在很久以前，就決定了我將成為皇帝。讓我來試著解釋，『塗』是『路』之意，我袁術的字為公路，『塗』也就是公路，指的就是我。而我的名是『術』，去除其中的『朮』後就是『行』字，而『行』與『路』的關係匪淺。此外，袁家祖先的名字中有『塗』字，所以只有我才能當皇帝」。

　　總歸一句，這完全是強詞奪理。雖然依附在魏國曹操的庇護之下，但漢朝仍舊存在，皇帝也健在。此外，袁術處於被逼至淮南的狀態，根本不具有征服群雄的威嚴，而袁術對於預言書的解釋也是牽強附會。群雄們起初驚訝，之後便勃然大怒，尤其是名義上為袁術

歷史筆記　《三國演義》中敘述袁術想喝蜂蜜時，親信回答說「沒有」，讓他鬱悶而死。

部下的孫策。孫策認為雖然東漢國力衰敗，但朝廷仍舊存在，皇帝也健在。擅自宣布建國的袁術被視為叛國賊，而跟他有關係的人，也不免遭到冷眼相待。

這時孫策對袁術提出絕交書，內容如下：「自封為王，實在可鄙，我終於知道你是個狂人。我以自己不識人為恥，我無法再跟你來往，再見。」

沒有實力也沒有聲望

袁術的下場十分淒慘。自立為皇之後，袁術沉溺於後宮女色，朝廷只是徒具形式。當時沒有任何一個人願意跟隨袁術，他到處流浪，最後在投奔青州袁潭（袁紹之子）的途中鬱悶而死。

袁術的想法並非天外飛來一筆，朝廷的衰敗任誰都知道，的確是該改朝換代的時候了。不過改朝換代需要時機，也有一定的程序。若不是群雄與民眾認同的時機與程序，根本無法建立新王朝。

東漢朝廷滅亡及魏國建立是在西元二二〇年。一九七年的階段並非建立新朝代的好時機，而且袁術的實力也不夠。袁術企圖以空想來填補滿足不了的現實，終究招致失敗。

●袁術努力追尋理想但終究失敗

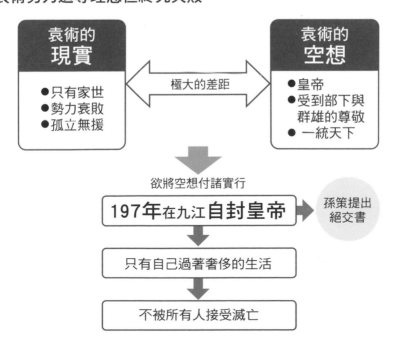

無法解讀時代就無法安定政權

獻帝與董紹等人商量，計畫發動武裝政變，但被曹操識破，
以致無功而返。不過這場政變到底有沒有成功呢？

進行肅清之由

二〇〇年一月，許昌（獻帝所在之都）實施了大規模的肅清行動。被捕的是車騎將軍董紹等朝廷內的重要人物，這些人陸續遭到處死。這突如其來之事讓天下之眾驚訝不已，罪狀更令人不可置信。

理由是政變未遂。據說董紹等人計畫趁曹操準備與袁紹交戰、忙得不可開交之際舉兵。但曹操事前已察覺朝廷政治不穩，並將他們一網打盡。事實上，劉備也參與了這項政變計畫。劉備等待與董紹等主要成員共同起兵的機會，不過因曹操下達「討伐袁術」的命令而出擊，政變計畫就是在這個時候被發覺。

此政變計畫的幕後黑手是獻帝。獻帝在一九六年開始受曹操保護，起初他還非常高興身邊出現了一位忠臣，但沒有多久就改變了想法。

獻帝在曹操陣營的生活與在董卓之處時沒有兩樣，他對曹操言聽計從，凡事都必須依照曹操的意思行動。漸漸地，獻帝對曹操的感激轉而變成了憎恨。若仔細觀察，不難發現當時朝廷內有許多人對於曹操把皇帝及皇族當成魁儡控制一事十分不滿，當中尤以皇帝岳父董紹對曹操的憎恨最深。

這時反曹操派應該會一鼓作氣共同起兵吧！但曹操這人十分謹慎，早已在朝廷內佈下縝密的間諜網。因此即使皇帝祕密宣召董紹，也會馬上被發現。

後來獻帝用盡各種方法，終於成功地將敕書交給董紹，反曹操派蓄勢待發。不過曹操的情報網早已敏銳地察覺此事，政變計畫尚未進行就已受到壓制。

未反映民意的政變

以上就是政變未遂事件的概

歷史
筆記　二二〇年，獻帝將皇帝之位讓給曹丕，東漢滅亡。之後便以山陽公劉協（獻帝本名）之名度過餘生，於二三四年逝世。

208

要。不過就算此時朝廷誓師奮起，成功的機會應該也非常渺茫。

當時曹操想讓持續戰亂的中原漸漸恢復秩序，而屯田制的成功也解除了糧食不足的危機。魏國不徵收未使用的糧食，也沒有強盜集團橫行。過去民眾深受社會秩序混亂及糧食不足所苦，如今曹操這位領導者終於帶給他們安定有保障的生活。而且曹操積極選用人才，給予人民出仕機會。因此對民眾而言，曹操是個非常值得信賴與依靠的領袖。

「打倒曹操」並非民意，可說是一些朝廷之人為了一己私利所喊出的口號。而沒有民意為基礎的政變，當然不會成功。

●曹操統治與東漢朝廷統治的不同

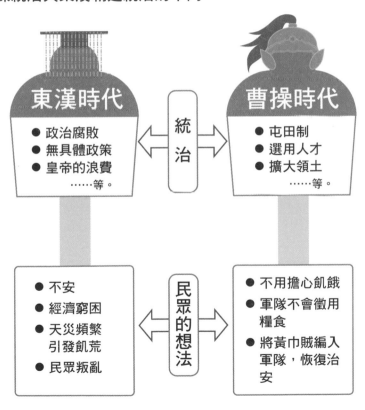

東漢時代
- 政治腐敗
- 無具體政策
- 皇帝的浪費
......等。

統治

曹操時代
- 屯田制
- 選用人才
- 擴大領土
......等。

- 不安
- 經濟窮困
- 天災頻繁引發飢荒
- 民眾叛亂

民眾的想法

- 不用擔心飢餓
- 軍隊不會徵用糧食
- 將黃巾賊編入軍隊，恢復治安

過當防備反而招致死亡

只是一味防守的話，勝利絕對不會來臨。若不能在防守的同時伺機而動，必將招致失敗。

以豐富物資固守城池

公孫瓚，字伯珪，為東漢末期群雄之一。他生來高大挺拔且外表出眾，深為遼西郡太守所欣賞。太守於是將女兒許配給公孫瓚，並提拔他到太守府工作。

公孫瓚年輕時曾以郡所指派的學生身分，到儒學家盧植門下求學，而劉備是他的同門。公孫瓚擅於交戰，他率領由白馬組成的精銳騎兵隊「白馬義從」，在與北方外族及黃巾賊對抗的戰事中發揮出無比的實力。

公孫瓚的競爭對手是河北的巨人袁紹。以界橋之戰（一九二年）為開端，公孫瓚為了取得河北霸權而與袁紹交戰。正當戰爭陷入膠著進退兩難時，公孫瓚改行固守易京城的防衛戰。

易京城是天下第一堅固的城樓，光是壕溝就有十道，內側還堆砌土堤，堤防高度有五至六丈。各堤防上還立著高台，最內側的堤防更高達十丈。據說當時城內儲備的糧食有三百萬石，進行防衛戰完全沒有問題。而這次的防衛策略決定了公孫瓚的命運。

關於防禦作戰，德國戰略學者克勞塞維茨（一七八〇～一八三一年）提過下述見解：「防禦是比攻擊容易且強而有力的戰鬥方式，不過防禦的目的只是維持現狀，十分消極。雖然攻擊比防禦容易失敗，卻也因此可能獲得全面性的成功。」「防禦無法達成戰爭最終的目的，因為沒有攻擊，就不會有勝利。防禦一方若是想避免滅亡，那麼就必須活用防禦所取得的優勢，藉機反攻。」

公孫瓚固守在糧食充足、不易攻破的易京城，這麼一來也可說是封死了旗下將兵的力量。公孫瓚雖然撐了好幾年，但袁紹終於發動總攻擊，公孫瓚在一九九年敗北。

歷史筆記 各外族對公孫瓚十分畏懼，稱他為「白馬將軍」。據說他們對著公孫瓚的畫像射箭，以洩心頭之恨。

敗北之前，公孫瓚還把主張發動攻擊的部下趕出城外，眼睜睜看著他們死在敵軍刀下，這可說是過度防備導致失敗的最佳例子。

邊防守邊進攻的曹操

即使同樣是守城戰，但在曹操與袁紹對抗的官渡之戰（二〇〇年，參見P152）中，曹操採取的防守方式與公孫瓚完全不同。

袁紹軍此時確實展開攻勢，利用挖掘地道、建立高台對城內放箭等方式不斷進攻。而曹操大軍也不甘示弱，製作了稱為「發石車」的投石器，破壞袁紹大軍的高台，並同樣以地道戰術回敬袁紹軍的地道攻擊。面對攻勢時，曹操軍不只是防衛，也積極對袁紹軍發動攻擊。而曹操之所以這麼做，是因為城樓不夠堅固，而且糧食也很少。曹操明白若不拚命對抗，一定會戰敗。

克勞塞維茨還曾提到：「攻擊力終會到達到極限，而且攻擊一方很容易就會超越這個極限。一旦超過極限，情勢就會有一百八十度的大轉變，轉而有利於防守一方。這時防守一方的反攻力量會比攻擊一方更為激烈。」

官渡之戰中，曹操與其陣營奮力不懈，讓袁紹軍的攻擊超越了極限，終於形成逆轉的局面。

●單單防守無法扭轉情勢

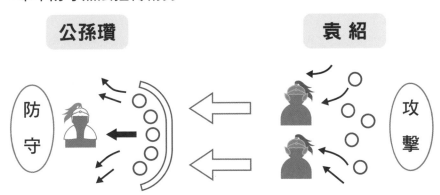

出身名門而無法了解民心

袁紹雖然具有家世背景及軍力，不過卻不明白最重要的民心，欠缺治理一個國家該有的器度。

袁紹未受到廣泛支持？

若比較袁紹與曹操的實力，袁紹可說是日本相撲界的橫綱，曹操則是關脇（譯注：相撲力士等級以橫綱為最上位，其下分別為大關、關脇、小結等）。袁紹的家世背景雄厚，其家族連續四代擔任東漢朝廷的重要職位「三公」（司空、司徒、大尉），是名副其實的名門望族。

在當時的社會，一個人的聲望與家世是密不可分。一九〇年袁紹組成反董卓聯軍時，就是因為有好的家世背景，所以被推舉為聯軍盟主。諸侯們都認為，如果是袁家的子弟就沒有問題。不過，袁紹似乎也只有家世好而已，《三國志》作者陳壽曾嚴厲批評袁紹的個性。

「他就像是極富威嚴的名將，心胸也看似寬大，不過內心卻嫉妒部下的功績及能力。他喜好權謀，但一旦發生問題就畏畏縮縮。」也就是說，袁紹是個心胸狹窄的人，

當然也不會任用田豐、沮授等優秀臣子。

因出身名門而輕視皇帝

袁紹失敗的最大原因，就是因為他出身河北名門，沉浸在威權的緣故。接著讓我們來思考袁紹是如何處理獻帝的問題。當獻帝從長安回到洛陽之際，軍師沮授建議袁紹「擁戴獻帝」，但他卻加以拒絕。這或許是因為他看不起已經衰敗的皇室，或者他認為收留皇帝也就代表著接受討厭的繁雜政治制度。又或許是他想趁獻帝被帶到長安時立幽州牧劉虞為新皇帝，因為他認為可以取代已衰敗的皇室威權。

不過，這是「三公四代」的名門子弟才會有的想法。對民眾而言，皇帝就是皇帝，是人民必須尊崇，更不得冒犯的權威。而袁紹因為出身名門，並不知道即使是衰敗的皇室威權，尚有其可利用之處。

歷史筆記　田豐與沮授為贏得勝利，向袁紹提出不少諫言，但袁紹卻一項也沒有採納。

因出身名門而不知糧食的重要性

　　袁紹的無能，從他二〇〇年為奪取天下與曹操交手的官渡之戰便可看出（參見P152），決定這場戰爭勝負的是曹操的烏巢攻擊。烏巢是袁紹軍隊糧食所在地，當袁紹接到烏巢被襲擊的消息時，他採取的行動卻是前往官渡城攻擊曹操的留守部隊。

　　袁紹的決策讓苦於糧食持續不足、為養家活口才冒著生命危險上戰場的將兵們驚愕不已。即使打了勝仗，也還有飢荒的疑慮。接到攻擊官渡城命令的高覽與張郃假裝出擊，毫不遲疑地對曹操投降。這時袁紹應該做的就是守護士兵們的糧食來源。

　　不過由於袁紹出身河北名門，因此不知道飢荒的可怕，也不知道大多數民眾活著只是為了餬口飯吃。相對地，曹操對於這點則有敏銳的理解。

●不明白百姓心理的袁紹

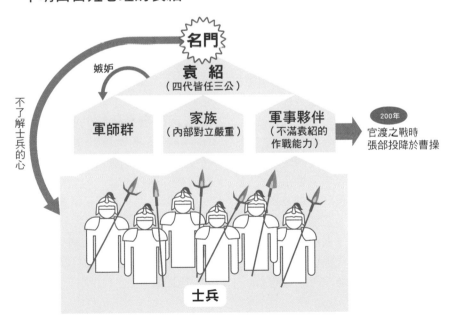

學非所用的孔融

孔融是孔子第二十代子孫，他的才能馬馬虎虎，好講歪理，最後被曹操處死。

孔子第二十代子孫

　　孔子應是中國最為人所熟悉的思想家。

　　孔子名丘，字仲尼，為西元前五五一年左右～前四七九年的人物。「子」是「夫子」之意，因此孔子也就是「孔夫子」。在動亂不斷的春秋時代，孔子周遊各國宣揚以「仁」為中心的儒家思想。之後，孟子繼承孔子的學說，儒家思想終於在政治上受到重視。當時若想在政治上嶄露頭角，就必須學習儒學，年輕時的劉備及曹操也都曾學過儒學。

　　孔融是孔子第二十代子孫。他的一生直接了當地說，以「急轉直下」這四個字形容最為恰當。孔融的前半生因為高貴的家世及良好的教養而受到矚目，甚至被視為將來的新星備受期待，而孔融對自己也有絕對的自信，在他與北海國（青州）太守會面時便說：「我總有一天會成為天下霸者。」

　　然而，孔融雖然是文化人，但並非政治家。他企圖將所學之事原原本本地使用在政治上，制定了眾多議論、訓令、法律等，宣告新制定法律的每篇文章都有如文學作品般文雅，備受稱讚，但一旦回歸現實卻完全不適用。北海國於是陷入混亂，不久孔融也面臨失去國家的窘況。逃出北海國後，孔融一心想以群雄之姿割據一方，卻歷經重重困難。

無法走出自身桎梏的孔融

　　終於，孔融等到了曹操的召見。將獻帝迎到許昌的曹操，委託孔融擔任與朝廷談判的角色。曹操認為，精通古代儀式的孔融應該是最適合的人選。

　　然而曹操與孔融的關係卻一直不好。曹操陸續實行劃時代的政策，如「屯田制」、「兵戶制」、「選賢

歷史筆記　得到孔融高度評價的禰衡也是個乖僻者。他以極不禮貌的言行激怒曹操，接著又激怒劉表，最後因觸犯夏口太守黃祖而被殺。

與能」等革新的政治體制，不過孔融卻不看好。孔融的思考模式是凡事都應依循舊例，因此便隨便找些理由反對。而他反對的方法不是提出改成什麼政策會比較有效等具建設性的建議，全都是些歪理。

例如曹操以戰爭消耗物資及造成飢荒為由而下令禁酒時，孔融嘲諷地說：「人有美酒之德。古時聖人若不是喝上千杯酒，則無法完成聖德。若釀酒會成為國家之害，那麼女色又是如何？只禁酒而不禁結婚，這不是很奇怪嗎？」由於孔融名震天下，曹操最初皆予以容忍，然而孔融的態度卻一直沒有改變，因此在二〇八年，曹操將他打入獄中並處死。

孔融與曹操不同，曹操是由政治家變成文化人，孔融則只是一介書生。這樣的背景讓孔融無法在政治上立足，也是造成他失敗的主因。

● 孔融為何被處死？

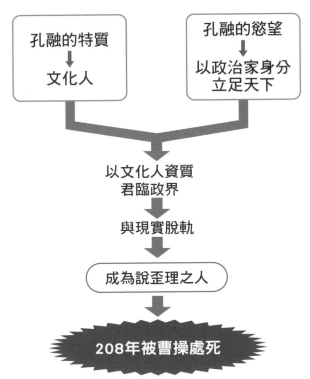

孔融的特質
↓
文化人

孔融的慾望
↓
以政治家身分立足天下

以文化人資質君臨政界

↓

與現實脫軌

↓

成為說歪理之人

↓

208年被曹操處死

過於優秀使人敬而遠之

動亂的時代中，太過優秀的人才對領導者而言是個威脅。一旦優秀人才成為掌權者的敵人時，更會受到警戒。

曹操的雞肋命令

太過精明的部下會讓上位之人對其保持警戒。楊脩，字德祖，此人就是因為太過精明而遭到曹操殺害。由以下的故事便可得知楊脩頭腦之好。

二一九年，曹操出兵漢中，漢中當時是曹操的領土。不過以益州為根據地的劉備不停出兵想奪取此地，軍勢極為強大，就連先鋒名將夏侯淵都被殺害。

曹操與劉備的戰爭如火如荼地展開。歷經數月，戰死人數不斷增加，曹操於是發布稱為「雞肋」的命令。這真是一道奇怪的命令。雞肋指的是雞的肋骨，旗下士兵完全想不透這到底是怎麼一回事，難道是曹操想喝雞骨熬成的湯嗎？但這怎麼可能。此時擔任事務次官的楊脩迅速開始撤退準備。當眾人納悶地說：「您如何得知這是撤退之意？」楊脩這麼回答：

「雞肋骨這種東西丟了可惜，但又沒有肉可以吃。大人的意思是漢中這片土地就如同機肋骨般，不值得費心保存，因此我馬上知道是撤退的命令。」若曹操決定撤退，只要下達「撤退」命令即可。不過在當時，猜謎解謎似乎是讀書人經常玩的把戲。

還有以下的故事。在一次的宴席上，有人送了曹操一碗奶酪（類似現在的優格）。曹操吸了一口後，要大家依序把碗傳下去，而每個拿到碗的人皆露出不解的表情。蓋子上寫著「合」這個字，大家都不明白其中隱含之意，這會是詛咒嗎？當碗傳到楊脩手上，楊脩將蓋子打開吸了一口，並向在場的人說：「『合』字表示『一人一口』，大家不需客氣。」

楊脩遭到殺害

曹操非常愛惜人才，對於楊脩

歷史筆記　一般認為，楊脩是曹操過去敵人袁術的外甥，而這應該也是讓曹操起疑的主因之一。

的才能，他也給予了高度的評價，不過楊脩對此卻自恃甚高。對掌權者而言，有能力的家臣是不可或缺，卻也是極度危險的存在。曹操在世的時候還無妨，但曹操死了之後問題就來了。曹操晚年時，魏國朝廷內部爆發了曹丕與曹植的接班人之爭。

曹丕是個冷酷的政治家，而曹植是個天才詩人。接班人之爭不只是兩人之爭，更是周遭支持者整體的激烈鬥爭。曹操本身也非常猶豫，不知道應該指名誰才好，到了最後則任命曹丕為繼承人。

楊脩是曹植派的人，他太過精明的頭腦讓曹操擔心不已。「若放任這個有才幹的人，他會做出什麼事實在無法預料。若擁立曹植，楊脩將來又會怎麼做……。留下他或許會讓國家陷入混亂。」為此曹操決心殺害楊脩。二二〇年，楊脩在正值壯年的四十五歲時遭到殺害。

擁有太過精明的頭腦，對掌權者是一種威脅。楊脩雖有智慧，卻不明白這樣的道理。

●曹操與楊脩之間關係的變化

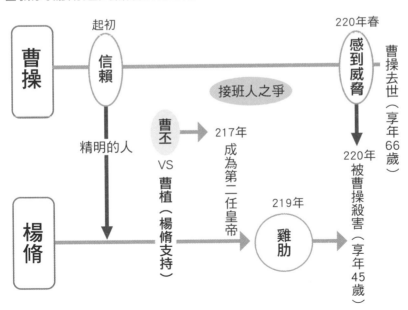

運勢極佳的蠢才VS.自暴自棄的英才——
幸運的司馬炎與倒楣的孫皓

司馬炎靠著司馬家勢力當上皇帝

「運勢」這回事帶有非常驚人的力量，勝負有時與當事人的能力高低無關，光憑運勢就決定了一切，而三國時代最後的對決便是如此。

併吞吳國、結束三國時代之人是晉帝司馬炎。司馬炎的資質駑鈍，還是個好色之徒，後宮佳麗超過一萬人。據說司馬炎懶得記住眾嬪妃的長相，因此讓羊兒（也有一說是牛）拉著車，看羊兒停在哪個房間前面，他就下車與那個房間的嬪妃共度春宵。

聰明的嬪妃會將羊愛吃的細竹裝飾在房前，將鹽灑在地上，後來成為著名的故事。而日本的特種行業會在店鋪前面放置鹽堆，就是從司馬炎與後宮佳麗的故事演變而來的一種習慣。此外，司馬炎還是個非常浪費的人。

司馬炎之所以能成為皇帝，是祖父司馬懿、伯父司馬師、父親司馬昭三代累積的勢力所賜，而司馬家展現出的極佳運勢更是幫了大忙。

讓帝國逐漸走下坡的暴君孫皓

而吳國最後的皇帝孫皓也不遑多讓。孫權在二二九年即位為皇帝，建立吳國。之後繼位的分別是孫亮與孫休，孫皓則是第四代皇帝。

孫皓是三國時代最壞的皇帝，他突然宣布遷都，沉溺於酒色，而對此上諫的家臣全都遭到殺害。

孫皓浪費無度，讓財政本來就困難的吳國陷入更大的經濟危機，所有人都暗地裡抱怨：「為什麼會有這樣的皇帝？」被殺害的無辜人民不計其數，被抄家的人更是無從計算，吳國人心背離是必然的結果。

時勢一開始就不在孫皓這邊

　　不過，孫皓起初並不是這樣的暴君。據說在即位為皇帝之前，孫皓是個文采極佳的有能之士。當上皇帝之後，他救濟貧民、解放宮女，並讓她們下嫁給失去妻子的男子，此外還放生宮中的鳥獸等，實施了諸多良政。孫皓擔負著復興吳國的期待而當上皇帝，不過儘管吳國之前的運勢再好，到了孫皓的時代，時勢便開始有了改變。

　　自孫權在位的後期起，吳國便走入沒落期，原因是人口的北移。過去從北方移居至吳國的民眾，因為北方漸趨安定而陸續回鄉。

　　人口的多寡關係著一國的經濟與軍事能力。吳國朝廷努力阻止人口的流失，但卻徒勞無功。時勢已經遠離吳國而去，孫皓成為皇帝時，吳國國力早已陷入無法恢復的境地，而且也不是皇帝一人所能改變。因此自即位起，孫皓便放棄了一切。

　　正因孫皓是個人才，他的失志更加令人沮喪。因時運不濟而意志消沉之人，往往都會呈現一八〇度大轉變，孫皓便是個敗給時運的悲哀男子。

　　二八〇年晉朝軍隊攻打吳國，孫皓投降，吳國滅亡，三國時代就此畫下句點。

過度的得失心讓夥伴也變成敵人

劉備旗下的首席武將關羽是個剛強之人，但他過於在意同袍的動向，欠缺寬容之心。

待下屬和善，對同袍嚴厲

關羽，字雲長，是劉備舉兵起義時的同志。《三國演義》中，劉備、關羽、張飛三人在桃園結義，劉備為長兄，關羽為二哥，張飛為么弟。

關羽與張飛一同追隨劉備，即使劉備不斷戰敗，關羽也沒有棄之不顧。過去關羽一度接受曹操的重聘，但他表明，待確知行蹤不明的劉備人在哪裡之後，他就會離去。找到劉備之後，關羽果真如先前的約定離開曹營，曹操為此感動不已。

針對關羽的個性，陳壽在《三國志》中描述如下：「對待下屬十分和善，但面對同輩或長輩時則態度傲慢。」關羽應該十分驕傲自大，或許胸襟開闊的劉備才是唯一能令其信服之人。

諸葛亮也對關羽敬畏有加

不過，關羽是劉備器重的部下之一，必定難以對付。就連劉備深信的諸葛亮，對於關羽也是非常小心。這一點從馬超加入劉備陣營時（參見P77），諸葛亮寫給關羽的信中便可看出端倪。

「馬超大人是文武雙全的優秀人物。若以古人為例，可比喻為黥布與彭越。我認為馬超與張飛可以成為最好的競爭對手。不過馬超還比不上美髯公您，因您的格局更高一位。」

馬超是劉備攻打成都時加入劉備陣營的武將，是西涼梟雄馬騰之子。馬超武勇果人，潼關之戰（二一一年，參見P158）時，差一步就能追上曹操。

劉備十分欣賞馬超，也非常禮遇他，固守在荊州的關羽得知從成都傳來的這個消息，似乎十分介意。為此諸葛亮寫信給關羽，試探

歷史筆記　信仰關公的習慣在朝鮮半島也十分盛行，之後更以「關聖教」之姿廣為流傳。日本的足利尊氏及水戶光圀等人都非常崇拜關羽。

關羽的態度。

諸葛亮在信中特別褒獎關羽，激起關羽的高度自尊。相反地，若不這樣做，必定會得罪或觸怒他。而關羽拿著這封信向四周的人炫耀，天真地沾沾自喜。

附帶一提，黥布與彭越是建立漢朝的高祖劉邦旗下的家臣，他們從地方的領導者竄升為群雄。而關羽留著十分好看的鬍鬚，因此又有「美髯公」之稱。

結果，關羽異常的競爭心態及自尊讓夥伴變成了敵人。二一九年攻擊樊城之際，當時在荊州負責後方任務的同伴對他說：「您一個人請便」後棄他而去，關羽後被孫權逮捕，最後死亡（參見P80）。

● 關羽本身的個性為其招致滅亡

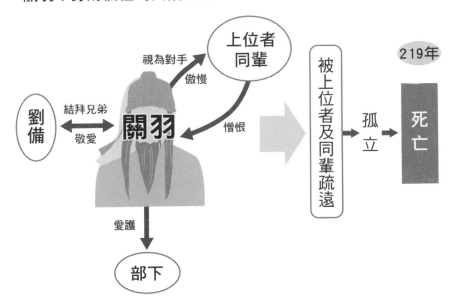

過度的嚴苛招致背叛

「暴而無恩」是《三國志》中陳壽對張飛下的評價。張飛對待下屬極為嚴苛，導致部下背叛而自滅。

張飛欠缺關懷之心？

張飛，字益德，《三國演義》中記載為翼德。張飛的實力堅強，曹操的軍師程昱曾以「兵力一萬才可匹敵」來稱讚關羽及張飛的武勇。關於張飛在長坂坡一戰的表現，本書在前面章節已有詳細記述（參見P155）。不過，張飛在軍事上雖有傑出表現，但個性上獲得的評價並不佳。陳壽在正史《三國志》中形容張飛說：「飛暴而無恩。」意思是張飛性格粗暴，欠缺關懷之心，不過他似乎只對地位低於自己的人如此。

「愛敬君子而不恤小人。」君子指的是身分地位高、有德優秀之人。小人通常是指度量狹小的人，但與君子並提而論時，指的就是普通人。在組織當中，部下亦屬於這個類別。

若遇到像張飛這樣的上司，部下的命運就會很悲慘。張飛的部隊有非常多的死刑及重罰，軍法的執行十分嚴厲。劉備認為張飛的做法不妥，曾經提醒他說：「益德，我聽說你的軍隊中有許多死刑，而且對於鞭打過的士兵，你還是會把他放在身邊。你可要小心一點，若是有人挾怨報復，總有一天會發生無法挽回之事。」

張飛因幕僚背叛而死

然而張飛一點也沒把劉備的話放在心上，二二一年，悲劇終於發生。二一九年時劉備率領為關羽報仇的大軍抵達巴郡的江州，而劉備的敵人是孫權。當時劉備正等待著張飛的一萬援軍前來會合，但前來的只有張飛軍都督（司令官）派來的使者。據說張飛從未以部下之名派出使者，因此在聽取使者的報告前，劉備早已猜到張飛遭到殺害的消息。

而殺害張飛的就是張飛的幕僚

歷史筆記　張飛的兩個女兒是劉禪的妻子，蜀國滅亡後，與劉禪一同移居洛陽。

張達及范彊。他們將張飛的首級當成禮物帶到孫權陣營內投降。

張飛到底為何被殺?一般認為原因就在於他「愛敬君子而不恤小人」這一點。說得白話一點,對於比自己優秀的人,張飛會表示敬意並親切以待;然而對於地位比自己低下、沒有值得學習之處的人,他則是非常嚴苛絕不寬貸。

也就是說,張飛是以自己為判斷他人優劣的基準。當然這不能一概而論,而且這樣的判斷基準也有失偏頗,不過張飛似乎不明白這個道理。無論如何,張飛因為自己的個性而招致失敗是無庸置疑的事。

●無法掌握下屬的張飛

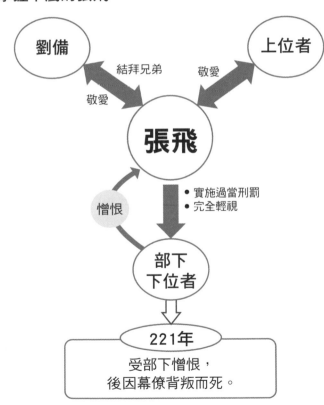

劉備　結拜兄弟　敬愛　上位者

敬愛

張飛

憎恨

● 實施過當刑罰
● 完全輕視

部下
下位者

221年
受部下憎恨,
後因幕僚背叛而死。

過度自信導致失敗

馬謖的才能向來備受肯定，但卻在初次上陣時失敗，後被處死。他到底犯了什麼樣的錯誤呢？

切勿虛張聲勢

「幼常……」

病榻上的劉備說不到一句話就停了下來，這時的他連說話的力氣都快沒有，不過還是必須為自己死後的人事做安排。守在劉備身旁的是諸葛亮，諸葛亮一直視馬謖為自己日後的接班人，而劉備正要對馬謖做評論。

「幼常……幼常具備才能。」幼常是馬謖的字，諸葛亮點了點頭。

「他的才能極為出色，不過他把自己看得更強，這一點不太好。孔明，你可要多注意了。」劉備雖認同馬謖的才能，但對其性格卻未持肯定態度，劉備的擔心終究變成了事實。

二二八年，諸葛亮率領蜀國大軍討伐魏國，這是第一次的北伐。諸葛亮最初的目標是祁山，打算以祁山為據點，將軍隊往東挺進進攻魏國。諸葛亮並非計畫一舉攻下敵軍西方的據點，而是打算蠶食鯨吞，進行長期戰。

魏軍當然也不是省油的燈，名將張郃率領軍隊打迂迴戰，假裝從背後突襲。而諸葛亮早就預想到魏軍會有這樣的行動，因此準備派遣部隊正面迎擊。

馬謖未遵照諸葛亮囑咐

此時問題出現了，總將軍應由誰出任呢？這時諸葛亮指定馬謖，讓眾將士大為吃驚，因為馬謖完全沒有實戰經驗，而且他要面對的將是身經百戰的張郃。

諸葛亮只對馬謖交代了一件事，那就是絕對不要在山上布陣。在高處布陣雖然可以掌握敵人的動向，但終究只是為了戰鬥所構築的要塞，必須有足夠的糧食及飲用水。如果沒有任何準備就在山上擺陣，若被敵人包圍，絕對會全軍覆

歷史筆記　王平拖延張郃軍的追擊，協助馬謖部隊撤退。而趙雲也前去支援，讓蜀軍主要部隊安全撤隊，蜀漢軍隊因而免於全滅。

沒。然而馬謖卻沒有把諸葛亮的交代聽進去。

「讓敵人出乎意料才是兵法的精髓。若敵方見到我們在山上布陣，勢必會認為我方已經做好萬全的準備。」馬謖在街亭的山上擺開陣勢，張郃看到在山上備戰的敵人，起初也十分動搖，但派人潛入探查之後，卻沒有發現其他的埋伏。

「看來應該不是陷阱，難道……」這絕對是外行人的所為，張郃完全沒有遲疑，以正面攻擊包圍了街亭山。而汲水路遭到阻斷的馬謖軍立刻喪失戰鬥意志，狼狽不堪地戰敗。馬謖的敗北使得蜀國軍隊腹背受敵，諸葛亮也不得不下令撤退。馬謖的錯誤，讓第一次北伐宣告失敗。

馬謖雖有才能，但卻缺乏實戰經驗。在這次行動中，馬謖被委以重任，然而他卻高估了自己，因為虛張聲勢而導致敗北。

撤兵之後，諸葛亮含著淚以違反軍令之罪處死馬謖，這就是「揮淚斬馬謖」故事的由來。處死馬謖之後，諸葛亮接著又對重用馬謖的自己處以「罷免丞相」之罪。

● 只有奇計並無法獲勝

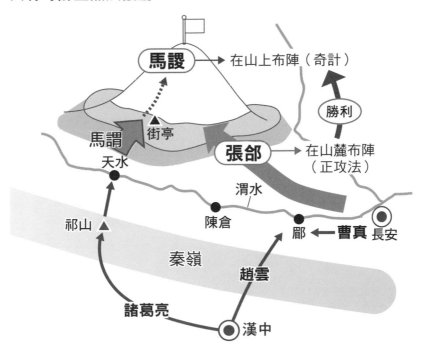

執意自立卻招致滅亡

公孫家是割據北方（遼東半島）的有力群雄。然而他們誤判時勢，執意建立自己的國家，最後遭到殲滅。

治理中國東部的公孫家

二三七年秋天，在魏、蜀、吳三國鼎立的中國，誕生了第四個國家。這個國家位在遼東半島，國名為「燕」，皇帝是公孫淵。

自東漢末期開始，遼東半島便是人們想逃離中原動亂時的避難地。由於人口急速增加，遼東的治理者公孫度藉此擴張勢力割據一方，以武力鎮壓烏丸族（北方騎馬游牧民族）及高句麗，逼使他們臣服。對此，曹操賜與公孫度「武威將軍」稱號，並封他為永寧侯。

「封我為侯實在是太失禮，我可是皇帝呢！」雖然公孫度這麼抱怨，但依舊臣服於魏國，公孫度、公孫康、公孫恭、公孫淵等歷代皆是如此。遼東與魏國國境相連，要是得罪魏國可就糟糕了。

另一方面，魏國也認為在與吳、蜀對峙之際，實在不宜再觸怒這個半獨立國，因此才任命公孫家

為車騎將軍。沒想到公孫淵卻在此時宣布建立燕國，大大激怒了魏國。

為何公孫淵執意建國？

公孫淵之所以執意建國，是為了確保獨立。公孫家勢力能夠在遼東半島為所欲為，是因為中國正值魏、蜀、吳三國鼎立的局面，不過蜀國與吳國近來的情況並不是太好。

吳國因為人口不足而陷入苦惱。當初吳國的人口之所以激增，是因為許多民眾為逃離中原動亂而來到此地。現在北方的動亂平息，魏國的曹家政權也漸趨安定，因此往北移居的人口急速增加。而人少就無法戰爭，也不能生產，吳國的軍事力及經濟力顯著降低。蜀國雖然還有諸葛亮努力支撐，但力量已不足以威脅魏國。

二三二年春天，公孫淵派使

> **歷史筆記**　燕國滅亡的兩個月後，位於日本列島的倭國派遣使者來到魏國首都洛陽，這是當時邪馬台國女王卑彌呼所派來的使節。

者前往吳國，對孫權傳達想投降的意願，彷彿是在對吳國說：「我會站在你們這邊，請加油！」孫權大為欣喜，隔年派遣回禮的使者，並賜給公孫淵大量的財寶及一萬人的兵力。吳國的舉動讓公孫淵驚訝不已，如果被魏國知道了，一定吃不完兜著走，因此斬下吳國使者的首級送往魏國。對於突然獻上的首級，魏國也不知如何是好，但還是賜重賞給公孫家。

之後，公孫淵的動作依舊曖昧不明，魏國於是派遣出探詢的使者。事情發展至此，公孫淵心中也有所覺悟，決定獨立建立燕國。

這時魏國任命司馬懿為討伐燕國的總司令官，在身經百戰的司馬懿面前，公孫淵自然不是對手，轉瞬之間就戰敗，司馬懿斬下了大臣、官吏、武官等多達數千人的首級（參見P89）。

這一切只能怪公孫淵自己執意在遼東半島立國。他應該敏銳地掌握時勢，儘早在魏國政權內部鞏固自己的地位。而無法掌握時機之人，最終只能自取滅亡。

●公孫淵建立的燕國

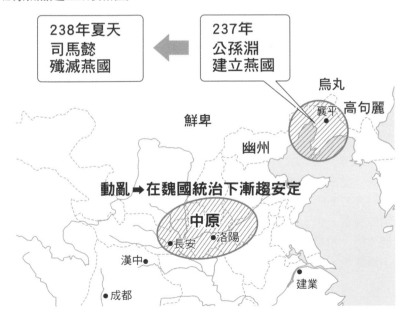

238年夏天
司馬懿
殲滅燕國

237年
公孫淵
建立燕國

烏丸

鮮卑

襄平　高句麗

幽州

動亂➡在魏國統治下漸趨安定

中原

長安　洛陽

漢中

成都

建業

輕信政敵而招致滅亡

若有敵對之人，就應該儘早將之剷除，否則可能被以陰謀手段陷害。曹爽出身名門，但良好的出身卻為其招致滅亡。

奪取政敵實權後的鬆懈

「完了！我的妻子、孩子、親戚全都要被殺了……」

桓範絕望地哭喊。害他如此痛苦的人就是曹爽，但曹爽似乎不知桓範為何落淚。

魏國第二任皇帝曹叡病逝後，曹爽與司馬懿不斷爭權。司馬懿是成功阻止蜀國諸葛亮進攻魏國，並討伐遼東半島公孫淵的功臣（參見P89、227），無論在軍事或是政治上都是實力堅強的重要人物。曹爽則是前幾年剛去世的曹真（大司馬，曹操外甥）的兒子，亦即所謂的名門子弟。

兩人之間率先挑起衝突的是曹爽。曹爽起初對司馬懿非常尊敬，無論什麼事都會請教他，然而圍繞在曹爽身旁的人卻挑撥著說：「不用管那個老頭，你出身名門，更具備才能，司馬懿根本不能跟你比。」漸漸地，曹爽開始考慮獨占

權力，並讓司馬懿擔任「太傅」。「太傅」一職負責教育皇帝，由於當時第三代皇帝曹芳的年紀尚小，因此太傅是非常重要的職位，但卻不具有任何政治權力。

司馬懿則藉此機會做戲，對外宣告：「我已是沒有用的老頭了，大家請放心。」他假裝癡呆，降低曹爽一派對他的戒心。二四九年時，司馬懿趁著曹爽一干人陪皇帝曹芳前往大石山先帝墓前（高平陵）參拜的空檔，舉兵起義（參見P196）。

大難臨頭卻依然天真

此時，逃離洛陽趕往曾爽身邊的就是桓範。桓範力勸曹爽：「快前去許昌，那裡有許多支持曹家的豪族，務必籲請他們打倒司馬懿！我們不怕找不到援軍，我們一定可以獲勝，因為有皇帝這個王牌在手中。擔心糧食問題？您看看，我將

 歷史筆記　被處死之前，曹爽懇求司馬懿高抬貴手，他說：「看在曹真的功績上，請不要趕盡殺絕」，但司馬懿不為所動。

大司農的官印帶出來了,只要有這個,糧食要多少就有多少。」

不過曹爽相信司馬懿使者所說,只要他辭去政務,司馬懿就會停止出兵。曹爽說:「我不再碰政治了!反正只要罷官就可以解決問題,而且可以保障我悠然自得的生活」,之後放棄與司馬懿對抗。然而結果就如本節開頭所述,讓桓範痛哭失聲。

桓範的預測果然正確。過去宦官張當曾把原應進宮的美女送給曹爽,司馬懿以此為由逮捕張當,成功逼使張當做出「曹爽計畫叛變」的自白。之後,曹爽一派連同三族(父母、妻子、兄弟)全都遭處死刑。

若計畫獨占政權,曹爽在初期就應該先打倒司馬懿。由於司馬懿負責教育皇帝,他大可以捏造曹爽教皇帝粗鄙的話,或對皇帝不忠誠等理由來陷害他。然而曹爽只因司馬懿失去政治權限就掉以輕心,徹徹底底被司馬懿的演技所欺騙,看來他只是個不知世間險惡的天真公子哥兒,太小看人性了。

●曹爽派的主要人物

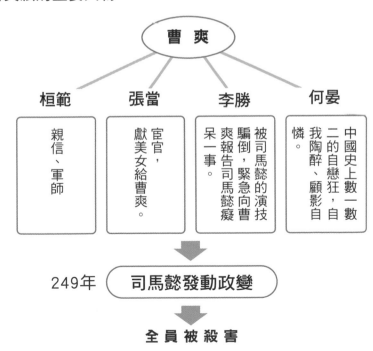

曹爽

桓範 — 親信、軍師

張當 — 宦官,獻美女給曹爽。

李勝 — 被司馬懿的演技騙倒,緊急向曹爽報告司馬懿癡呆一事。

何晏 — 中國史上數一數二的自戀狂,自我陶醉、顧影自憐。

249年 → 司馬懿發動政變 → 全員被殺害

有些科學、有些非科學、更有些極其另類，華佗的療法千奇百怪

在《三國志》中，華佗被描述為行使各種妙術的名醫（參見P244），文中更記載多種奇特的療法，在此舉二例如下：

● 殺死腳中的蛇

河內郡人劉勳的女兒罹患怪病，左膝內側長瘡，不癢也不痛，即使癒合又會不斷復發。華佗診察之後，交代旁人準備好馬二匹及茶色犬一隻，讓馬兒交替著拉著狗兒跑，直至狗兒氣絕。華佗接著以利刃將狗兒的後肢截斷，將狗兒的斷肢湊近喝了麻醉藥的病人患部。這時瘡中鑽出了一條奇怪的生物，原來是蛇。華佗將蛇殺掉，仔細一看，蛇長約三尺，眼睛沒有瞳孔，全身有鱗片覆蓋。之後華佗在病人患部塗上軟膏，約一週時間傷口即復原。

● 激怒患者的激烈療法

一日華佗受託為某太守進行診療，一見到病人，華佗便開口要求極不合理的看診費用。由於華佗是名醫，太守也就答應了華佗的要求，然而華佗卻在說了一聲再見後就離開，甚至還留下愚弄病人的紙條。

「給我抓到華佗，殺掉他！」太守非常地生氣，命令兒子前去追捕。然而太守的兒子卻毫不理會，氣得太守暴跳如雷。怒氣到達頂點時，太守竟然吐出數升的黑血，病痛就這麼瞬間痊癒。華佗採取的是激怒患者的療法，太守的兒子因為察覺華佗的用意，所以才會無視於父親的命令，不去追捕華佗。

根據《三國志》的記載，可以得知華佗的醫術屬於綜合性療法，除了二四四頁將會提到、使用麻醉藥的外科手術與針灸等物理療法，還有此處沒有介紹的藥物療法、觀察病人臉色即可得知病因的療法（中醫稱之為『望診』），甚至還曾利用類似詛咒的方法來治療各種疑難雜症。

第 8 章

《三國志》中的技術
與科學

發達的科學技術？

【古代為技術未發達的時代？】

　　古代是否真的就是技術未發達的時代呢？

　　然而埃及古夫王大金字塔的規模是那麼地龐大，以巨石構築而成的建築物，即使在現代也不容易建造吧！而古希臘的巨石神殿、日本法隆寺的五重塔、東大寺的大佛殿等，每一項都是即使結合現代各種尖端建築技術，都很難再次重建的建築。

　　也就是說，每個時代都存在著那個時代的尖端技術，不能單純地認為古代就是落後，而現在就是發達。

【三國時代是發明的時代？】

　　本章以《三國志》當中的技術與科學為題，主要介紹三國時代的技術，《三國志》中可稱為科學技術的項目如下：

● 兵器製作技術
● 地圖繪製技術
● 方術

　　在兵器方面，令人大感意外的是三國時代有相當多的發明。尤其諸葛亮似乎是個非常不簡單的發明家，正史《三國志》中對於諸

葛亮的評價如下：「諸葛亮生來就富有創造力，例如連發式弓弩的強化，還有木牛、流馬等的設計，全都是他的創意。」

　　弩指的是現在的弓弩，至今仍是武器的一種，但不限於特殊部隊所使用，連發式的種類十分稀少。不過弩本來即具有可十支同時發射的功能，或許齊發與連發的效果是一樣的。即便如此，弩的確是劃時代的新武器，這是無庸置疑的。木牛與流馬則如下面章節所述（參見P236），似乎就像是自動搬運機一樣，是非常不可思議的發明。

　　而曹操在與袁紹的戰爭中也開發出「發石車」這項新兵器，對於發石車的威力，袁紹軍的士兵們莫不震懾。

　　此外，當時繪製地圖的技術似乎也非常發達。只要把握正確的地形，戰爭時就有機會獲得勝利。現代人常說「戰爭促進科學技術的發達」，這句話或許是真的吧。

　　而《三國志》中還有左慈、于吉等使用奇怪方術的人物登場。雖然乍看之下是屬於迷信的領域，但考量到古代尚未明確區分迷信與科學這一點，本章仍會提出來討論。

戰車連登場

諸葛亮發明噴火戰車

《三國演義》中出現了諸葛亮所發明的一百台噴火戰車,這到底是什麼樣的發明呢?

與南方異族的戰鬥

若說三國時代已經有戰車出現,而且還能發射彈藥,相信應該不會有人相信。不過這只是小說《三國演義》當中提到的故事。

故事中的戰車在諸葛亮出兵鎮壓西南夷時出現,是諸葛亮發明的新武器,故事內容如下:二二五年,諸葛亮為鎮壓局勢不穩的西南夷(小說中記載為『南蠻』),親自率領軍隊南下。西南夷是今日雲南、貴州、四川三省與廣西壯族自治區等廣大地區。直到現在,這個地區依然是眾多少數民族的居住地,而早在三國時代,這裡就已是漢族與少數民族混居的地區。

西南夷的民眾以「反蜀漢」為口號在此割據,而蜀國正如火如荼地準備北伐大事,南方若紛擾不休就會變成嚴重的問題。因此諸葛亮出兵此地,是為了斬斷後顧之憂。

以孟獲為首的西南夷叛軍利用

下述「四種毒泉」等環境嚴峻的自然水土,對付諸葛亮與蜀國軍隊。

- 啞泉…若喝下就無法發出聲音而死
- 滅泉…若淋到肉體就會腐蝕而死
- 黑泉…若淋到皮膚就會變黑而死
- 柔泉…若喝下身體就會虛軟而死

但或許是上天的幫助,這些並無法阻擋諸葛亮的進攻。而諸葛亮也以「逼其屈服不如讓其心服」為基本方針,因此抓到孟獲後又釋放他(參見P84)。

當時八納洞洞主木鹿大王接受孟獲的請求,派遣援軍前來。在與木鹿大王的首次對戰中,趙雲與魏延所率領的大軍被打得落花流水。只要木鹿大王一唸咒語,虎豹豺狼與毒蛇猛獸就會大舉前來。

諸葛亮陸續祭出新兵器

對此,諸葛亮使出了新武器,也就是前面提到的「噴火戰車連」。《三國演義》中記載:「五

歷史筆記 《三國演義》中有一位人稱祝融夫人的女戰士,她是孟獲的妻子。祝融夫人善用飛鏢、酒量極佳,而且是個能完全駕馭另一半的女中豪傑。

色絨線為毛衣，鋼鐵為牙爪」，看來似乎是如同獅子般的戰車。戰車可容納十名士兵，結構巨大。諸葛亮有二百台這樣的戰車，與木鹿大王戰鬥時他派遣一百台出擊，剩下的一百台則在後方預備。

雙方的戰鬥由木鹿大王率先發動。如前所述，木鹿大王一唸咒語，各種猛獸與爬蟲動物就會蜂擁來到蜀國軍隊陣營。這時蜀國軍隊就會派出怪獸一般的噴火戰車連，

戰車口吐火燄、鼻出黑煙、身搖銅鈴，嚇得野獸們狂吠著逃向異族陣營。這時換成木鹿大王的陣營陷入恐慌，被野獸咬死的士兵不斷增加，據說就連木鹿大王也因此命喪黃泉。

故事中的戰車腹部裝有火藥，然而這只是小說中的情節。火藥是在七世紀的唐朝時才被發明出來，所以三國時代尚未有火藥出現。

●廣大的西南夷地區

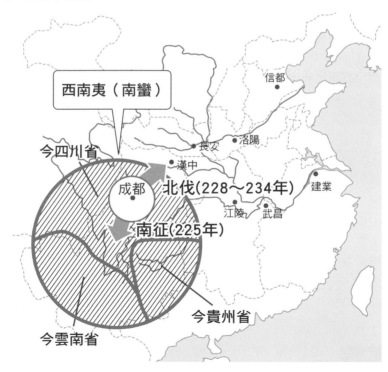

用於搬運的木牛與流馬

諸葛亮北伐時使用的搬運工具為「木牛」與「流馬」。不過光憑各文獻中記載的內容，實際很難推測到底是什麼樣的設計。

木牛與流馬到底是什麼？

上節談論的怪獸戰車是《三國演義》作者羅貫中想像下的產物，那麼木牛與流馬這兩種搬運工具又是怎麼來的呢？《三國志‧蜀書》注引〈諸葛亮集〉中有著詳細的記載。

木牛與流馬是諸葛亮攻打魏國時所發明的運輸兵器。木牛在第四次北伐時（二三一年）出現，流馬則出現在第五次北伐。然而，關於這兩種搬運工具的結構，光憑文獻當中的敘述實在不容易想像。

《三國志‧蜀書》中關於木牛的敘述如下：「木牛者，方腹曲頭，一腳四足，頭入領中，舌著於腹。載多而行少，宜可大用，不可小使；特行者數十里，群行者二十里也。曲者為牛頭，雙者為牛腳，橫者為牛領，轉者為牛足，覆者為牛背，方者為牛腹，垂者為牛舌，曲者為牛肋，刻者為牛齒，立者為

牛角，細者為牛鞅，攝者為牛鞦軸。」由此可知，車子上應該有兩支把手，人站在六尺（約一‧四公尺）處推動車子，而步伐約為四‧四步地走。

流馬方面則都是「肋長三尺五寸」、「不算頭部有四寸」等記載尺寸的內容，更加不容易想像。

是鐵製的機關模型嗎？

《三國演義》中描述，諸葛亮將記載著同樣內容的設計圖展示給蜀國武將們看，武將們一同表示：「丞相（此處指諸葛亮）如同受到神的指示。」關於木牛與流馬的運作方式，書中也寫著：「宛如真的生物一般，無論上山或下山都十分方便。」

過去，中國曾經對木牛與流馬進行復原，結果出現的是有四隻腳、頭、身體，與小馬體型差不多大的木頭動物模型。身體與腳的部

歷史筆記　「劍」是在刀身上加上握把，「刀」的刀身與握把則是一體化。三國時代時刀開始成為主流。

分設有鐵製機關，會遵照操控者的動作緩緩前進。

關於機關部分的鐵，也有人就當時的製鐵技術提出質疑。

不過諸葛亮曾經請一位名叫蒲元的男子製作了三千把刀，稱為「神刀」，其精巧度及韌性都相當高。由此可見，蜀漢的製鐵技術在當時已相當純熟。

關於木牛與流馬真實的樣貌，「木牛等於四輪車」、「流馬等於單輪車」是近年來的定論。由於漢代時已經開始使用四輪車及單輪車，因此可能性為最高，不過木牛與流馬的實際面貌還是像隔著一層紗般，無法清楚浮現。

●木牛與流馬的想像圖

木牛

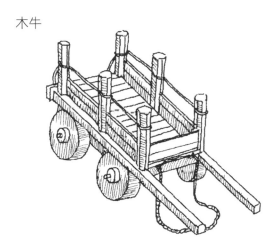

流馬

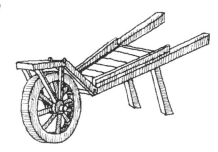

諸葛亮的新兵器

雲梯車與十連發弓箭

更大規模的戰鬥用兵器陸續登場。雖然不知道這些兵器能夠發揮多大的效果，但有的武器確實立下了戰果。

為攻城祭出各種新兵器

除了木牛與流馬，諸葛亮還發明了多種新兵器，二二八年的第二次北伐可說是新兵器大觀。

當時諸葛亮與蜀國軍隊進攻關中（泛指函谷關以西地區）西端的陳倉城，此戰的目的是為了確保在關中西方的據點，之後再將大軍挺進東邊。陳倉城的守將是善用弓的好手郝昭，但駐軍僅一千人。諸葛亮力勸郝昭投降，但郝昭拒絕，諸葛亮於是發動攻擊。

此時，諸葛亮陸續祭出新兵器，《魏略》一書中描述如下：

- 雲梯……配備高梯子的戰車
- 衝車……衝破城牆及城門的戰車，搭載鐘擺式的巨大鎚子。
- 井欄……移動式高台，由細長木頭搭建成如高樓般的高台，各層皆有可讓弓箭兵乘坐的空間。

不過，這些新兵器有一項共通的弱點，就是全都是木頭的材質。

郝昭起初也因為這些新兵器而困擾不安，但他馬上想到了反擊的對策。「用點了火的弓箭把這些給燒了！」諸葛亮發明的這些兵器馬上起火燃燒，造成眾多士兵死亡。對於接近城牆的衝車，郝昭則下令以石臼破壞。他們在石臼上綁了繩子將石臼拉高，之後再讓石臼落下破壞衝車。

雙方的攻防就這麼持續了二十天，後因魏國援軍接近及蜀軍糧食不足的問題，蜀國大軍只好從陳倉城撤退，第二次北伐也宣告失敗。

累積驚人戰功的元戎弩

在諸葛亮設計的武器當中，立下最多戰功的就是「元戎弩」。「弩」指的是弩弓，弩的歷史悠久，早在春秋時代（前七七〇年～前四〇三年）時就已經出現。

元戎弩有一項缺點，那就是需要花上一點時間才能夠把箭搭在弓

歷史筆記　郝昭熬過蜀國大軍的猛烈攻擊，受到皇帝曹叡的激賞，受封為侯。

弦上，不過命中率與威力都遠遠大於普通的弓箭，是一把可同時發射十支箭的巨大弩弓。

　　第四次北伐時，諸葛亮使用了元戎弩，結果贏得大勝，取下三千多人的首級、五千件鎧甲，以及

三千一百把弩。撤退時為了預防魏軍追擊，諸葛亮在撤退途中安排了以元戎弩與弩兵為中心的部隊，成功擊垮魏國名將張郃。

　　對於諸葛亮，三國志作者陳壽在書中也大大稱讚了他的創造力。

●諸葛亮發明的多種新兵器

雲梯

衝車

井欄

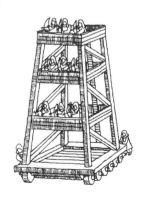

弩

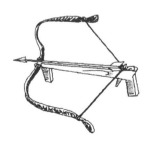

※弩本身非諸葛亮所發明。

馬鈞發明指南車

魏國有一位名叫馬鈞的發明家，他製作了指示方位的車、取水的機器、具有測量距離功能的車、以及有自動裝置的人偶等。

魏國的發明大王馬鈞

某日，有位男子觀察諸葛亮製作的「元戎弩」後說道：「雖然做得非常巧妙，但還有地方可以改良……」，這個人就是馬鈞。

馬鈞是魏國的博士，但博士的官位並不高，因此生活似乎相當清苦。馬鈞天生就有發明的才華，魏國第二任皇帝曹叡在位時，他復原了傳說中的「指南車」。

所謂「指南」，指的就是組合齒輪等零件後，無論在何時何地，車上木頭人偶所指的方向一定是正南方，而木頭人偶所坐的車就是指南車，功能就像是現代的指南針。

固定指向南方的原理為何？

據說傳說中的黃帝是最早製作出指南車之人。黃帝與蚩尤所率領的怪物軍隊發生戰爭時，敵軍內有人使用妖術引發濃霧攻勢，困住戰場中的黃帝大軍。黃帝雖然想背水一戰，但在弄不清方向的情況下根本就無法進攻。此時黃帝命令部下製作指南車，即使在濃霧當中，指南車也能固定指向南方，幫助黃帝大軍贏得勝利。

馬鈞復原指南車的原因，是因為當時宮廷內部不斷爭論指南車是否真實存在。關於馬鈞製作指南車的經過，日本作家佐藤鐵章在《古代中國驚異的智慧與技術》（德間書店）一書中提及：「方士們已經發現磁鐵有將鐵片吸起的能力，而齒輪相互咬合後有效產生動力一事，在古代就已廣為使用。但磁針固定指向兩極，推測是在西元二、三世紀時。不過無論如何，馬鈞已在此時進行實驗，並獲得證實。」

書中同時還提到：「完成的指南車上裝有水平的自動調整裝置，因此即使行到陡坡或在小船上，人偶依然可以正確地指出南方。」

歷史筆記　所謂「博士」，指的是主管祭祀、禮樂的「太常」附屬的職務，主掌學問。

馬鈞的其他發明點子

馬鈞發明的不只是此處提到的指南車，其他還有許多發明，在此列舉二例：

● 翻車⋯⋯踏板式的汲水器
● 記里鼓車⋯⋯每前進一里（約四百公尺），車上的鼓就會發出聲響，是能夠測量距離的車子。

此外，馬鈞還試著改良曹操發明的發石車（參見 P243）。

由於發石車一次只能射擊一發，他則針對是否可以連續發射進行實驗。而他還發明了「水轉百戲」，這是利用水力操作木偶的裝置，有敲擊大鼓的樂隊、跳舞的女性木偶、舞劍的木偶、搗臼的木偶等，一起轉動時場面十分壯觀。

● 馬鈞的指南車

精密度極高的地圖

據說魏國時代便已製作出精密度相當高的地圖，地圖可說是
最重要的戰略資料。

已經有高精密度的地圖？

　　與前節討論的馬鈞幾乎是同個
時代，魏國出現了一位名叫裴秀的
天才。裴秀，字季彥，司隸河東郡
（今山西省）人。裴秀的祖父與父
親都在東漢朝廷擔任尚書令（也稱
尚書僕射，負責一般行政工作），
家世還算不錯。

　　裴秀最初是在曹爽底下工作，
但曹爽卻在政治鬥爭中敗給司馬懿
而被殺害（參見P91）。不過或許是
因為裴秀的待人處世非常得體，又
或者是因為家世良好，之後受到司
馬懿重用。裴秀致力研究的是測地
法，也就是地圖的繪製。

　　據說周朝時已有地圖「禹貢九
州圖」存在，但嚴格來說，那只不
過是粗略繪製的草圖。進入戰國時
代後，人們開始正確認知主要地點
間的距離，到了漢代，《漢書・地
理誌》、《後漢書・郡國誌》等丈
量圖相繼完成。不過由於丈量學本

身尚未成熟，因此測量中國大陸全
土是根本不可能的事。裴秀著眼於
此，使用下述「六體」的技術，完
成了地圖。

- 分率……比例尺。一里＝四三四公
  尺，在地圖上以一寸（約二・四公
  分）表示。
- 準望……正確地將各地區的比例尺
  圖連接，確定位置的製圖技術。
- 道里……距離測量法的一種。
- 高下……高低的測量技術。
- 方邪……測量法的一種，藉由角度
  測定取得兩點之間的距離。
- 迂直……將彎曲的道路換為距離線
  的距離測定法。

　　裴秀做成的地圖並未留存至
今，但據說賈耽（唐朝學者）「海
內華夷圖」這部非常精密的地圖，
就是依據裴秀繪製的地圖來製作，
由此亦可推論，裴秀的地圖有著一
定的精密度。然而賈耽的地圖也沒
有流傳下來，據說石版地圖「禹跡

**歷史
筆記**　發石車除發射石頭之外，亦可發射以稻草包裹並點火的石頭。

圖」便是以海內華夷圖為範本製作而成。

有關裴秀繪製作地圖的動機，佐藤鐵章在《古代中國驚異的智慧與技術》（德間書店）中表示：「當時魏、蜀、吳三國激烈交鋒，是個為一統天下而無所不用其極的時代。因此測地法很早就確立，只要先取得高精密度的地圖，就可贏得最終的勝利。若從大局來看，這是比戰術、作戰研究更有效的戰略。」有人說「戰爭促進科學的發達」，或許裴秀的地圖就是一個很好的例了。

曹操發明發石車

除了馬鈞與裴秀，現在也來看看曹操的發明。二○○年官渡之戰（曹操與袁紹決勝負，參見P152）時，實際使用於戰役中的發石車就是曹操的發明。

發石車如字面所述，是發射石頭的戰車。江戶時代在日本發行的《繪本通俗三國志》當中的插圖（葛飾戴斗繪），畫有三連發的大砲，但一般認為是人力操作的投石器。而曹操從官渡城發射而出的石頭似乎極具破壞力，讓人非常恐懼，因此袁紹軍的士兵都害怕地稱發石車為「霹靂車」。

●發石車想像圖

華佗近乎現代醫學的醫術

一千八百年前，華佗便已進行全身麻醉的外科手術？關於華佗的醫術，流傳著各種不可思議的傳說。

使用奇幻醫術的異鄉人？

曹操製作發石車、實施屯田制與兵戶制措施，為人民帶來安定溫飽的生活。然而曹操也犯下了令人悲痛的錯誤，對曹操本身及全人類而言，或許可說是一大不幸，而這個錯誤就是殺害了名醫華佗。

華佗，字元化，沛國譙縣人（？）。這裡寫上問號是有理由的，事實上華佗的出身一直是個謎，因為也有人說華佗是波斯人。有人推測華佗之名是中世紀波斯文「Xwad.y」的音譯，為「擅長醫術的大夫」之意（佐藤實〈使用玄妙之術的名醫華佗〉，《幻術〈三國志〉》新人物往來社）。

的確，在西漢武帝（西元前一四一～前八七年在位）的時代，西域諸國（分布在今塔克拉瑪干沙漠的綠洲國家）曾經臣服於漢朝。即使到了東漢，漢朝的影響力仍舊強大，絲路（連接長安與西歐的貿易途徑）的交易非常興盛，因此波斯人進入中國也不是什麼稀奇的事。此外，由於正史《三國志・魏書・華佗傳》中也有相關記載，因此可以確定華佗這個人真實存在，而他當時應該已經有一百歲了。

華佗進行外科手術

有關華佗的治療方法，正史《三國志》有以下敘述：「華佗精通藥方，會根據不同症狀調配不同的藥材來煎。藥方分量以目視測量，煎完後讓患者喝下，再提醒患者二、三點注意事項後就不再做任何事。只是這樣，患者的病況就會好轉。」

「病灶若在內臟，無法以針灸或藥物治療時，就會實施手術。他讓患者喝下稱為麻沸散的麻醉藥，患者就會如同死亡一般陷入沉睡狀態。此時，華佗迅速切開患者身體，摘出患部。若病灶在腸部，切

 據說曹操在兒子曹沖（曹操與環夫人所生之子，被稱為天才）病危時後悔地說：「如果沒有將華佗殺掉就好了……」。

開後洗淨，縫合腹部後塗上藥膏。之後只要四到五天時間傷口就會癒合，痛楚感也隨之消失，安靜休養一個月後就可完全痊癒。」

世界上第一個以全身麻醉方式完成的外科手術，是日本江戶時代時，由學習漢方與荷蘭醫學的華岡青洲所進行的乳癌手術。華岡青洲當時使用的麻醉藥，是以曼陀羅花（韓國牽牛花）為主成分的全身麻醉藥，稱為「麻沸湯」。相信華岡青洲一定是遵循華佗「麻沸散」的概念而命名。

華岡青洲生於一七六〇年，死於一八三五年，而華佗則出現在二〇〇年左右（生卒年不明）。若完全相信正史《三國志》的記載，那麼早在華岡青洲出現的一千六百年前，全身麻醉的外科手術技術就已發明。

天下大夫何其多！

曹操之所以殺害華佗，是因為華佗的診療惹惱了他。《三國演義》中，華佗為受頭痛困擾的曹操看診，接著表示必須將曹操的頭部切開施行手術。「你也治療過關羽，那麼你一定是劉備派來的內奸。」對華佗的診斷感到懷疑的曹操生氣地說，還把華佗關進監獄，而華佗最後就這麼死在獄中。

不過，事實當然並非如此。華佗確實治療過曹操頭痛的毛病，但華佗之後就藉故還鄉，無視於曹操數度要他返朝任官的邀請。《三國志》中描述華佗還鄉的理由是「華佗認為自己是士人（有儒學教養的讀書人），但曹操只把他當大夫來看待」。雖然華佗擁有精湛的醫術，但對於只被看成是大夫一事，華佗似乎非常不滿。

曹操將華佗打入獄中時，軍師荀彧勸告曹操：「華佗的醫術高人一等，許多人的性命都是從他手裡救回來的。光憑這一點，就應該赦免華佗。」但曹操卻斥責道：「天下大夫何其多！」據說華佗最後就這麼在牢獄中去世。相傳華佗為將自己擁有的醫術流傳後世，將醫書交給獄卒，但獄卒卻因為害怕招致災難而婉拒，華佗只好在獄中燒掉這些醫書。

權力者與專門技術者的對立

曹操與道士左慈完全對立。關於左慈,有許多無法令人置信的故事,但實際上他到底是個什麼樣的人物呢?

存在本身就是反體制

讀《三國志》時會發現,就如同華佗的遭遇一般,權力者大多與擅長各類技術之人對立,理由應該是因為這些人不見容於當時的社會。

在注重儒學的當時,即使是像華佗這樣具備精湛醫術的大夫,只會被視為是使用醫術的勞動者,與民眾的支持以及對社會的貢獻毫無關聯,因此社會地位極低。華佗對於曹操只當他是大夫一事感到不滿,就是因為這樣的原因。

相反地,士大夫(官吏)等「動腦者」的地位卻非常高。當然其中應該也有聰明睿智之人,不過當時是獨尊家世的時代,與頭腦好壞沒有關係,有些人是因為良好的家世而成為「動腦者」,將權力握在手中。看看東漢末期的腐敗政治,相信

愚笨的動腦者(官僚)應該不在少數。

無論如何,擅長某種專門技術之人對權力者而言,是令人敬而遠之的存在。掌權者或許具備武力、道德、財力,但大部分對於專門技術卻是一竅不通。

掌權者經常以自身權威與器量壓制技術者,使他們無法發揮本領,因為在技術方面,技術者確實略勝一籌。因此在當時,專門技術者本身就是一種反體制的存在。

使用道術的左慈

● 左慈VS.曹操
● 于吉VS.孫策

以上是兩個掌權者與技術者對立的典型例子。左慈、于吉兩人都是中國自古以來的民間宗教──道教(道術=道教的秘術,也稱方術)的道士。

《後漢書·左慈傳》中記載了左慈與曹操對立的情形。左慈是長

歷史筆記 華佗研究的「五禽戲」也流傳至今。這是健康體操的一種,模仿虎、鹿、熊、猿、鳥五種動物的動作來養生。

江北岸的盧江人。他起初以學習儒學（孔子與孟子的學問，進入政治領域必備的知識）為志向，但東漢末期的混亂局面讓他感受到現實世界的虛無，於是前往天柱山修行，學會各種方術。左慈任職於曹操麾下，愚弄著曹操，以下為詳細的內容：

● 曹操將左慈關入牢中，整整一年都沒有給他食物，但左慈出獄後的氣色反而比以前好。

● 曹操打算殺害左慈，某日曹操在市集遇到左慈，當下就想將他逮捕，但突然間整個市集的人全都變成了左慈，因此無法抓人。

● 又有次曹操在陽城山頂偶遇左慈。遭曹操追捕的左慈逃入羊群之中，曹操請部下轉達不會殺他，只是要試試他的道術。話一說完，有一頭老羊以後腳站立說：「何事如此慌張？」部下立即蜂擁而上。此時，數百頭羊都以後腳站立說：「何事如此慌張？」，結果還是無法擒拿到左慈。

　　《三國演義》中描述被斬首的數百個左慈提著首級逼近曹操，這樣的場景完全不輸給恐怖電影。無論如何，左慈與曹操的對決，似乎由左慈占上風。

● 道教成立的經過

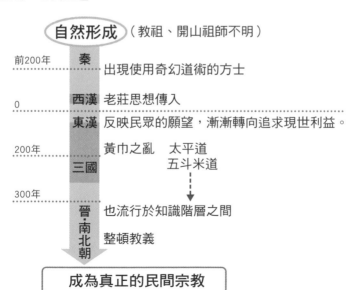

成為真正的民間宗教

道術為當時最先進的化學技術

道教的「煉丹術」對後世的化學技術貢獻許多。方士們所擁有的不可思議力量，讓掌權者對他們提高警戒。

視于吉為眼中釘的孫策

接著就從《搜神記》（完成於四世紀）觀察于吉與孫策對立的情形。于吉是徐州瑯琊郡（今山東半島一部分）人，據說是《太平經》的作者。雖然不知此事是否屬實，但于吉在當時的道教界應該是非常有名的人物。

某日于吉來到吳國領土，展現了許多不可思議之事蹟。除了民眾之外，就連軍人都尊稱于吉為救世主，孫策心裡覺得很不是滋味。

孫策認為于吉是個大騙子，因此將其逮捕並恐嚇他說：「吾國現正受到旱災侵襲，你可以用拿手的道術讓天下雨嗎？若是做不到我就殺了你。」孫策話都還沒說完，天空瞬時烏雲密佈，降下大雨。民眾歡欣鼓舞著，這麼一來于吉大人就可以獲得釋放了。不過孫策因此失了面子，最後還是殺了于吉。

孫策之死拜于吉所賜？

故事自此朝意想不到的方向發展。夜半三更時，于吉的鬼魂開始出沒在孫策身邊，孫策因此精神衰弱。

之後，孫策遭到暗殺，身受重傷。這時他覺得傷口似乎阻塞住，拿鏡子想要看看是怎麼一回事，不料鏡中卻浮現于吉的怨恨的臉，嚇得大叫的孫策不停敲打鏡子。正當此時，逐漸復原的傷口又再度裂開，孫策昏倒在地，沒有多久就斷氣了。

先不論鬼魂的故事，于吉被民眾當成救世主是不可否認的事實。一邊是反體制專門技術者，一邊是支持這些技術者的民眾。相信曹操及孫策都察覺到了這些技術者與民眾心中反體制的蠢動。

煉丹術不可思議的力量

左慈、于吉等技術者所使用

 歷史筆記 從中國傳到世界各地的科學技術，除了煉金術及火藥之外，還有紙與羅盤。

的道術（方術），通常被解釋為「宗教的咒術」，但並不全然是如此。例如，道教中有「煉丹術」的道術，以煉金術來解釋或許比較容易了解。所謂煉金術，是指將銅、鉛、錫等卑金屬，煉成金、銀等貴金屬，以及製作長生不老藥等原始的化學技術。

在西漢武帝時代，確實已經有煉金術的存在。當時許多道士致力於煉金術，但卻從未成功提煉出黃金。不過，火藥在煉金的過程中被發明，後來經由回教世界傳到歐洲。換句話說，道術確實具有其科學的一面。

左慈與于吉的道術在《三國志》及其他書籍中被描述為妖術，這應該是因為當時尚未區分出科學、咒術及宗教。在他們怪異的道術之中，包含了對當時人們而言是不可思議之事的科學。

● 獲得民眾支持的道士

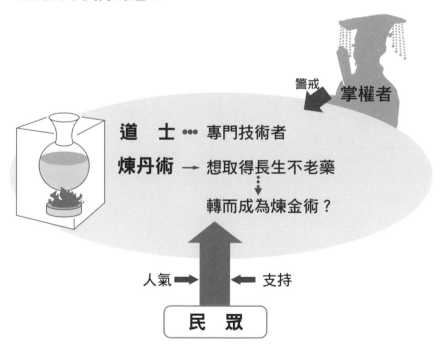

警戒

掌權者

道　士 ··· 專門技術者

煉丹術 → 想取得長生不老藥

　　　　　轉而成為煉金術？

人氣 → ← 支持

民　眾

皇帝之下設三公與九卿，
其下為一般職位

閱讀《三國志》時，會發現官位種類出人意外地多。本書內文已多次提及司徒、司空、大尉的三公，故在此省略。三公以下的職位稱為「九卿」，以下介紹九卿的職務內容（參見P107圖）。

- **太常**……九卿之首，擔任天子的祭祀、禮樂職務。
- **光祿勳**……負責朝廷朝會、宴會的警衛工作。
- **衛尉**……負責宮城、城門的警衛工作。
- **太僕**……擔任天子馬車總管。
- **廷尉**……負責司法。
- **大鴻臚**……負責接待他國及朝貢國使者等外交工作。
- **宗正**……負責皇族管理工作。
- **司農**……負責農政及財務工作。
- **少府**……負責皇室財政管理工作。

九卿之下還有「太樂令」（負責音樂，附屬於太常之下）及「家馬令」（管理皇帝坐騎）等官職，這些官職出現於東漢朝廷時。換句話說，就是皇帝之下設三公，次之為九卿，再次之為一般官職。

然而到了二〇八年，曹操廢止制定已久的三公官職，恢復東漢以來取消的「丞相」官位。此後，政治、軍事、土木建設等三公的權限全部集中於丞相一人手中，成為最高的行政責任者，曹操的權限因此急速增加。

在蜀國，二一一年由諸葛亮就任丞相，而在吳國，二四四年由陸遜擔任丞相。

專欄 《三國志》「將軍稱謂」導讀

群雄受封為將軍，集強權於一身

　　《三國志》中，經常可看到某某將軍等將軍稱謂，此處將介紹從東漢時期到三國時代經常使用的將軍稱謂。

- **大將軍**……軍人中最高的職位，非常設官職，有適當人選時才任命，代表人物有夏侯惇（魏）、朱然（吳）、姜維（蜀漢）等。
- **驃騎將軍**……騎兵隊統籌將軍，代表人物有馬超（蜀漢）等。
- **車騎將軍**……戰車隊統籌將軍，代表人物有張飛（蜀漢）等。
- **衛將軍**……防衛軍總司令。
- **四征將軍**……各區的遠征司令官，分為征東將軍、征西將軍、征南將軍、征北將軍，而此職位的將軍也有可能成為大將軍。代表人物有夏侯淵（魏＝征西將軍）、張遼（魏＝征東將軍）、魏延（蜀漢＝征西大將軍）等。
- **四鎮將軍**……各區的防禦司令官，分為鎮東將軍、鎮南將軍、鎮西將軍、鎮北將軍。代表人物有趙雲（蜀漢＝鎮東將軍）、王平（鎮北大將軍）、韓遂（涼州的豪族＝鎮西將軍）等。
- **四安將軍、四平將軍**……四征、四鎮的輔佐官職。
- **四方將軍**……與家世無關，以實力所選出的將軍。非獨立部隊將軍，而是隸屬於中央的將軍。有前將軍、後將軍、右將軍、左將軍。代表人物有關羽（蜀漢＝前將軍）、黃忠（蜀漢＝後將軍）、徐晃（魏＝右將軍）、樂進（魏＝右將軍）。

〈將軍的排名〉

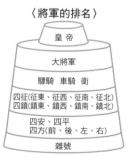

皇帝
大將軍
驃騎 車騎 衛
四征(征東、征西、征南、征北)
四鎮(鎮東、鎮西、鎮南、鎮北)
四安、四平
四方(前、後、左、右)
雜號

　　其他還有征蜀將軍、都護將軍、安遠將軍、征虜將軍等根據功勞而策封的將軍職位。對於戰爭後活躍的部將則賜封「雜號將軍」封號。

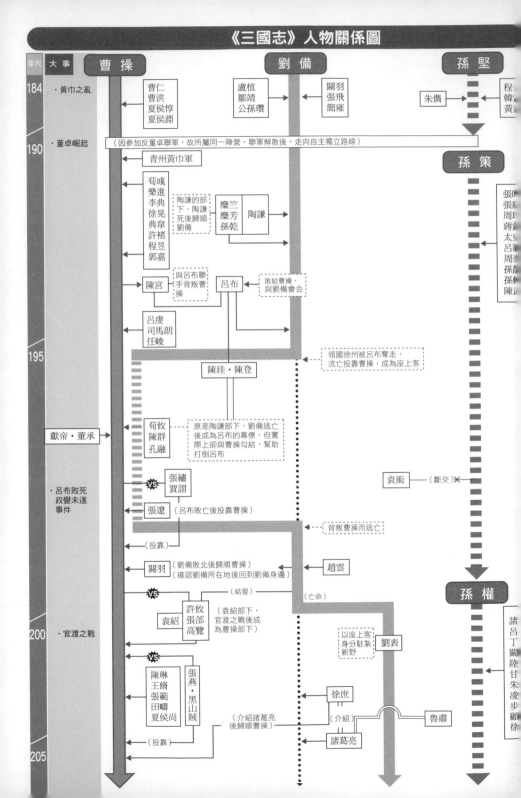

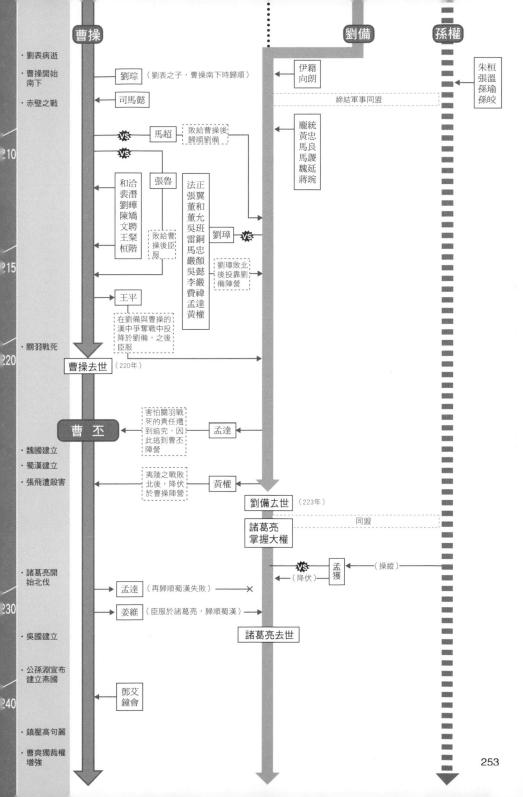

曹操

劉備

孫權

・劉表病逝

・曹操開始南下

・赤壁之戰

劉琮 （劉表之子，曹操南下時歸順）

司馬懿

伊籍
向朗

朱桓
張溫
孫瑜
孫皎

締結軍事同盟

VS 馬超 敗給曹操後，歸順劉備

VS

210

龐統
黃忠
馬良
馬謖
魏延
蔣琬

和洽
裴潛
劉曄
陳矯
文聘
桓階

張魯

法正
張翼
董和
董允
吳班
雷銅
馬忠
嚴顏
吳懿
李嚴
費禕
孟達
黃權

劉璋

VS

劉璋

敗給曹操後臣服

215

劉璋敗北後投靠劉備陣營

王平

在劉備與曹操的漢中爭奪戰中投降於劉備，之後臣服

・關羽戰死

220 曹操去世 （220年）

曹 丕

害怕關羽戰死的責任遭到追究，因此逃到曹丕陣營

孟達

・魏國建立

・蜀漢建立

・張飛遭殺害

夷陵之戰敗北後，降伏於曹操陣營

黃權

劉備去世 （223年）

諸葛亮
掌握大權

同盟

・諸葛亮開始北伐

VS 孟獲 （操縱）

（降伏）

孟達 （再歸順蜀漢失敗） ✕

230 姜維 （臣服於諸葛亮，歸順蜀漢）

・吳國建立

諸葛亮去世

・公孫淵宣布建立燕國

240 鄧艾
鍾會

・鎮壓高句麗

・曹爽獨裁權增強

253

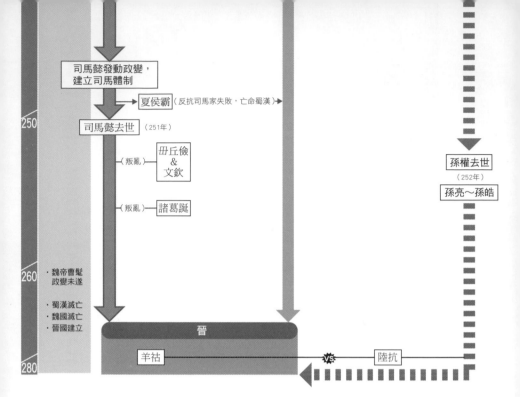

250

司馬懿發動政變，
建立司馬體制

夏侯霸（反抗司馬家失敗，亡命蜀漢）→

司馬懿去世 （251年）

（叛亂）── 毌丘儉
&
文欽

（叛亂）── 諸葛誕

孫權去世
（252年）

孫亮～孫皓

260

・魏帝曹髦
政變未遂

・蜀漢滅亡
・魏國滅亡
・晉國建立

晉

羊祜   VS   陸抗

280

254

●三國志的地理與地形（山脈名稱為現代名）

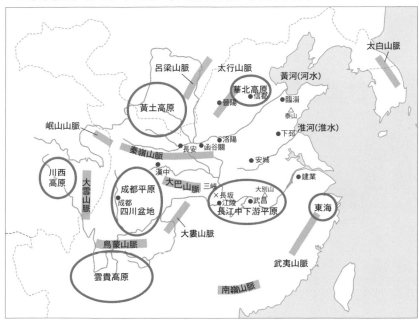

●當時各地區的大概位置

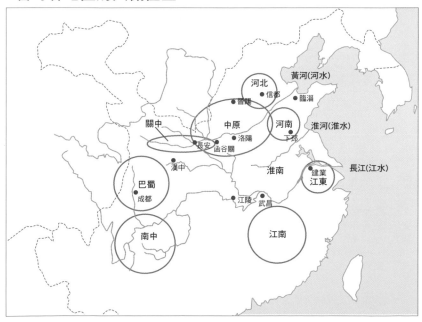

三國志年表

本年表的製作就曹操、劉備、孫權三位霸主進行區分。若同年發生多起事件，則依先後順序排列。本表將有助於讀者了解一國發生之事對另外兩國產生了什麼樣的影響，進而全盤掌握《三國志》與三國時代的歷史脈動。

年代	曹操（魏）	劉備（蜀漢）	孫權（吳）	社會情勢
155	•出生於沛國譙縣			
161		•出生於涿郡涿縣		
182			•出生於吳郡富春縣	
184	•黃巾之亂爆發。以騎都尉身分參加黃巾賊討伐軍	•黃巾之亂爆發。投奔校尉鄒靖麾下，參加黃巾賊討伐軍	•黃巾之亂爆發。父親孫堅投入朱儁將軍旗下討伐黃巾賊	
185			•鎮壓黃巾之亂	
187			•孫堅以長沙太守身分平定區星的叛亂	
188	•制定西園八校尉，同時就任典軍校尉	•毆打東漢政府派遣的督郵（監察官），放棄安喜縣尉職務		•設置「牧」代替「刺史」
189				•靈帝病逝 •消滅大將軍何進和宦官。涼州的董卓掌權，廢除少帝，立劉協為帝（獻帝） ・呂布臣服於董卓
190	•參加反董卓聯軍。追擊董卓至長安但敗北，不久便退出聯軍	•參加反董卓聯軍	•孫堅參加反董卓聯軍。於陽人城戰役討伐董卓旗下的華雄	•董卓強制遷都，從洛陽遷至長安
192	•大破青州黃巾賊軍，納入自己的勢力		•孫堅在與荊州劉表之戰中戰死，**孫策（其兄）為接班人**	•董卓因王允與呂布的政變而垮台

193	•為討伐父親的敵人而前進徐州	•應徐州牧陶謙之邀,派遣援軍前往		
194	•軍師陳宮背叛而發生政變。放棄討伐陶謙返回據點兗州	•**聽從陶謙遺言,就任徐州牧**	•孫策受到袁術庇護	
195			•孫策決定自立,為平定江東而出兵	•獻帝逃出長安,回到洛陽
196	•**迎接獻帝**,定都許昌 •**實施屯田制**	•與曹操之戰敗北後吸收呂布,但遭呂布竊國,後離開徐州牧之位,亡命至曹操陣營	•平定江南的會稽郡,成功地從袁術陣營中自立	
197			•孫策離開袁術	•袁術自稱皇帝
198	•攻打在下邳城的呂布,贏得勝利,判呂布絞刑			
199		•從曹操處逃走。打倒治理徐州的車冑(曹操部下),鎮壓徐州	•孫策成功鎮壓江南(長江以南)	•袁紹打倒公孫瓚,完全壓制河北四州 •袁術病逝
200	•追擊徐州的劉備,將劉備麾下的關羽收編為部下 •**官渡之戰**中擊敗袁紹,成為中原霸主	•被曹操打敗,**逃往袁紹處**	•孫策計畫偷襲正在與袁紹作戰的曹操,但起兵前遭到暗殺 •**胞弟孫權成為接班人**	
201	•於倉亭再度擊破袁紹軍	•**逃亡至荊州劉表處**		
202	•與袁紹遺族的對立加劇			•袁紹病逝
204	•鎮壓鄴都。袁紹遺孤四處逃亡,袁家實已滅亡			
205	•鎮壓河北黑山賊			
206	•討伐擾亂青州沿岸的海盜 •準備進擊荊州	•在荊州悠閒度日而增肥(**髀肉之嘆**)	•進攻山越族(少數民族)	

207	• 討伐烏丸族（北方游牧騎馬民族），將單于處死	• 禮聘**諸葛亮**為軍師（**三顧茅廬**）		• 公孫康斬處逃亡至此的袁尚、袁熙（袁紹遺孤），並將首級獻給曹操
208	• 廢除三公（司徒、司空、大尉），就任丞相，集權力於一身 • 率領軍隊開始南下 • 將孔融處死 • 在**赤壁**敗給劉備與孫權的聯軍	• 企圖從荊州逃亡，但在長坂坡被追擊而來的軍隊攔住而敗北 • 派遣諸葛亮到孫權身旁 • 與孫權締結軍事同盟 • 在**赤壁**打敗曹操軍隊	• 鎮壓夏口（江南的要衝） • 針對曹操南下一事分成主和派及主戰派 • 魯肅（主戰派）與劉備接觸 • 與劉備締結軍事同盟 • 在**赤壁**擊敗曹操軍隊	• 荊州劉表病逝 • 荊州由主和派掌握主導權，對曹操無條件投降
209		• 以武力鎮壓荊州南部四郡 • 與孫權胞妹結婚，強化同盟 • 龐統加入劉備陣營		
210	• 宣布依能力選用人才（求賢令） • 於鄴都建**銅雀臺**	• 向孫權借用荊州數郡	• 周瑜（軍事最高負責人）病逝	
211	• 在**潼關**與馬超及韓遂率領的**涼州豪族聯軍**交戰，勝利後**取得關中**	**接受益州劉璋的招聘**		
212	（魏）	• 為鎮壓益州開始進攻成都	• 定都建業	
213	• 升格為魏公，**建立魏國**			
214		• 馬超加入劉備陣營 • 完成武力壓制成都，**成功取得益州**		

215	•張遼**在合肥擊敗孫權軍** •以武力壓制張魯及五斗米道教團，**掌握漢中郡**	•因爭取荊州而與孫權對立 •獲得荊州西半部	•為了荊州的所有權而與劉備對立 •取回荊州東半部	
216	•**升格為魏王** •決定接班人為其子曹丕			
217			•投降、臣服於曹操 •魯肅病逝	
219	•從漢中郡撤退	•打敗夏侯淵（曹操麾下名將），**成功以武力鎮壓漢中郡** •**自稱漢中王** •荊州的關羽進攻樊城（魏國在荊州的前線基地） •關羽因孫權背叛而孤立於荊州，被捕後遭到殺害 •決定為關羽報仇	•向關羽提親被拒絕 •更換呂蒙，由陸遜接任 •從背後偷襲進攻樊城的關羽，打敗關羽後全面掌握荊州	
220	•**曹操病逝** •**曹丕建立魏國，登上皇位**	•孟達害怕被追究關羽戰死的責任，因此降服魏國 （蜀漢）		•東漢滅亡
221		•**宣布復興漢朝，即位為皇**（蜀漢或蜀） •張飛被暗殺 •派出孫權討伐軍	•準備與蜀漢交戰，將首都從建業遷至武昌 •再度投降魏國，**受封為吳王** （吳）	
222		•**在夷陵吃下敗仗**	•在夷陵打敗蜀漢軍隊 •孫權訂年號**建立吳國**	
223		•**劉備託付後事給諸葛亮，病逝白帝城，劉禪即位為第二任皇帝**		

224	• 曹丕為討伐吳國而親臨戰場	• 恢復與吳國的邦交	• 與蜀漢恢復邦交 • 安東將軍徐盛的「偽城作戰」迫使魏軍撤退	
225	• 曹丕為討伐吳國出兵，因天候異常（大寒流）而撤退	• 諸葛亮以武力鎮壓南方異族，將南方設為自治區		
226	• 曹丕病逝，**曹叡成為第二代皇帝**			
227		• 諸葛亮寫下〈**出師表**〉後開始北伐		
228	• 司馬懿識破新城太守孟達的叛亂計畫，進攻新城並斬處孟達 • 打敗張郃、馬謖	• 諸葛亮占領祁山 • **街亭之戰**中敗北，放棄祁山撤回漢中郡，將違背命令的馬謖處死 • 十二月進行**第二次北伐**，進攻陳倉，但因糧食不足撤退		
229		• 諸葛亮**第三次北伐**，成功鎮壓魏國武都陰平	**吳國宣布建國，孫權即位為第一代皇帝**	
230	• 曹真、司馬懿進攻蜀漢失敗		• 為阻止人口減少，前往夷州（台灣）與亶州（澎湖）尋找人才	
231	• 司馬懿成為進攻蜀漢的總司令官	• 諸葛亮**第四次北伐**，成功討伐魏國名將張郃立下戰功，但因糧食不足，軍隊無法前進至魏國領土而撤退		
233	• 魏軍鎮壓鮮卑族			• 遼東半島的公孫淵斬處吳國的使者
234	• 司馬懿成為進攻蜀漢的總司令官 • 皇帝曹叡親征，大破吳軍	• 諸葛亮**第五次北伐，在五丈原擺陣** • **諸葛亮在五丈原病逝**，蜀軍只好撤退	• 對魏國宣戰，吳軍開始進攻	• 山陽公（東漢獻帝）去世

237			• 人口流失問題更加嚴重	• 遼東半島的公孫淵宣布建立燕國
238	• 魏國司馬懿成為司令官，討伐燕軍 • 倭國邪馬台國的卑彌呼派遣使者至首都洛陽，皇帝曹叡賜「親魏倭王」金印與銅鏡百面			• 燕國滅亡，公孫淵被處死
239	• 第二代皇帝曹叡病逝，**第三代皇帝曹芳即位**。曹爽將司馬懿逐出中央，掌握實權			
240			• 宣布國民禮遇政策	
244	• 曹爽進攻蜀國	• 大將軍費禕擊破進攻漢中郡的魏軍		
245			• 爭奪孫權接班人位置，政治抗爭加劇	
246	• 魏軍由毌丘儉任司令官遠征高句麗，以武力壓制高句麗			
247		• 姜維整軍北伐		
249	• **司馬懿發動政變**，殲滅曹爽等反司馬派			
251	• 司馬懿病逝，**由司馬師（長子）接班**，司馬昭（次男）輔佐			
252			• **孫權病逝**	
253		• 費禕遭魏國刺客暗殺 • 姜維北伐	• 大將軍諸葛恪進攻合肥新城（魏國前線基地）失敗，在宴會上遭到殺害	

255	•毌丘儉與文欽兩位將軍決定反叛司馬師，司馬師為鎮壓而出兵，成功壓制 •司馬師病逝，**司馬昭成為司馬家領導人**	•姜維北伐	•吳軍進攻魏國領土失敗	
257	•大將軍諸葛誕決定反司馬昭（隔年敗北）	·姜維北伐	•派遣援軍協助魏國諸葛誕	
260	•皇帝曹髦為打倒司馬昭而奮起，但遭殺害			
263	•魏軍進攻蜀漢	•**劉禪無條件投降魏軍，蜀漢滅亡**		
264	•鎮壓蜀漢的總司令官鄧艾因被懷疑反叛而遭處死 •**司馬昭成為晉王**	•姜維與鐘會（魏國將領）為脫離魏國而發動政變但失敗，後遭斬首	•**孫皓即位為吳國皇帝**	
265	•司馬昭病逝，司馬炎成為接班人 •**司馬炎接受魏帝曹奐讓位即位為皇，並宣布建立晉國，魏國滅亡** 〔晉〕		•孫皓強制遷都至武昌	
268			•孫皓嘗試進攻晉國領土，但被擊退	
279	•晉國發動全部軍隊開始攻打吳國		•吳國南方發生大規模叛亂	
280	•晉軍完全壓制吳國，結束三國時代		•**孫皓無條件投降**	

參考文獻

◎ 定本

01 《正史 三國志》（正史 三国志）1～8／陳壽著，裴松之注，今鷹真、井波律子、小南一郎譯（筑摩書房）

◎ 主要參考文獻

01 《三國志》（三国志）①〈轉型期的軌跡〉／松枝茂夫、立間祥介監修，丸山松幸、中村愿譯（德間書店）

02 《三國志》（三国志）②〈霸者的行動學〉／松枝茂夫、立間祥介監修，和田武司、大石智良譯（德間書店）

03 《三國志》（三国志）③〈自立的構想〉／松枝茂夫、立間祥介監修，市川宏、山谷弘之譯（德間書店）

04 《三國志》（三国志）④〈沒有結束的世界〉／松枝茂夫、立間祥介監修，守屋洋、竹內良雄譯（德間書店）

05 《三國志》（三国志）⑤〈不服從的思想〉／松枝茂夫、立間祥介監修，丹羽隼兵、花村豐生譯（德間書店）

06 《三國志》（三国志）別卷〈競爭的個性〉／松枝茂夫、立間祥介監修，大石智良、竹內良雄譯（德間書店）

07 《完譯 三國志》（完訳 三国志）1～8／羅貫中著，小川環樹、金田純一郎譯（岩波書店）

08 《三國志》（三国志）上卷〈曹操・劉備・孫權 奪取天下的大計〉歷史群像系列17（學習研究社）

09 《三國志》（三国志）下卷〈諸葛亮 奪回中原的冀望〉歷史群像系列18（學習研究社）

10 《三國志新聞》（三国志新聞）／三國志新聞編纂委員會編（日本文藝社）

11 《圖解雜學 三國志》（図解雑学三国志）／渡邊義浩（NATSUME社）

12 《圖說 三國志趣味事典》（図説 三国志おもしろ事典）／守屋洋監修（三笠書房）

13 《三國志誕生 ── 誰是真正的英雄？》（三国志誕生一真のヒーローは誰か）別冊歷史讀本（新人物往來社）

14 《有趣的三國志》（面白いほどよくわかる三国志）／阿部幸夫監修，神保龍太著（日本文藝社）

15 《現代視點・中國群像 曹操・劉備・孫權》（現代視点・中国の群像 曹操・劉備・孫權）（旺文社）

16 《三國志人物事典》（三国志人物事典）／渡邊精一著（講談社）

17 《圖解兵法──組織領導的戰法與策略》（図解兵法─組織を率いる戦法と策略─）／大橋武夫（BUSINESS社）

18 《敗者的條件──戰國時代》（敗者の条件─戦国時代を考える─）／會田雄次（中央公論社）

19 《氣候與文明‧氣候與歷史》（気候と文明‧気候と歴史）氣候與人類系列4／鈴木秀夫、山本武夫著（朝倉書店）

20 《道教之書──追求長生不老之仙道巫術的世界》（道教の本─不老不死をめざす仙道呪術の世界）（學習研究社）

21 《逆轉的日本史──古代史篇》（逆転の日本史─古代史篇）（洋泉社）

22 《古代中國　驚異的智慧與技術》（古代中国　驚異の知恵と技術）／佐藤鐵章（德間書店）

23 《幻術〈三國志〉》（幻術「三国志」）／別冊歷史讀本（新人物往來社）

三國時代古今地名對照

古名	今名
上庸	湖北房縣
司隸河東郡	山西
句章	浙江寧波
奴國	日本福岡市
同州	陝西大荔
并州	蒙古
江陵	湖北荊沙
河內郡	河南武陟
長社	河南長葛
建康（東晉首都）	江蘇南京
建業（吳國首都）	江蘇南京
洛邑（東周首都）	河南洛陽
夏口	湖北武漢
徐州彭城郡	江蘇銅山
泰山郡	山東泰安東北
益州	四川
涼州	甘肅
涪城	四川綿陽
兗州	山東與部分河北
陳留郡	河南開封東南陳留鎮
紫桑	江西九江
會稽	浙江紹興
瑯琊郡陽都	山東沂水
葭萌	四川廣元
鉅鹿郡	河北晉州
壽春	安徽壽縣
雒陽（東漢首都）	河南洛陽
潁川郡	河南禹州
豫州	河南
鄴都	河北臨漳縣鄴鎮
鎬京	陝西長安

索引

專有名詞		
中文	日文	頁碼
二劃		
九卿	九卿	250
二分天下之計	天下二分の計	74
二虎競食之計	二虎競食の計	183
八納洞	八納洞	234
八陣圖之計	八陣図の計	197
十面埋伏	十面埋伏の計	186
十常侍	十常侍	44
三劃		
三公	三公	48, 250
三分天下之計	天下三分の計	65, 67, 122
三國時代	三国時代	19
三顧茅廬	三顧の礼	66, 126
《三國志》	『三国志』	20
《三國演義》	『三国志演義』	20
士別三日，刮目相看	士、別れて三日、括目して	174
大尉	大尉	44
大將軍	大将軍	44, 251
大鴻臚	大鴻臚	250
子午道	子午道	168
山越	山越	60, 145, 148
四劃		
中常侍	中常侍	44
井欄	井欄	238
五斗米道	五斗米道	43, 51, 75
五言詩	五言詩	105
元戎弩	元戎弩	239
反董卓聯軍	反董卓連合軍	48
太平道	太平道	36
太守	太守	45, 130
太常	太常	45, 130
太傅	太傅	90, 196, 228
太僕	太僕	250

少府	少府	250
屯田制	屯田制	62, 102
巴蜀之地	巴蜀の地	77, 142
方術	方術	249
月旦評	月旦評	126
木牛	木牛	86, 236
火攻之計	火攻めの計	82, 157
犬戎	犬戎	144
五劃		
以逸待勞	逸をもって労を待つ	191
司隸校尉	司隸校尉	131
四平將軍	四平将軍	251
四安將軍	四安将軍	251
四征將軍	四征将軍	251
四鎮將軍	四鎮将軍	251
外戚	外戚	33
民屯	民屯	102
氐	氐	145
白眉	白眉	147, 198
白馬義從	白馬義從	210
〈出師表〉		85, 116, 132, 166
《史記》	『史記』	136, 140
六劃		
匈奴	匈奴	145, 147
危急存亡之秋	危急存亡の秋	126
合肥之戰	合肥の戦い	73
西南夷	西南夷	145, 147, 166, 234
西園八校尉	西園八校尉	44
西漢	前漢	32, 196
《江表傳》	『江表伝』	137
七劃		
兵戶制	兵戶制	103
吳下阿蒙	呉下の阿蒙	174
吳國	呉	18, 136
《吳書》	『呉書』	21

廷尉	廷尉	250
赤兔馬	赤兔馬	46, 204
赤眉之亂	赤眉の乱	35
赤壁之戰	赤壁の戦い	114, 156
車騎將軍	車騎将軍	251
八劃		
牧	牧	41, 130
刺史	刺史	41, 130
官渡之戰	官渡の戦い	55, 56, 135, 152, 211, 214, 243
弩	弩	239
東漢	後漢	32
武漢三鎮	武漢三鎮	139
的盧	的盧	189
空城計	空城の計	194
羌	羌	145
臥龍	臥龍	66, 198
長社之戰	長社の戦い	42
九劃		
南船北馬	南船北馬	136
南蠻	南蠻	234
宦官	宦官	33
指南車	指南車	240
流馬	流馬	87, 236
界橋之戰	界橋の戦い	210
禹貢九州圖	禹貢九州図	242
禹跡圖	禹跡図	243
苦肉計	苦肉の計	187
軍屯	軍屯	102
《後漢書》	『後漢書』	34
十劃		
倉亭之戰	倉亭の戦い	186
晉朝	晋	18
桃園三結義	桃園の誓い	124
殷墟	殷墟	135
海內華夷圖	海内華夷図	243
烏丸	烏丸	56, 145, 146

破竹之勢	破竹の勢い	198
記里鼓車	記里鼓車	241
《孫子兵法》	『孫子』	40, 158, 188, 190, 194
十一劃		
斜谷道	斜谷道	168
望隴得蜀	隴を得て蜀を望む	174
涼州豪族聯軍	涼州豪族連合軍	158, 183
第一次北伐	第一次北伐	168, 224
第五次北伐	第五次北伐	170
連環計（王允）	連環の計（王允）	178
連環計（龐統）	連環の計（龐統）	189
都尉	都尉	130
釣之野伏	釣り野伏	186
魚水之交	水魚の交わり	67, 122, 126
麻沸散	麻沸散	244
麻沸湯	麻沸湯	245
十二劃		
揮淚斬馬謖	泣いて馬謖を斬る	198
登龍門	登竜門	126
發石車	発石車	211, 241, 243
虛誘掩殺之計	虚誘掩殺の計	185
雲梯	雲梯	238
黃巾之亂	黄巾の乱	22, 37, 42
黑山賊	黒山賊	43
十三劃		
新朝	新	32, 35
楚國	楚	32
煉丹術	煉丹術	249
蜀之棧道	蜀の桟道	170
蜀漢	蜀漢	18, 81, 140
《蜀書》	『蜀書』	21
《漢書》	『漢書』	140
道士	道士	247
道術	道術	249
銅雀臺	銅雀台	71
鳳雛	鳳雛	160, 198

十四劃		
《趙雲別傳》	『趙雲別伝』	195
十五劃		
潼關之戰	潼関の戦い	158, 220
羯	羯	145
十六劃		
衛尉	衛尉	250
衛將軍	衛将軍	251
衝車	衝車	238
燕國	燕	89, 226
縣令	県令	130
縣長	県長	130
十七劃		
濡須口之戰	濡須口の戦い	73
十八劃		
髀肉之嘆	髀肉の嘆	64, 126
鮮卑	鮮卑	145, 147
翻車	翻車	241
離間計	離間の計	75, 159
魏國	魏	18, 132
《魏志・倭人傳》	『魏志』倭人伝	28, 98
《魏書》	『魏書』	21
《魏略》	『魏略』	90
黨錮之禍	党錮の禁	38
驅虎吞狼之計	駆虎吞狼の計	183
二十一劃		
驃騎將軍	驃騎将軍	251

人名

中文	日文	頁碼
二劃		
丁原	丁原	46
人公將軍	人公將軍	38
三劃		
于吉	于吉	246, 248
大賢良師	大賢良師	38
小霸王	小霸王	51
山陽公	山陽公	81
四劃		
中山靖王	中山靖王	62
公孫康	公孫康	56
公孫淵	公孫淵	89, 226
公孫瓚	公孫瓚	41, 50, 55, 210
天公將軍	天公將軍	38
孔子	孔子	214
孔融	孔融	214
孔伷	孔伷	48
少帝	少帝	45, 46
文欽	文欽	93
木鹿大王	木鹿大王	234
毌丘儉	毌丘儉	93
王允	王允	50, 178, 202
王匡	土匡	48
王美人	王美人	44, 46
王莽	王莽	32
五劃		
去卑	去卑	147
司馬炎	司馬炎	94, 144, 218
司馬昭	司馬昭	91, 94
司馬師	司馬師	91
司馬遷	司馬遷	136, 140
司馬熾	司馬熾	144
司馬懿	司馬懿	86, 88, 90, 109, 117, 167, 170,
司農	司農	250

左慈	左慈	246
甘夫人	甘夫人	155
田豐	田豐	212
六劃		
光武帝	光武帝	32
光祿勳	光祿勳	250
地公將軍	地公將軍	38
安帝	安帝	34
朱儁	朱儁	38
七劃		
何皇后	何皇后	44, 47
何晏	何晏	90
何進	何進	44, 46
克勞塞維茲 （C.von Clausewitz）	クラウゼヴィッツ	187, 210
吳王	呉王	82
呂布	呂布	46, 48, 50, 178, 180, 182, 202, 204
呂后	呂后	196
呂蒙	呂蒙	163
李勝	李勝	197
李榷	李榷	202
杜預	杜預	198
八劃		
沙摩柯	沙摩柯	82, 148
呼廚泉	呼厨泉	147
和帝	和帝	32
周瑜	周瑜	60, 114, 137, 157
孟達	孟達	166
孟獲	孟獲	84, 234
宗正	宗正	250
於扶羅	於扶羅	147
九劃		
法正	法正	67, 76, 160
沮授	沮授	212
阿斗	阿斗	155
冒頓單于	冒頓單于	146

姜維	姜維	88, 171, 172
皇甫嵩	皇甫嵩	38
美周郎	美周郎	60
美髯公	美髯公	221
胡軫	胡軫	48
十劃		
范疆	范疆	223
夏侯淵	夏侯淵	79
孫休	孫休	92
孫武	孫武	158, 190
孫亮	孫亮	92
孫堅	孫堅	38, 40, 111
孫登	孫登	92, 115, 192
孫策	孫策	57, 111, 248
孫綝	孫綝	92
孫權	孫權	18, 60, 92, 96, 110, 113, 114, 156, 164
孫皓	孫皓	95, 218
徐庶	徐庶	66, 188
徐盛	徐盛	193
徐榮	徐榮	49
徐福	徐福	188
桓公	桓公	135
桓範	桓範	228
班固	班固	140
荀彧	荀彧	52, 109, 153, 245
蚩尤	蚩尤	240
袁尚	袁尚	56
袁紹	袁紹	34, 50, 53, 152, 186, 212
袁術	袁術	34, 48, 180, 206
袁熙	袁熙	50, 56
袁譚	袁譚	56
郝昭	郝昭	238
馬良	馬良	75, 82, 147
馬超	馬超	75, 77, 158, 161, 183
馬鈞	馬鈞	240
馬謖	馬謖	86, 169, 224

馬騰	馬騰	50
高祖	高祖	32, 118, 196
高幹	高幹	50
高覽	高覽	153
十一劃		
崔寔	崔寔	35
張角	張角	36, 38
張松	張松	76, 160
張昭	張昭	60, 114
張郃	張郃	86, 153, 169, 170, 224
張飛	張飛	124, 155, 222
張梁	張梁	38
張當	張当	229
張達	張達	223
張魯	張魯	43, 51, 75
張燕	張燕	43
張遼	張遼	190
張濟	張済	178, 184
張繡	張繡	50, 184
張寶	張宝	38
曹丕	曹丕	81, 217
曹芳	曹芳	90
曹真	曹真	168, 228
曹爽	曹爽	90, 228
曹植	曹植	71, 217
曹操	曹操	18, 40, 102, 104, 106, 152, 154, 156, 180, 186, 204, 246
曹叡	曹叡	85, 90, 228, 240
許攸	許攸	153
許劭	許劭	105
許貢	許貢	57
郭沫若	郭沫若	59, 104, 108
陳平	陳平	196
陳珪	陳珪	180
陳登	陳登	180
陳壽	陳壽	18, 20, 116, 220

陸抗	陸抗	95
陸遜	陸遜	82, 92, 163, 164
陶謙	陶謙	43, 50, 63
十二劃		
華佗	華佗	230, 244
華岡青洲	華岡青洲	245
華雄	華雄	48
貂蟬	貂蟬	178
費禕	費禕	92, 172
軻能比	軻能比	147
項羽	項羽	32
黃忠	黃忠	75, 79
黃帝	黃帝	240
黃祖	黃祖	51
黃蓋	黃蓋	157
十三劃		
楊脩	楊脩	216
董卓	董卓	39, 46, 48, 50, 178, 202, 204
董紹	董紹	208
賈詡	賈詡	75, 158, 184
漢中王	漢中王	79
十四劃		
蒲元	蒲元	237
裴秀	裴秀	242
裴松之	裴松之	21
趙雲	趙雲	155, 164, 168
十五劃		
劉弁	劉弁	44, 46
劉秀	劉秀	32, 52
劉邦	劉邦	32, 118, 196
劉協	劉協	44, 46
劉表	劉表	51, 64
劉焉	劉焉	50
劉備	劉備	18, 40, 83, 96, 118, 120, 154, 156, 160, 164, 204
劉勝	劉勝	118
劉琮	劉琮	68

劉虞	劉虞	58
劉璋	劉璋	51, 160
劉禪	劉禪	83, 85, 116
蔣琬	蔣琬	88, 92, 172
蔡邕	蔡邕	202
諸葛玄	諸葛玄	66, 110
諸葛亮	諸葛亮	65, 66, 87, 116, 122, 166, 188, 194
諸葛恪	諸葛恪	92
諸葛瑾	諸葛瑾	60, 66
諸葛誕	諸葛誕	93
諸葛瞻	諸葛瞻	94
鄧艾	鄧艾	94
魯肅	魯肅	60, 74
十六劃		
橋玄	橋玄	105
盧植	盧植	38
十七劃		
蹋頓	蹋頓	146
韓遂	韓遂	50, 75, 158, 183
韓馥	韓馥	48
蹇碩	蹇碩	44
十八劃		
闕宣	闕宣	43
顏良	顏良	152
魏公	魏公	77
魏延	魏延	75, 88, 168
十九劃		
龐統	龐統	77, 160
懷帝	懷帝	144
羅貫中	羅貫中	20
關羽	關羽	80, 124, 162, 220
二十劃		
獻帝	獻帝	47, 52, 61, 81, 135
鐘會	鐘会	94, 173
二十四劃		
靈帝	靈帝	38, 44, 46

地名

中文	日文	頁碼
三劃		
三峽	三峽	141
下邳城	下邳城	182, 204
四劃		
中原	中原	54, 132
五丈原	五丈原	87, 117, 170
司隸	司隸	131
白帝城	白帝城	86, 165
白馬	白馬	152
六劃		
交州	交州	131
合肥	合肥	190
夷陵	夷陵	82, 165
并州	并州	131
成都	成都	141, 142
江水	江水	26
江東	江東	51, 111
江南	江南	51, 110, 136
江陵	江陵	68, 139, 154
西安	西安	134
西陵峽	西陵峽	141
七劃		
巫峽	巫峽	141
八劃		
定軍山	定軍山	78
武昌	武昌	82, 165
武漢	武漢	138
河水	河水	26
祁山	祁山	86, 168
長安	長安	52, 134
長江	長江	26
長坂坡	長坂坡	68, 139, 154
青州	青州	131

九劃		
南中	南中	84
南京	南京	138
幽州	幽州	131
建業	建業	82, 138
洛陽	洛陽	46, 52, 134
十劃		
唐	唐	134
夏口	夏口	138
徐州	徐州	131
烏林	烏林	70, 156
烏巢	烏巢	153, 213
益州	益州	131
荊州	荊州	131
荊沙	荊沙	139
十一劃		
涼州	涼州	131
淮水	淮水	102
淮河	淮河	34
涪城	涪城	143
袞州	袞州	131
許昌	許昌	52, 134, 208
陳倉城	陳倉城	86
陸口	陸口	70, 156
十二劃		
揚州	揚州	131
紫桑	紫桑	138
街亭	街亭	225
黃河	黃河	26
鄲	鄲城	86, 168
十三劃		
新城	新城	166
新野	新野	64
葭萌	葭萌	76, 142
雍州	雍州	130, 131

十四劃		
漢中	漢中	51, 142
雒城	雒城	77
十五劃		
樊城	礬城	162, 221
潼關	潼関	75
十六劃		
冀州	冀州	131
豫州	豫州	131
鄴都	鄴都	56, 71, 135
十七劃		
襄平	襄平	89
十八劃		
瞿塘峽	瞿塘峽	141
十九劃		
關中	関中	86, 134

國家圖書館出版品預行編目資料

圖解三國時代 / 原遙平作；張嘉苓譯. -- 修訂一版. -- 臺北市：易博士文化, 城邦文化出版：家庭傳媒城邦分公司發行, 2018.09
　　面；　公分
　　譯自：早わかり三国志
　　ISBN 978-986-480-064-3(平裝)
　　1.三國志 2.研究考訂
　　622.301　　　　　　　　　　　　　　　　　　107015645

DK0084

圖解三國時代【更新版】

原 著 書 名	/	早わかり三国志
原 出 版 社	/	日本実業出版社
作 者	/	原遙平
譯 者	/	張嘉苓
選 書 人	/	蕭麗媛
執 行 編 輯	/	劉亭言、呂舒峮

業 務 經 理	/	羅越華
總 編 輯	/	蕭麗媛
視 覺 總 監	/	陳栩椿
發 行 人	/	何飛鵬
出 版	/	易博士文化

城邦文化事業股份有限公司
台北市中山區民生東路二段141號8樓
電話：(02) 2500-7008　　傳真：(02) 2502-7676
E-mail: ct_easybooks@hmg.com.tw

發 行 / 英屬蓋曼群島商家庭傳媒股份有限公司城邦分公司
台北市中山區民生東路二段141號11樓
書虫客服服務專線：(02) 2500-7718、2500-7719
服務時間：週一至週五上午09:30-12:00；下午13:30-17:00
24小時傳真服務：(02) 2500-1990、2500-1991
讀者服務信箱：service@readingclub.com.tw
劃撥帳號：19863813
戶名：書虫股份有限公司

香港發行所 / 城邦（香港）出版集團有限公司
香港灣仔駱克道193號東超商業中心1樓
電話：(852) 2508-6231 傳真：(852) 2578-9337
E-mail: hkcite@biznetvigator.com

馬新發行所 / 城邦（馬新）出版集團【 Cite (M) Sdn. Bhd. (458372U) 】
11, Jalan 30D/146, Desa Tasik, Sungai Besi,
57000 Kuala Lumpur, Malaysia
電話：(603) 9056-3833 傳真：(603) 9056-2833

封 面 構 成	/	簡至成
美 術 編 輯	/	簡至成
製 版 印 刷	/	卡樂彩色製版印刷有限公司

HAYAWAKARI SANGOKUSHI
© YOHEI HARA 2003
Originally published in Japan in 2003 by Nippon Jitsugyo Publishing Co., Ltd.
Traditional Chinese translation rights arranged with Nippon Jitsugyo Publishing Co., Ltd. through AMANN CO., LTD.

■2006年11月23日初版
■2018年10月23日修訂一版

ISBN 978-986-480-064-3
定價420元　HK$ 140
Printed in Taiwan

城邦讀書花園
www.cite.com.tw